法文化（歴史・比較・情報）叢書 ⑰

法を使う／紛争文化

松本尚子 編

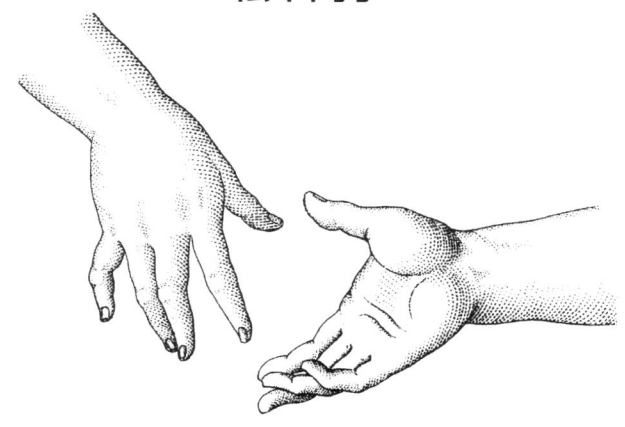

国際書院

Law and Culture Series ⑰

Use of Justice / Cultures of Conflict

by

Naoko Matsumoto（ed.）

Copyright © 2019 by Society for the Study of Legal Culture

ISBN4-87791-300-7 C3032 Printed in Japan

叢書刊行にあたって

法文化学会理事長　真　田　芳　憲

　世紀末の現在から 20 世紀紀全体を振り返ってみますと、世界が大きく変わりつつある、という印象を強く受けます。20 世紀は、自律的で自己完結的な国家、主権を絶対視する西欧的国民国家主導の時代でした。列強は、それぞれ政治、経済の分野で勢力を競い合い、結局、自らの生存をかけて二度にわたる大規模な戦争をおこしました。法もまた、当然のように、それぞれの国で完全に完結した体系とみなされました。学問的にもそれを自明とする解釈学が主流で、法を歴史的、文化的に理解しようとする試みですら、その完結した体系に連なる、一国の法や法文化の歴史に限定されがちでした。

　しかし、21 世紀をむかえるいま、国民国家は国際社会という枠組みに強く拘束され、諸国家は協調と相互依存への道を歩んでいます。経済や政治のグローバル化と EU の成立は、その動きをさらに強めているようです。しかも、その一方で、ベルリンの壁とソ連の崩壊は、資本主義と社会主義という冷戦構造を解体し、その対立のなかで抑えこまれていた、民族紛争や宗教的対立を顕在化させることになりました。国家はもはや、民族と信仰の上にたって、内部対立を越える高い価値を体現するものではなくなりました。少なくとも、なくなりつつあります。むしろ、民族や信仰が国家の枠を越えた広いつながりをもち、文化や文明という概念に大きな意味を与え始めています。その動きを強く意識して、「文明の衝突」への危惧の念が語られたのもつい最近のことです。

　いま、19・20 世紀型国民国家の完結性と普遍性への信仰は大きく揺るぎ、その信仰と固く結びついた西欧中心主義的な歴史観は反省を迫られています。すべてが国民国家に流れ込むという立場、すべてを国民国家から理解す

るというこれまでの思考形態では、この現代と未来を捉えることはもはや不可能ではないでしょうか。21世紀を前にして、私たちは、政治的な国家という単位や枠組みでは捉え切れない、民族と宗教、文明と文化、地域と世界、そしてそれらの法・文化・経済的な交流と対立に視座を据えた研究に向かわなければなりません。

　このことが、法システムとその認識形態である法観念に関しても適合することはいうまでもありません。国民国家的法システムと法観念を歴史的にも地域的にも相対化し、過去と現在と未来、欧米とアジアと日本、イスラム世界やアフリカなどの非欧米地域の法とそのあり方、諸地域や諸文化、諸文明の法と法観念の対立と交流を総合的に考察することは、21世紀の研究にとって不可欠の課題と思われます。この作業は、対象の広がりからみても、非常に大掛かりなものとならざるをえません。一人一人の研究者が個別的に試みるだけではとうてい十分ではないでしょう。問題関心を共有する人々が集い、多角的に議論、検討し、その成果を発表することが必要です。いま求められているのは、そのための場なのです。

　そのような思いから、法を国家的実定法の狭い枠にとどめず、法文化という、地域や集団の歴史的過去や文化構造を含み込む概念を基軸とした研究交流の場として設立されたのが、法文化学会です。

　私たちが目指している法文化研究の基礎視角は、一言でいえば、「法のクロノトポス（時空）」的研究です。それは、各時代・各地域の時空に視点を据えて、法文化の時間的、空間的個性に注目するものです。この時空的研究は、歴史的かつ比較的に行われますが、言葉や態度の表現や意味、交流や通信という情報的視点からのアプローチも重視します。また、この研究は、未来に開かれた現代という時空において展開される、たとえば環境問題や企業法務などの実務的分野が直面している先端的な法文化現象も考察と議論の対象とします。この意味において、法文化学会は、学術的であると同時に実務にとっても有益な、法文化の総合的研究を目的とします。

　法文化学会は、この「法文化の総合的研究」の成果を、叢書『法文化―歴史・比較・情報』によって発信することにしました。これは、学会誌ですが学術雑誌ではなく、あくまで特定のテーマを主題とする研究書です。学会の共通テーマに関する成果を叢書のなかの一冊として発表していく、というのが本叢書の趣旨です。編者もまた、そのテーマごとに最もそれにふさわしい研究者に委ねることにしました。テーマは学会員から公募します。私たちは、このような形をとることによって、本叢書が21世紀の幕開けにふさわしいものになることを願い、かつ確信しております。

　最後に、非常に厳しい出版事情のもとにありながら、このような企画に全面的に協力してくださることになった国際書院社長の石井彰氏にお礼を申し上げます。

1999 年 9 月 14 日

法を使う／紛争文化

目　次

法を使う／紛争文化

松 本 尚 子

　本書のタイトルは、一般にはほぼ耳にすることのない表現である。正義を司る法に対して、「使う」という言い草は不遜ではないか、そもそも紛争は文化なのか、そう感じる読者がおられるかもしれない。それでもこの表現を用いるのは、一つには、話し合いから殺し合いまでさまざまな局面がある「紛争」という人為に対する法的な対処一般を、裁判という枠にとじこめることなく、「文化」の枠組みで捉えようとするためである。

　本書のもう一つのねらいは、利用者の視点から法的手段を考えることにある。人は大義名分や権利といった高尚な（もしくは抽象的な）価値実現を目指して法に訴えるとはかぎらない。統計的にはむしろ、貸した金や潰された面子を取り戻したいといった、卑近で具体的な動機から法的手段に訴えるケースのほうが多い。貸金業者のように、利潤のために業として法的手段に訴える司法利用もある。何より、訴訟等の法制度は平和的紛争解決手段の一つにすぎず、それを回避したり無視したり、あるいは「ちらつかせ」たりすることで紛争解決が図られることは少なくない。「泣き寝入り」もある。本書では、こうした法利用の諸々の局面を考察の対象からはずさないために、敢えて卑近で具体的な「使う」という表現を用いることにした。

　もっとも、「法を使う」という表現は、本書のオリジナルではない。1990

年代のドイツ近世史研究で唱えられた「司法利用 Justiznutzung」という作業概念からの借用である。「司法利用」はミクロ史・日常史および文化人類学の潮流から生まれたもので、提唱者のマルティン・ディンゲスによれば、国家中心史観から距離をとり、司法の利用者としての住民の「下から」の視点を歴史にとりいれることをねらいとしたものである。ディンゲスの眼には、従来のドイツ国制史は「近代化信仰により描かれる、国家のサクセスストーリー」を喧伝するものに映る。彼の憂慮するのは、このような物語が「過去の状況を実際の姿より悪く」描くことであり、とりわけ、「司法と社会のあいだの本来スリリングな境界面が、これによって視界から抜け落ち」ることである[1]。

　法文化叢書はこれまで、第6巻『ネゴシエイション』において、合意形成や紛争解決のための交渉に、次いで第7巻『法の担い手たち』において、（立法者・法学者と並んで）法曹に焦点を当て、「法文化」にとって根本的なテーマのひとつである「紛争解決」の営みを分析してきた。他方で、諸処の紛争解決手段や制度にたいして、「利用者の行動」という観点から光が当てられたことは、これまでにはなかった。しかし、「人はいつ裁判に訴えるのか」、「紛争解決の手段をどのように選択し、あるいは回避するのか」、「紛争解決制度の利用しやすさは、紛争の内容、場所そして人によって、どのように異なるのか」といった問いは、政治家や専門家がつくる「制度」ではなく、「文化」を表看板に掲げる法文化学会では、避けて通れないものではないだろうか。本書が、基礎法学で主に対象とされてきた「裁判」や「訴訟」に考察対象を限定することなく、それ以外の法的手段との付き合い方にも注目するのは、このような問題意識によるものである。と同時に、紛争解決の営みと「法文化」の関係をめぐる理論にたいして、さらなる課題や問題領域を探求する試みでもある。

1　法利用をめぐる今日の研究状況

　2つのことが、本書の契機となった。ひとつは、最近法学文献等で見られるようになった、「利用しやすい司法」や「法使用行動」ということばである。前者はたとえば、2000年の司法制度改革審議会意見書にみられる[2]。裁判員制度や法科大学院の設置と並んで、労働審判制度の設置やADR制度の充実等を提言したことで知られる意見書であるが、これらの提言の土台となっているのが、「国民の期待に応える司法制度」、ひいては、「より利用しやすい司法制度」確立という目標である（傍点は筆者）。意見書が改革の基本方針としてまとめた3本柱のなかにも、「司法制度をより利用しやすく、分かりやすく、頼りがいのあるものとする」ことが謳われている。このように司法の利用者にターゲットを絞った視点は、1960年代の臨時司法制度調査会には未だなかったものである[3]。

　「国民の期待に応える司法」。目標は明快だが、ゴールにたどり着くための実態把握は十分に行われているのだろうか。裁判や裁判外紛争解決制度を利用する人は、どれだけ潜在的にいるのか。使われない公民館やスタジアムのような、箱物行政型司法制度を作るのはよろしくない。なるほど、まず審議会自体が大規模な「民事訴訟利用者調査」を実施し、2000年に結果を公表している[4]。また、2003年からは最高裁判所が「裁判の迅速化に係る検証」報告を続けており、とりわけ第5回報告書は、「紛争や事件の動向に影響を与える社会的要因の分析・検証」という新しい試みにチャレンジしている[5]。ただし、統計データに地裁しか含まれておらず、簡易裁判所が分析対象からはずされていることには疑問を感じる。

　法学においても、利用者視点からの紛争解決分析が進んでいる[6]。たとえば上記の「民事訴訟利用者調査」結果を「徹底分析し、今後の課題を探る」試みが、民事訴訟法学者を中心に続けられている[7]。2010年には、法社会学

者を中心に叢書『現代日本の紛争処理と民事司法』（全3巻）が刊行され、現代人の法意識・紛争経験と対応行動に対する大規模なアンケート調査の結果が示された[8]。前者が民事訴訟利用経験者を対象とした調査であるのに対して、後者の調査はより広く、日常何らかのトラブルに遭遇し得る人を対象とており、本書の関心により近い。とくに第2巻『トラブル経験と相談行動』では、個人が経験したトラブルに対処するために、家族、友人、あるいは法やその他のさまざまな専門性を持つ人や組織などから支援を得ようとする行動（相談行動）の実態把握調査を、「法使用行動調査」と呼んで実施している。

　本書の2つ目の契機は、川島武宜『日本人の法意識』（1967年。以下『法意識』と略）から50年が経ったことである[9]。日本人の訴訟回避傾向を最初に指摘したとされる川島の主張を要約すれば、それは「伝統的に日本人には「権利」の観念が欠けている」がゆえに、日本では一般に「私人間の紛争を訴訟によって解決することを、ためらい或いは嫌うという傾向がある」[10]となろう。法社会学ではこの問題提起が永らく論じられてきた。「日本人の法意識」研究は「戦後日本の法社会学の最大の課題であった」[11]とも言われ、川島の法意識論・近代化論を中心としてさまざまな展開を見せてきた。今日の法社会学理論は、川島の理論それ自体ではなく、「法意識論」台頭の経緯や川島受容史を語るステージにも立っている[12]。

　一方、比較法学においては、川島の問題意識はより具体的・実際的な比較を促す題材として捉えられてきた。たとえば五十嵐清『比較法ハンドブック』（2010年）は、日本における民事訴訟率の低さをめぐる「文化要因説」「制度要因説」を中心とする半世紀以上の議論を俯瞰したうえで、今後は「折衷説」[13]の枠組みの中で、「より具体的な比較」すなわち「特定のテーマ（たとえば消費者契約）について、特定の国（たとえばドイツ）とのあいだに、どれだけ訴訟の数が違うかを確かめ、その原因として、どのような文化的・制度的な要因が作用しているかを明らかにすることが必要」であるとい

う提言をしており、また交通事故、公害など個別のテーマに対して実際に検証作業が進んでいるという[14]。なお、五十嵐が示したこの「より具体的な」分析への展望は、最近の法社会学においても共有されているようである[15]。

　『法意識』後の議論は、訴訟社会を批判する 1970 年代アメリカの議論を背景に、裁判外紛争解決手続（ADR）をめぐる論議が活性化したことでさらなる展開を見せている。アメリカの ADR 促進法（1998 年）を筆頭に世界各国で立法化が進んだこともあり、ADR の理論と実証研究は飛躍的に増加した[16]。ADR への注目は、日本従来の紛争解決制度研究にも風穴を開けた。ADR 論からすれば、過去の論客の主張はおしなべて対象を裁判に限定した点では同じであり、そこでは均しく ADR が無視され、もしくは前近代の遺物とみなされている。こうした議論と平行して、1990 年代から調停史研究への関心が高まり、とりわけフランスの調停制度を継受した日本の勧解制度に関する実証研究が進んだ[17]。また、「紛争制度研究」と「紛争研究」を区別し、前者の代表例として川島武宜の研究を挙げたうえで、後者すなわち紛争の動態的な展開の分析を目指す「紛争研究」を提唱、実践する動きも見られる[18]。

　　ADR へのこうした関心と評価が高まるなか、法史学からも『法意識』への批判が呈示された。川口由彦は 70 年代の近代法研究の成果に依拠しつつ、川島が「欧米諸国を極度に理論化したため、ヨーロッパの固有にヨーロッパ的なもの、アメリカの固有にアメリカ的なものを捨象」してしまったと指摘。とりわけ村上淳一『近代法の形成』が示したようなヨーロッパの「家長」社会は、「近代社会」を「自由で主体的な個人」の集合体とみた川島の認識とは大きく異なる実態を描き出したという。そして、川島の目に日本的・前近代的と映った「調停」はほんとうに前近代の遺物だったのかという疑問から、近代における裁判外紛争解決制度の各国それぞれの展開を実証的に跡づけることが必要だと考える。こうした問題意識からスタートした川口主催の共同研究は、英仏独中日それぞれの近代調停制度の形成過程や運用実

態をはじめて包括的・実証的に比較する試みとなった[19]。この共同研究に参加していた石井三記は2014年、リール大学司法史研究所と共催したシンポジウムにおいて、法曹にかぎらず、当事者その他のあらゆるアクターに調査を広げ、とくに調停利用が多い家族法や労働法領域での日仏比較法史を模索した[20]。こうした企画の背景には、フランスで1990年代から確立した司法史（Histoire de la justice）が、歴史学や社会学、文化人類学等の学際的な研究分野としても活性化している状況があるという。

2　本書の構成

本書は、9つの論考と3つのコメント（コラム）を掲載している。

第1章の川島論文は、中世ヨーロッパの教会裁判所における紛争解決を、当事者の訴訟戦略から読み解く。すでに先行研究が、13世紀の教会裁判所は終局判決ではなく、仲裁・和解で収束する事例が圧倒的に多いという知見を示しているが、これを踏まえて川島が光を当てるのは、従来の研究ではほぼ不問に付されてきた、「教会の思惑どおりに行動しない」という、当事者の選択である。たとえば、教会裁判所はしばしば、法廷に出頭しない当事者を命令不服従（不出頭）のかどで破門したが、それが功を奏さないケースが数多くみられるという。史料から浮かび上がってくるのは、「自己利益の最大化を図って行動する当事者」という図像である。

第2章の神野論文は、鎌倉幕府の法廷に提起された数多くの訴訟の中から、御家人の一族内紛争に関する訴訟に焦点を当て、鎌倉御家人がいつ・どのタイミングで・何をめぐって幕府裁判所を選択・利用したのかを問う。典型的な一族内紛争としては、悔返（被相続者が相続者に一度譲与した所領を取り返すこと）と未処分（「本主」がその遺領に関する意思を全く示していない状況）があるが、神野は前者に関する訴訟が後者より多いことを検証したうえで、「一族内の紛争であっても、幕府に訴えやすいタイプのものと、

一族内で解決する傾向が高いもの」があったとする。幕府の裁判所は御家人にとって高コストで気楽に利用できるものではなかったが、それでも、一族内では埒の明かない問題について、幕府の裁判所が用意した一定のルールのもとで「バトル」を行う事が、御家人にとって意味を持った。

　第3章の小林論文は、ドイツ近世史から、魔女裁判最盛期（16・17世紀）の司法利用例を提供する。いったん魔女として告訴されれば火刑に処せられる危険が極めて高かった時代に、「魔女」の誹りを受けた当事者は、自己防衛のために先手を打ち、相手方を名誉棄損で訴えることがあった。小林はこれを「司法利用」の例として考察する。魔女風評への対抗手段としては他に、自ら申し出て「水審」を受け無罪を証明する例があり、水審は費用面等からして「経済的制約のある者にとっては合理的な選択肢の一つ」であった。一方で、長期の訴訟に耐えうる資産をもつ富裕層にしばしばみられたのが、名誉棄損訴訟であった。近世の裁判機構にみられる管轄の重複や審級制の未確立は、国制史においては中央集権の欠如と見なされるが、小林は「法の受け手である臣民にとって多様な法の利用を可能に」もしたという別の解釈を提示する。

　第4章の岡崎論文は、世紀転換期の旧韓末朝鮮を対象に、日本の影響下で展開された同国の司法制度整備が人々の訴訟観にもたらした変化を追う。伝統的な朝鮮社会では裁判は珍しいものではなく、「理」をつくすために「繰り返し行われる」裁判が永らく定着していた。これに対し、1895年の裁判所構成法等の制定以降、判決の確定的効力や既判力が浸透していく。岡崎は、民事訴訟記録を精査して「蒸し返し」裁判の減少を確認し、上記の「近代化」が人々の間に訴訟を控える風潮をもたらしたのではないかと問う。日本の強い関与のもと行われた「近代化」は、朝鮮社会においてあくまで「理」を補充するものに過ぎなかった「法」（裁判）を「紛争解決における絶対的根拠としていわば再定置する過程」であった。

　第5章の上田論文がとりあげるのは、19世紀後半オーストリアの自治体

調停制度である。自治体調停制度は、自治体住民から選ばれた非法律家が和解交渉を先導するもので、安価なコストと簡便な手続きで紛争解決を見込める制度として導入された。1907年には名誉棄損事件が調停前置とされ、同制度の利用がさらに促された。ところが史料から明らかになるのは、同調停よりも裁判所へ赴く当事者の方がはるかに多かったという事実である。不人気の理由として上田が挙げるのが、和解成立率の際立った低さや、「基本的には裁判所の職権主義に頼る」という、当時の利用者の傾向である。本論文は、最近の調停史研究にオーストリアという新地平をもたらした一方で、自治体調停が庶民の間に定着しなかった貴重な実例を提示したものと言えよう。

　第6章の水野論文は、1891年明治民訴法施行以降、連綿と紡ぎだされた民事訴訟の「実務向け文献」に着目し、このうち本書のテーマに関連する「手続の手引」「書式集」、そしてとりわけ「素人向け手引」の内容を分析する。研究史上顧みられることのほぼなかったこれらの史料群を発掘した著者は、素人向け手引自体は継受母国のドイツでも多数出版されていたことを指摘しつつ、当時の日本の「素人向け手引の顕著な特徴」として、「戦術的・きわどいアドバイス」を挙げ、それ自体は「法の「使い方」としては濫用・逸脱ではあるが、人々が積極的に法を使おうとしていたことの表れともいえる」という。

　第7章の西迫論文は、「審判を受ける場としてではなく、信念を世に広く知らせる場」（ネルソン・マンデラ）として、法廷を戦略的に利用した20世紀中葉のフランスの弁護士ヴェルジェスの活動と、これに共鳴した哲学者フーコーらが1980年代に立ち上げた「自由弁護運動」をとりあげる。ヴェルジェスの弁護活動は、アルジェリア独立戦争時のレジスタンスに対する刑事裁判への批判としてスタートした。これに対して80年代の「自由弁護運動」は、「弁護士任せではなく、被告人が自らの手で自由に弁護すること」「法律の専門家たちから言葉を取り戻すこと」を目指した啓蒙活動であった。

著者はこれらの運動の今日的な意義、可能性と限界を考察する。

　第8章の尾崎論文は、日本の低民事訴訟率の要因をめぐる今日の議論状況を批判的に検討する。まず、比較法学者・五十嵐清による議論状況の整理に対し、「文化要因説」と「制度要因説」の優劣を吟味するという問題構成は、いたずらに議論を混乱させるだけであり、ましてや両説の「折衷説」は論外、という問題提起が掲げられる。尾崎がとりわけ問題視するのは、議論において文化概念への吟味が足りていないことである。「文化」それ自体には実体がないこと、ゆえに「文化」と「制度」は論理階梯が異なり、「制度もまた『文化』を構成する」と説く著者は、学術的議論において「＜民族のDNAに刻み込まれた不変の性質＞のような本質主義を厳しく排除した文化概念」を提示する。

　第9章の松本論文は、「文化要因説」と「制度要因説」の「折衷」という定式に対する本書8章・尾崎論文の問題提起やこれに対する馬場コメントに学びつつ、両者の立論を法史学の実証研究に応用しようとする試みである。具体的には、「文化」「制度」の二項対立図式を取下げ、代わりに「文化」を構成する諸要素を5つの上位項目と19の下位項目に区分し、これらの項目のうちのどれかが必ず、人々の法利用行動の規定因子となっている、という説明枠組を描く。そして、この枠組が実証研究にとって有用なのか否かを、19世紀中葉ドイツにおける自治体調停（ヴァルデック侯国治安判事）の調査結果をもちいて検討する。

　なお、本書の論文の多く——具体的には第1，2，4，5，7，8章——は、2017年11月11日の法文化学会で発表された報告を基に作成されたものである。3つのコメントも、学会当日の発表が基になっている。報告とコメントは双方向性があり、学術的緊張感を孕んだものだったので、編集においては、報告・コメント間のやり取りを生きたままのかたちで再現することを目指した。しかし、執筆者にとっては、報告でのテーゼや主張をそのまま残し、報告とは異なる個所は異同を明示するという方針は、必ずしも簡単な課

題ではなかったようである。快く応じて下さった執筆者諸兄に、この場を借りて御礼を申し上げたい。さらに、フロアからは、長い一日の消耗戦に対して全く疲れを見せない精力的な質問を多数いただいた。紛争解決フォーラムの選択基準、判決の実効性や法観念に対する今日の評価方法等々。どれも共同研究のテーマになりうる問題関心であり、今後の展開が楽しみである。

3　展望と課題

　本書では、紛争解決のための法利用行動を対象とした研究で緩やかにつながるフォーラムを目指した。こうした試みは、川島武宜が『法意識』を執筆した当時には存在していなかった、上記の諸研究・議論の蓄積の恩恵を受けるものである。本書の各章からは、さまざまな時代と社会で、紛争の種類や自らの置かれた社会的・経済的状況により最適なツールや方法を選択する人々の営みが浮かび上がってきた。と同時に、法利用行動により醸成されていく紛争（解決）文化を論じ、比較分析するためにはどのような仕組み・枠組みが有効かという問いは、課題として残る。

　また、言うまでもなく、今日「法利用」として研究対象となる材料は、本書で扱われたトピックのほかにも多々ある。時事的現象としては、たとえば、グローバル化とともに急速に発展した国際仲裁裁判所における法人の法利用や[21]、国際取引や国際結婚の当事者が国境を越えて自分に有利な法廷を選択する「フォーラムショッピング」現象が注目される[22]。家族やジェンダー秩序の変化が広義の司法利用にどのような影響を及ぼしているのか、あるいは多重債務者がとり得る手段としての自己破産・特別調停・過払分返金訴訟などの司法利用高利貸やサラ金のような司法外（ときに法の外でもある）要素とどのような関係にあるのかも、本書では扱えなかった。歴史研究においては、中国訴訟社会史研究の成果が目覚ましいが[23]、こちらもとりあげることができなかった。他日を期したい。

　本書の編集にあたっては、国際書院の石井彰氏に要所要所で絶妙にタイムリーなアドバイスをいただいた。また、遅れがちな編集に対する関係各位のご理解とご厚情なくしては、本書は成り立たなかった。2017 年度の上智大学西洋法制史ゼミ生には、学会当日の手伝いに加え、紛争文化をテーマとしたゼミ論文作成というかたちでお付き合いいただいた。同年度のゼミ論文集は、編者にとっては本書に劣らず重要な記録となった。記して感謝したい。

2019 年 3 月

編者　松　本　尚　子

〈注〉

1　Martin Dinges, Frühneuzeitliche Justiz. Justizphantasien als Justiznutzung am Beispiel von Klagen bei der Pariser Polizei im 18. Jahrhundert, in: H. Mohnhaupt / D. Simon（Hg.）: *Vorträge zur Justizforschung. Geschichte und Theorie*, Bd. 1, Frankfurt a. M. 1992, S. 269-292. 詳細は、松本尚子「利用者からみた紛争解決比較への一考察——19 世紀末日独の調停を題材に」、矢島基美・小林真紀編『滝澤正先生古稀記念論文集——いのち、裁判と法 比較法の新たな潮流』（三省堂、2017 年）229-248 頁を参照されたい。犯罪史の文脈では、Martin Dinges, Justiznutzungen als soziale Kontrolle in der frühen Neuzeit, in: A. Blauert / G. Schwerhoff（Hg.）, *Kriminalitätsgeschichte. Beiträge zur Sozial- und Kulturgeschichte der Vormoderne*, Konstanz 2000. 邦文によるディンゲスの紹介で、比較的最近のものとして、紫垣聡「ドイツ中近世の地域社会における秩序形成をめぐる研究状況」『パブリック・ヒストリー』9 号（2012 年）37-46 頁（42 頁）。

2　司法制度改革審議会意見書「I 今般の司法制度改革の基本理念と方向」http://www.kantei.go.jp/jp/sihouseido/report/ikensyo/pdfs/iken-1.pdf（2019/02/20 最終閲覧）
なお、これに先立つ 1996 年の民事訴訟法改正時の基本方針にも「利用しやすい」司法が掲げられており、今般の司法改革ではこれをさらに「より利用しやすく」しようとしたものと解される。参照、川嶋四郎『日本人と裁判——歴史の中の庶

民と司法』（法律文化社、2010 年）。

3　1962 年の臨時司法制度調査会設置法により設けられた審議会は、法曹一元制
度と裁判官・検察官の任用・給与制度を中心とした調査を実施し、1964 年に意
見書を提出している。

4　http://www.kantei.go.jp/jp/sihouseido/tyousa/2001/survey-report.html（最終
閲覧 2018/08/31）

5　http://www.courts.go.jp/about/siryo/hokoku_05_hokokusyo/index.html（最終
閲覧 2018/08/31）

6　濱野亮「司法アクセスに関する論点」『立教法学』98 巻（2018 年）144 ～ 93
頁（とりわけ 101 ～ 93 頁）の網羅的な文献リストを参照されたい。紛争当事者
の行動に着目した最近の研究としては、仁木恒夫「したたかな紛争当事者の紛争
解決」西田英一・山本顯治編『振舞いとしての法』（法律文化社、2016 年）205
～ 221 頁がある。

7　佐藤岩夫・山本和彦・菅原郁夫（編）『利用者からみた民事訴訟—司法制度改
革審議会「民事訴訟利用者調査」の 2 次分析』（日本評論社、2006 年）。菅原郁
夫・山本和彦・佐藤岩夫編『利用者が求める民事訴訟の実践——民事訴訟はどの
ように評価されているか』（日本評論社、2010 年）。

8　村山眞維ほか編著『現代日本の紛争処理と民事司法』（全 3 巻）（東京大学出版
会、2010 年）。

9　一般に最も知られている川島の法意識論はこの 1967 年の新書だが、それに至
るまでの川島の主張の推移を簡潔に整理した叙述として、村山眞維「日本人の紛
争行動——問題処理行動を規定する要因——」『法律論叢』第 89 巻第 4・5 合併
号（2017）275 ～ 310 頁（とりわけ 276 頁以下）がある。

10　川島武宜『日本人の法意識』（岩波書店、1967 年）15 頁、127 頁ほか随所。

11　角田猛之「千葉・法文化論と安田理論からの展望 千葉・法文化論再考」、角田
猛之・石田慎一郎『グローバル世界の法文化——法学・人類学からのアプローチ』
（福村出版、2009 年）20 頁。

12　たとえば、川島の『法意識』前史を描いた、高橋裕「ある「法文化」の生成
——誰が裁判嫌いの「神話」を生んだのか」、岩谷十郎編『再帰する法文化』（国
際書院、2016 年）175 ～ 205 頁。

13　なお、「折衷説」という考え方には、本書第 8 章に重要な批判が提起されてい
る。

14　五十嵐清『比較法ハンドブック』（勁草書房、2010 年）289 頁。交通事故の損害賠償事件を題材にした中里実や公害・製造物責任を検証するダニエル・フットの研究を紹介する同書 283~285 頁も参照。なお、著者の死後公刊された本書第 3 版（2015 年）も、内容に変わりはない。

15　濱野・前掲論文（注 6）131 頁は、上記法使用行動調査の知見を踏まえ、今後「紛争行動や法使用行動の特質を論じるには，問題類型ごとに分析する必要がある」という。

16　和田仁孝『ADR—理論と実践』（有斐閣、2007 年）ほか多数。

17　勝田有恒「紛争処理法制継受の一断面——勧解制度が意味するもの」『ユリスプルデンティア 国際比較法制研究 I 』（1990 年）6 ～ 69 頁；丹羽邦男「明治政府勧解制度の経済史上の役割」『商経論叢』30-1（1994 年）31 ～ 83 頁；林真貴子「勧解制度選好の要因」『近畿大学法学』51 巻 1 号（2003 年）1 ～ 23 頁ほか。

18　和田仁孝「紛争研究パラダイムの再構成へ向けて」『法政研究』61 巻 3・4 号 1095-1123 頁、1096 頁。西田英一「日常的実践としての紛争・処理」和田仁孝編『法社会学』（法律文化社、2006 年）105 ～ 122 頁。

19　川口由彦編著『調停の近代』（勁草書房、2011 年）。

20　2014 年 1 月 25 日の法制史学会中部部会・リール大学法学部司法史研究センター共催「日仏司法史シンポジウム」。プログラムについては、法制史学会ホームページを参照されたい。その成果の一つに、林真貴子「個別労働紛争と裁判所——明治前期の「雇人」を中心に——」『中京法学』49 巻 3・4 号（2015 年）103-126 頁。

21　国際仲裁裁判所の利用に関する研究はまだ本格的には始まっていないようである。上智大学川瀬剛志教授の剛志教授のご教示に感謝申し上げたい。

22　Vgl. Stefan Vogenauer, Regulatory Competition through Choice of Contract Law. and Choice of Forum, in: H. Eidenmüller(ed.), *Regulatory Competition in Contract Law and Dispute Resolution,* Oxford 2013, pp.227-284.

23　夫馬進編『中国訴訟社会史の研究』（京都大学出版会、2011 年）ほか。

第1章

13世紀教会裁判所における紛争解決

川 島　翔

はじめに

（1）　問題関心

　イングランド王ヘンリー1世の法典における「同意は法に、和解は判決に勝る」という言葉に象徴されるように、西洋中世において当事者間の合意に基づいた紛争解決が広くみられる現象であったことは夙に指摘されてきた。本稿で扱う13世紀の教会裁判所における紛争も例外ではなく、そこでは終局判決によって決着が付けられることはまれであり、むしろその圧倒的多数は和解・仲裁に終わっていたことが明らかになっている[1]。ゆえに、中世社会において真の意味で平和を復活させるためには、一方当事者のみが確定的に勝利する裁判による判決よりも、相争う両当事者を仲直りさせ、共同体のさまざまな社会的絆を回復させる、合意に基づく解決の方が望ましいと考えられていたと言うことができる[2]。

　教会において和解・仲裁による紛争解決が好まれた背景として、キリスト教の伝統に基づいた平和観がしばしば指摘される。すなわち、原始キリスト教以来、キリスト教の共同体では平和的な紛争終結（friedliche Streitbeendigung）が推奨され、法律ではなく相互愛、判決ではなく和解、法の厳格

さではなく仲間の兄弟的勧告による紛争解決が望ましいものとされてきたのである[3]。

　中世の教会裁判所もこのような平和観の伝統に則っていた。ドイツの法制史家ネールゼン＝フォン・シュトリュークは、13世紀の教会裁判所が当事者間の合意に根ざした平和的な紛争解決の支援を自らの最重要課題であると認識し、それゆえに和解・仲裁を推奨したのだと述べ[4]、以下のように結論づける。

　　　証書史料に見られる教会裁判所の像は、自らの霊的な刑罰権力と、法学的・専門的に司掌された高度に発達した手続の効率性が確かな、「勝利する教会」のそれではない。前面に現われているのは、明らかに平和をもたらすための戦略、すなわち両当事者を、裁判上の、もしくは裁判外の和解にもたらす手続に組み込もうとする努力である。教会裁判所は、ここでは、法的な規範性と強制権力の権威に向けられているというよりは、はるかに強く和解と仲裁に依存している法文化の一部であることを示すのである[5]。

このような理解は、教会裁判所が紛争当事者に平和的紛争解決を明示的に勧告する例が多数あることからも正当であろう。しかし他方で、司法利用者の観点からみれば、紛争当事者にとってそうした解決を選択することにいかなる利益があったかを十分に考慮していないという点で、一面的な評価であるとも言える。

　とはいえ、これまでの研究は、当事者が和解・仲裁を選択することの利益を顧みていなかったわけではない。ハーゲネーダーは執行の観点を取り上げ、「教会にもランデスヘルないしグラーフにも、下された判決を実現するための十分な執行権限がない限り、うまく折り合うことは〔筆者註：紛争当事者にとって〕単に羊皮紙の上に権利を保持するよりましだった」と述べる[6]。

加えて、仲裁と和解の主目的が「訴訟を迅速化し、手間のかかる形式的手続を終わらせることだった」とし[7]、時間と費用の節約という利点を挙げている。同様に、バーダーは通常訴訟がもたらす高額な費用とさまざまな駆け引きを回避するのに仲裁が役だったこと、中世の訴訟法が形式に縛られた手間のかかるものであり、それゆえに和解や仲裁が好まれたことを指摘する[8]。

　しかし、これらの研究は、執行権の観点であれ時間と費用の節約の観点であれ、法規範に基づいた当事者の訴訟戦略について十分に検討していないように思われる。和解であれ仲裁であれ、訴訟の場で行われる限りそれは法によって規律される事柄であり、法は多かれ少なかれ当事者の行動に影響を及ぼすと考えられる。とすれば、法という規範的要因が当事者の行動にどのような影響を与えたのであろうか。

（2）　検討方法

　以上のような問題関心から、本稿では、13 世紀の教会裁判所における紛争解決を素材として、当事者が和解・仲裁を選択する要因を特に広義の訴訟法の観点から検討を行う。

　13 世紀の教会裁判所における紛争を伝える史料としては、手続の終結または一段階を記録した文書を収録した、地域的な証書集（Urkundenbücher）が残っている。これらは訴訟についての断片的な情報しか含まないことがしばしばであるが、この時期にはまだ訴訟記録（Prozessakten）や裁判調書（Gerichtsbücher）が作成されていないため、これに頼らざるをえないことになる[9]。また、証書集はさまざまな地域のものが編集され刊行されているが、本稿では、特に先行研究との関連性から、帝国都市フランクフルトの証書集を主として使用することにした。ただし、当時の紛争解決の理解にとって重要であると思われる証書については、他地域からも引き合いに出していることを断っておきたい。

　以下ではまず、中心的な検討対象であるフランクフルトの証書集を紹介し

たうえで、そこにみられる 13 世紀教会裁判所における訴訟事件の概要を述べ（1）、証書史料に基づき和解と仲裁の事例を検討し（2）、それと対照的な、当事者が紛争解決に消極的な命令不服従の事例を同様に検討し（3）、おわりに得られた結論を提示する。

1　フランクフルト証書集における訴訟事件

（1）　証書集の全体像

　本章では、証書集に含まれる教会裁判所係属事件の全体像を得るため、フランクフルトの証書集[10] を例として、証書集に含まれる文書数、文書の種類、教会裁判所における紛争を記録した証書の位置づけとその内容について検討したい。

　この証書集には、帝国都市フランクフルトに関係する 972 年から 1340 年[11] までの証書が、計 1710 件（補遺に収録された 11 件を含む）収録されている。その時代別の内訳は、12 世紀までのものが 33 件とわずかな割合を占め、13 世紀に入ると数が増加し、1200 年代のものが 3 件、1210 年代が 18 件、1220 年代が 34 件、1230 年代が 31 件、1240 年代が 34 件、1250 年代が 73 件、1260 年代が 68 件、1270 年代が 128 件、1280 年代が 147 件、1290 年代が 183 件、1300 年代が 176 件、1310 年代が 178 件、1320 年代が 248 件、

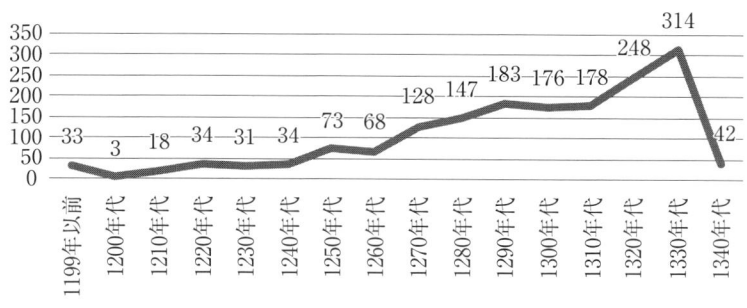

図　フランクフルト証書集の収録証書数

1330 年代が 314 件、1340 年代が 42 件となっている。ここから、13 世紀後半以降の証書発給実務の活発化をみてとることができる。文書の内容は多種多様であり、公的・私的な証書、皇帝の答書、教皇の勅書、教会・都市の記録、譲渡証書、遺言書、公文書などが含まれる [12]。

　これらの証書史料のうち、教会裁判所における訴訟事件と考えられるものは、比較的わずかな分量しかない。ネールゼン＝フォン・シュトリュークはフランクフルトの証書集に含まれる、教会裁判所に係属した 1223 ～ 1310 年の訴訟事件を約 40 件と数えている [13]。証書の大多数を占めるのは、教会の領域であれ世俗の領域であれ、贈与や売買などの法的行為の確認を行うものである。したがって、当時の証書発行は、何らかの紛争を前提とした訴訟による解決を記録することよりも、将来の紛争発生に備えてあらかじめ法的行為・権利を確認することに、その機能の重点があったと思われる。とはいえ、法的行為・権利の確認を行う証書において、紛争状況の有無を明確に判別できないケースも多くみられる。

　本稿は教会裁判所での訴訟事件を対象とするものであるから、ネールゼン＝フォン・シュトリュークが依拠した訴訟事件がまず問題となる。しかしながら、その数え方には問題がないわけではない。というのも、第一に教会裁判所に係属したとされる事件の総数が「約 40 件（ca. 40 ... Rechtssachen）」と曖昧であり、第二に依拠された証書の番号が示されていないために証書の正確な同定が不可能であり、第三に設定された 1223 ～ 1310 年という期間に必然性があるとは言えないからである。そこで、以下では、ネールゼン＝フォン・シュトリュークが論拠とした事件を同定することには拘らずに、1200 ～ 1299 年の教会裁判所における訴訟事件の内容をみていくことにする。

（2）　教会裁判所における訴訟事件の内容

　私の数え上げによれば、13 世紀のフランクフルトの証書のうち、教会裁判所に係属した訴訟事件に関係するものは 38 件ある [14]。訴訟当事者に着目

すれば、そのうち世俗身分同士の訴訟は1件[15]のみであり、その他は一方当事者が教会組織・教会関係者で他方当事者が世俗身分のケース（52%）[16]、または訴訟当事者の双方が教会組織・教会関係者であるケース（45%）[17]である。世俗の身分としては、騎士（miles）、市民（civis）、シュルトハイス（scultetus）[18]、参審人（scabinus）などが登場する。教会の組織・関係者としては、聖堂参事会（capitulum ecclesiae）、参事会長（decanus）、修道院（monasterium）、修道院長（abbas）、主席司祭（praepositus）、騎士修道会士（frater）などが登場する。そしてほとんどの場合、原告の側には教会組織・教会関係者がいる。係争物の内容として、最も大きな割合を占めるのが10分の1税（37%）[19]で、不動産（29%）[20]、聖職禄（10%）[21]、パトロン権（8%）[22]、賃借料（8%）[23]、その他（8%）[24]がそれに続く。以上の点につき、当時の教会裁判所は事物・人的管轄に関して幅広い管轄権を要求していた一方で[25]、実際に取り扱われる事件の大部分は、聖職者の裁判特権（previlegium fori）に基づき教会が排他的管轄を持つ事件や、教会または教会関係者の権利に関わる事件であったことが明らかになる。

　事件終結の類型別では、判決によるものは2件[26]のみであり、残りは和解・仲裁（82%）[27]および権利放棄（13%）[28]である。判決による終結の件数が少ないため、当事者または係争物ごとの傾向は明らかにならないが、事件が判決により終結する場合、証拠手続において入念に審理が行われ、主張・立証が結審に十分なまでに行われて初めて判決が下されるように思われる。ネールゼン＝フォン・シュトリューークは、「13世紀の教会裁判所は、いわば不承不承で、法・不法が事実関係および法状況から明らかで誰の目からみても顕著である場合にのみ、終局判決を下していた」という全般的印象を述べている[29]。

　なお、和解と仲裁相互の区別がつかないケースがみられる点には注意が必要である。その背景には、中世盛期に生じた仲裁概念の拡大がある[30]。すなわち、古典ローマ法に基づいた狭義の仲裁人（arbiter）が行う仲裁

（arbitrium）に分類されえない仲裁を可能にするために、中世盛期以降に広義の仲裁人を示す arbitrator ないし amicabilis compositor なる用語が用いられるようになった。これは、ローマ法上仲裁適格を持たない者が裁判実務において仲裁を行っていた中世盛期において、法学理論と裁判実務の調和を図るために生じた現象であったと思われる。ローマ法学者らによれば、狭義の仲裁人（arbiter）による判断は仲裁（arbitrium）と観念されるのに対し、広義の仲裁人（arbitrator ないし amicabilis compositor）が介入して行われるのは和解（transactio, amicabilis/pacifica compositio）と観念される。13 世紀前半のローマおよびカノン法学では、arbiter, arbitrator vel amicabilis compositor という定式が定着しており、それと対応して、フランクフルトの証書集にも同定式が使用されていることが確認できる[31]。そのような場合には仲裁と和解の区別はしばしば曖昧であった。また、証書集においては arbitrium と compositio が同義として用いられる例がみられることからも[32]、両者の区別は流動的であったと言える。arbitrator ないし amicabilis compositor が介入して行われる transactio ないし compositio が和解なのかまたは他の領域に含まれるのかは議論の余地があろうが、以下では明白に区別できる事例を取り上げることにする。

2　和解・仲裁の規律と事例

（1）　和解

　和　解　は transactio、（amicabisis/pacifica）compositio、concordia、conventio、pactum、medium などの言葉で示され、「疑いのある争点および未確定の事柄について、何かを与え、諾約しまたは留保する合意」と定義される[33]。和解に特別の形式は必要なく、当事者は手続中のどの段階でも和解することができた。証書の記録からは、後述するように、訴え提起前よりも提起後の手続の過程で和解に至るケースが多かったようである。

　証拠調べ手続終了後に和解に至った事例として、マインツの教会裁判所に係属した、原告フランクフルトの聖堂参事会と被告トレーブールのフォークト（advocatus de Tribure）ヴェルナーとの間の9分の1税[34]をめぐる1253年の訴訟がある[35]。証書の記録によれば、被告が昔から義務づけられていた9分の1税の支払い行わなかったため、原告は訴えを提起した。争点決定が行われ、被告は9分の1税の半分のみを除いて自分は支払う義務を負わないと主張した。というのも、同税の対象となる土地を保有していた前任のフォークトら（antecessores）は、9分の1税の半分を判決により免除されていたからである。被告のこの主張を証明するために、3名の証人が招致されたが、彼らの証言に対する原告側の反論の方が認められた。こうして証拠調べ手続が終了し、判決言渡し期日が定められた。ところが、その後被告は一転して原告に対し不法を行ったことを認め、判決が下される前に原告訴訟事務代理人（procurator）を通じて原告と和解した。そのなかで被告は、請求された9分の1税を今後妨げなく支払うこと、訴訟において原告が負担した訴訟費用を補償することについて同意した。

　この事例は、当事者が必ずしも訴訟の初めから平和的解決に積極的であったわけでなく、訴訟手続の過程で状況を判断していたことを示している。ネールゼン＝フォン・シュトリュークによれば、和解・仲裁により終結した約45件の訴訟のうち、6件のみが最初から裁判外での紛争解決が選択されていた[36]。すなわち、和解ないし仲裁により終結する事件において、そうした手段が紛争の当初から選択されることはむしろまれで、訴え提起後の手続の過程で選ばれるのが大半だったのである。訴訟法上、一方当事者により行われた証言に対して、他方当事者は証言が矛盾している、不明確である、不完全であるなどの理由により、それを退けることができた[37]。裁判官は証言の評価をただちに行うことも、後の段階で行うこともできた[38]。この事件では、史料からは明らかにならないが、被告側証人の証言に対する原告の何らかの主張が認められ、証言が排斥されている。したがって、被告ヴェルナー

は証拠調べにおいて自らの主張と立証が認められず勝訴の見込みが薄いと判断し、和解という行動を取ったとも考えられる[39]。

　では、和解による紛争解決を選ぶことは当事者にとってどのような利益があったのだろうか。ここでは、①権利の実現可能性、②訴訟経済、③終局的解決の観点から検討していきたい。

　第一に、和解は権利の実現可能性が高い解決方法だった。むろん、和解の際には当事者の自発的な履行が期待できるが、これに加えて和解締結の際に両当事者は、和解内容の遵守につき宣誓を行うことができた[40]。周知のように、中世の裁判所は脆弱な執行権しか有していなかった。仮に正規の手続において判決により権利が確定されたとしても、それを勝訴当事者が実現できるかは常に不確かであった。それゆえに、教会裁判所は一定期間を超えても当事者が判決を任意に履行しない場合には破門を行う旨の通告をすることで、間接的に履行を強制する手段を用いなければならず、それが成功しない場合もしばしばあった。そうした状況において、権利の確実な実現を期待できるという点に、和解が裁判による判決よりも好まれた理由があったと思われる。

　第二に、和解した当事者は時間と費用を節約することができた。この点で、和解を選ぶことは、自らにとって不利な和解内容に同意する当事者にとっても不利なことではなかった。というのも、和解することで訴訟費用の負担を回避しえたからである。通常手続における敗訴当事者は多くの場合、相手方当事者の申立てに基づいて訴訟費用についても有責判決を下された。訴訟法によれば、訴訟費用は裁判官、その諮問機関たる補佐役（assessores）、書記（notarius）、補助人（廷吏、使者、執行吏など）および証人にかかる費用に加え、裁判地への旅費やそこでの滞在費、訴訟事務代理人や弁護人にかかる費用が含まれた[41]。その結果、当事者はしばしば高額な訴訟費用を負担しなければならなくなった。たとえば、ナウムブルクの 1314 年の訴訟では、24 マルクの訴訟費用を支払うよう被告が有責判決を受けている。同地

での 2 年後の別の訴訟において、シュタットイルムの女子修道院がエーゲル スドルフ村の売買契約代金として 21 マルクしか得られなかったことを考慮 すれば、この訴訟費用は高額であったと言えるだろう[42]。モンテスキュー が、当事者の濫訴や訴訟引き延ばしの頻発による弊害が生じていた 14 世紀 フランスにおいて「訴訟人を訴訟費用の恐れによって阻止することが極めて 必要となった」と述べるように[43]、訴訟費用の負担は当事者にとって重いも のであった[44]。

　第三に、和解は終局的な紛争解決が見込める点に利点があった。和解は判 決と同等の既判力を持つとされ、一方当事者が和解締結後に訴えを提起した 場合、他方当事者は和解の抗弁（exceptio transactionis）を用いることがで きた[45]。この抗弁は失権的抗弁（exceptio peremptoriae）に属し、その他の 失権的抗弁とは異なり、争点決定前に提出することが認められていた[46]。第 一リヨン公会議決議[47]では、争点決定前に提出できる抗弁として、和解の抗 弁が事件終結の抗弁（exceptio rei finitae）として既判物の抗弁（exceptio rei iudicatae）と並列されていることから、両者は同等の抗弁として扱われ ていたことがわかる。したがって、裁判での判決による解決では判決後にも 上訴の手段により紛争がなお長期化する可能性が高かったのに対して、和解 は事件の蒸し返しを防ぎ、紛争を終局的に解決することができた。これは、 時間と費用の節約という当事者の経済的利益のみならず、共同体の平和を維 持する任を負う教会の利益にも適うものであった。

（2）　仲裁

　仲裁（arbitrium）は当事者が第三者たる仲裁人（arbiter）に紛争の解決 を委ね、その判断に服する旨合意することで行われた。当事者は通常手続の どの段階でも仲裁手続に移行することができたが、そのためには仲裁付託契 約（compromissum）を結ぶ必要があった。仲裁付託契約時には、仲裁判断 が遵守されるように違約罰が定められた[48]。

　1248 年の原告フランクフルト聖堂参事会と被告マインツの聖マリア教会主席司祭ベルンハルトとの間のビショフスハイム教会のパトロン権[49] をめぐる訴訟[50] では、終局判決の言渡しが行われた後に仲裁手続に移行している。ここでは、このパトロン権の帰属をめぐって訴訟が提起され、通常の証拠調べ手続が行われた結果、裁判官であるマインツの聖マリア教会の聖歌隊長兼聖堂参事会長のヴェルナーにより、原告の請求を認める終局判決が下された。しかしながら、裁判所により仲裁判断を行うよう指示が行われた結果、原告に対し同パトロン権を認める代わりに、原告は毎年 6 マルクを 6 年間被告に支払うよう仲裁判断がなされた。

　先に述べたように、教会裁判所の事案では手続の過程で和解・仲裁の手段が選択されることが大多数を占めていたが、ここでは通常手続は終局判決によりいったん終結したのにもかかわらず、終局判決の言渡しの後に仲裁手続に移行している[51]。原告フランクフルト聖堂参事会は、勝訴判決を得ていたのにもかかわらず、仲裁判断につき被告と同意し、互譲する結果となった。この事例のように、有利な状況にある当事者が仲裁や和解により互譲するケースはしばしば見受けられる。

　では、当事者が仲裁を選ぶことにはどのような利益があったのだろうか。ここでは主に、和解の場合と同様に①権利の実現可能性、②訴訟経済、③終局的解決について検討していきたい。

　第一に、仲裁判断を保障するためのさまざまな方法が用意されていた点で、仲裁は権利の実現をより期待できる方法であった。先に述べたように、仲裁付託契約の際には違約罰が定められた。違約罰の内容として、証書史料においては、主たるサンクションである罰金に加え、権利喪失、破門が登場する[52]。宣誓は必要的ではなかったが[53]、実際の訴訟ではしばしば宣誓により仲裁判断に服することが述べられている[54]。これらの方法は、究極的には執行の問題に立ち戻ることになるが、仲裁がその機能を果たすことを可能にするのは「合意は守られねばならない（pacta sunt servandae）」の力である

から[55]、当事者の任意の履行は、和解の場合と同様に裁判の場合よりも期待できるものであったのではないだろうか。

第二に、和解の場合と同様に、仲裁の場合には当事者は紛争を早期に解決し、それにより時間と費用を節約することができた。仲裁引受けにより仲裁人は仲裁判断を下すことが義務付けられ、それを行わない場合には通常裁判官（iudex ordinarius）がそれを強制することが認められていた。また、一方当事者が仲裁手続を意図的に遅延させた場合、通常裁判官は他方当事者へ訴訟費用を補償するよう有責判決を下すことができた[56]。

第三に、事件の終局的解決に関連して、上訴の可能性が問題となる。正規の手続において敗訴判決を受けた当事者は、その判決を不服とするときは上訴を提起することができた。教区の教会裁判所で下された判決はまず司教区の教会裁判所に、次いで教皇の裁判所に上訴することができた。敗訴当事者に認められた上訴の権利は、中世学識訴訟における最も大きな弊害を引き起こした。すなわち、訴訟引き延ばしとそこから生ずる費用の増大である。絶え間なく続く訴訟は常に当事者にとって負担となったので、可能な限り避けられた。その一つの手段が仲裁による紛争解決である。というのも、ローマ法によれば、仲裁判断には既判力が認められなかったが、既判力がない以上仲裁判断に対する上訴は提起できないとされたからである[57]。これは仲裁を選ぶ最大の利点だった。仲裁判断により事件が終結したのにもかかわらず訴訟が提起された場合、当事者は抗弁により対抗することができた[58]。

なお、判決とは異なり柔軟な解決ができることも仲裁の利点だったと思われる。上記の事例では、請求を認める代わりに原告は毎年6マルクを6年間被告に支払うという解決が採られていた。こうした両者歩み寄りの判断が実際にどれほど期待できたかは明らかではないが、法律上それが可能となることは仲裁の魅力であったに違いない。

以上、和解と仲裁の規律と事例を検討し、それぞれの訴訟法上の利益を検討してきた。この検討結果から言えるのは、裁判・判決と比較した場合、和

解にせよ仲裁にせよ平和的な紛争解決手段を選ぶことはさまざまな訴訟法上の利点があったということである。一言でいえば、和解・仲裁は紛争を迅速かつ終局的に解決し、権利の実現を果たすことに役だった。このような利益の最大化を図って行動する当事者にとって、和解と仲裁は常に有力な選択肢だったのである。

3　命令不服従の規律と事例

（1）　命令不服従の規律とその限界

　教会裁判所が平和的な紛争解決を望んでいたとしても、それは必ずしも当事者が望む解決手段でないこともありえた。実際に当事者が和解勧試に従わない事例がみられるように、当事者は必ずしも裁判所の勧告に従ったわけではなかった。さらに、訴訟当事者が法廷に出頭せず、裁判所の命令に明白に抵抗するケースもあった。裁判所に対する当事者の意図的な抵抗は命令不服従（contumacia）と呼ばれ、それに対し訴訟法はさまざまなサンクションを用意していた。以下では、和解・仲裁とは対極に位置づけられる命令不服従のケースを検討することで、当事者の行動の要因について考えてみたい。

　学識訴訟法において、被告の命令不服従への対抗策としては 2 種類の措置があった。第一はローマ法に基づいた措置である。この場合には、争点決定前の段階では占有付与が、後の段階では一方当事者の弁論に基づく終局判決が可能だった。第二はカノン法に基づいた措置[59]で、破門という教会罰により不出頭者の出頭を促す方法が用いられた[60]。被告が裁判所の出頭命令に従わない姿勢をみせた場合、裁判所は同人が命令不服従であると宣言し、それ以降の一定期間命令不服従を貫いた場合には破門をすると通告し、出頭を間接的に強制したのである。

　教会裁判所はしばしば命令不服従の当事者に対して破門の措置を講じているが、それが功を奏さない場合も数多くあったようである。1296 年の証

書[61] によれば、原告マインツの聖ペーター教会の聖堂参事会長および参事会と、被告聖墳墓騎士団（ordo sancti sepulcri Maguntine）団員らとの間の訴訟において、裁判所は、被告が命令不服従を理由として破門されたのにもかかわらず出頭しなかったために、破門の教会罰に加えて争いになっている邸宅（curia）の占有を原告に付与している[62]。また、1295 年の証書[63] によれば、原告フランクフルトの聖堂参事会は、被告フランクフルト聖堂参事会員のエックハルトが 2 つの教会を武力により侵奪したため、両教会の聖職録をめぐって訴えを提起したが、ここでも被告は破門後に命令不服従の姿勢をとり続けている。

　こうした当事者の行動は、訴訟法を鑑みれば納得のいかないものではない。というのも、命令不服従を理由として破門されたとしても、その破門は 1 年以内に出頭し担保を提供するなどして訴訟への参加の意思を示すことさえすれば解かれることができたからである。すなわち、ここで行われる破門は当事者の悔悛を促し、行動を改めるための機会を与える趣旨で用いられる一時的な手段であり、破門された者は即座に訴訟上の不利益を被るわけではなかったのである。したがって、たしかに破門というサンクションは当事者の出頭を促すのに一定の効果はあったが、当事者に行動の余地を残さないほど強制力のある措置ではなかったと言える。ゆえに、不出頭は訴訟引き延ばしの手段となりえた。

（2）　命令不服従の事件で機能する仲裁

　当事者が当初命令不服従の態度を取り、訴訟の過程で仲裁に至るケースもある。1290 年のアイヒシュテットの事例[64] がそれである。以下、やや詳しく検討してみたい。

　原告クラーラ修道院は、アイヒシュテットの裁判官に対し、被告レンタースハイムのコンラートがエッテンシュタットの邸宅の占有を不法に妨げたことを認定し、加えて訴訟費用について被告に有責判決を下すよう求めた。裁

判官は 7 月 3 日に期日を指定し、その期日に被告は訴状に対して答弁し、す
べ て の 延 期 的 抗 弁（exceptio dilatoriae）お よ び 裁 判 所 拒 絶 の 抗 弁
（exceptio declinatoriae）を提出せよとの中間判決を下した。指定期日に被
告は抗弁を提出し、それに対して原告は再抗弁を提出した。再抗弁を受け、
被告は再々抗弁のための新期日を要求した。裁判官は学識者との協議後に中
間判決を下し、被告の抗弁を適法でないとして退けた。それに対して被告が
アイヒシュテットの上級審であるマインツに上訴を提起しようしたため、裁
判官は被告が悪意を持って（ex malicia）新たな期日を要求しないと宣誓す
るのであれば、再々抗弁のための期日を被告に認めると譲歩した。しかし、
被告は裁判官の妥協案を拒絶した。裁判官は訴状に対する答弁を行い訴訟を
追行するための最後の期日として、7 月 14 日に新期日を設定した。しかし、
被告はそれを無視し、7 月 4 日に上訴を提起した。被告が 7 月 14 日の期日
に出頭しなかったため、翌日に裁判所は命令不服従を理由として被告を破門
した。ところが、その約 2 ヶ月後に仲裁判断が行われる。そこでは、被告が
2 人の騎士と共に、争いになっていた邸宅に関するあらゆる権利を放棄する
こと、争いになっている邸宅がエッティンゲン伯ルートヴィヒによってニュ
ルンベルクのクラーラ修道院に適法に贈与されたことが 3 名の仲裁人（エッ
ティンゲン伯大ルートヴィヒ、同伯小ルートヴィヒおよび同伯コンラート）
によって確認された。

　この事例では、被告の訴訟引き延ばし戦略が明白にみてとれる。被告は抗
弁を用い訴訟の遅延を狙い、裁判所は（恐らく失権的）期日の設定および中
間判決でそれに対処しようとしている。しかし、被告は裁判所による抗弁の
却下を理由に事件を上訴審に持ち込み、さらに紛争を長期化させようとす
る。それでも裁判所は自身の審級で審理を続行しようとさらなる期日を設定
するが、被告は不出頭により抵抗を続ける。その結果、裁判所は破門という
手段を取らざるをえなくなってしまったのである。破門から仲裁判断までの
約 2 ヶ月間、再出頭の様子をみせなかったことから、被告は破門から 1 年間

の限界まで訴訟を遅延させることを狙っていたと推測できる。

　ところが、あらゆる手段を尽くして訴訟の遅延を狙っていた被告は、仲裁付託に合意せざるを得なくなる。その背景には、仲裁人となったエッティンゲン伯らの関与があったと思われる。というのも、仲裁人らの実の父親であるルートヴィヒがかつてクラーラ修道院の係争地を贈与していたことが仲裁判断により認定されているからである。おそらく、自らの父親による係争地の贈与を知るエッティンゲン伯らが、当該紛争につき仲裁人になるよう依頼されたのだろう。

　ここで、二つの疑問が浮かんでくる。原告は通常の裁判手続において依然として有利な状況であるのにもかかわらず、なぜ仲裁を選んだのであろうか。また、訴訟を通じて徹底した反抗の姿勢を貫いていた被告は、なぜ仲裁付託に合意したのであろうか。

　第一の疑問に関しては、既に述べた仲裁の訴訟上の利益が最も考えられうる理由であろう。とりわけ命令不服従の事案では、紛争を迅速かつ終局的に解決し権利の実現を果たすことは困難であったに違いないから、原告にとって仲裁を選ぶことには大きな利益があったはずである。

　第二の疑問はとりわけ重要であろう。というのも、ここには経済合理性だけでは説明できない利益が関係していると思われるからである。直接的には、決定的な証人が現れたことが被告に抵抗を諦めさせたとも考えられうるし、あるいは第三者たる仲裁人のエッティンゲン伯らの働きかけが圧力となったのかもしれない。しかし、最終的に被告が仲裁を選んだのは、互譲することに何らかの社会的利益があったと考えるのが自然であろう。その基礎にあるものこそが、教会が維持しようと努力していた共同体の紐帯だったのではないだろうか。

　いずれにせよ、この事例で仲裁は、反抗的な被告を再び手続のレールに乗せることに結果として成功している。このことから少なくとも言えるのは、仲裁は命令不服従のような事件の解決が困難なケースをも包摂し、秩序回復

の実現に資するシステムであった、ということである。

おわりに

　13 世紀の教会裁判所における紛争は、大多数が裁判・判決ではなく和解・仲裁といった当事者間の合意に基づく解決により終結していた。こうした解決手段は、それを教会が積極的に支援したという事実がある一方で、当事者にとっても利益があるものだった。

　和解・仲裁は、①権利の実現可能性、②訴訟経済、③紛争の終局的解決の点で利点があった。第一に、和解・仲裁はそもそも両当事者の合意を前提としており、その際には当事者の任意の履行が期待できる。それに加え、和解の場合には宣誓により任意履行の保証を行うこと、仲裁の場合には同様の宣誓と並んでさまざまな内容の違約罰が定められることで、権利の実現が担保された。第二に、和解・仲裁により紛争を終結させることは時間と費用の節約に繋がった。和解・仲裁の場合では、単に早期の解決により係争期間を短縮し裁判にかかる費用を抑えることができるだけでなく、裁判では通常敗訴当事者が負担した（相手方のものを含む）訴訟費用を両当事者が分担することが可能となった。第三に、和解・仲裁により紛争を終結させた当事者は、それにもかかわらず訴訟が再び提起された場合、対応する抗弁の提出によりそれを却けることが認められていた。したがって、和解・仲裁は、紛争を終局的に解決するのに優れた手段だったと言える。

　他方で、和解・仲裁といった紛争解決に向けた当事者の積極的態度とは対極に位置づけられる命令不服従（不出頭）を考慮した場合、そうした当事者の行動も訴訟戦略上利点があった。というのも、裁判所の命令に従わずに出頭しない姿勢をみせることは、抗弁や上訴と同様に、訴訟引き延ばしのための手段であったからである。それを可能にしたのは、命令不服従が即座に訴訟上の不利益に結びつかないという訴訟法の規定であった。

40

紛争解決に向けて積極的であろうと消極的であろうと、史料から垣間みえるのは、自己利益の最大化を図って行動する当事者という図像である。しかし、その利益は必ずしも経済合理性によってだけではなく、中世社会独特の社会的合理性によっても規定されていると思われる。この点、訴訟法上の利益という要因に加え、その他のさまざまな要因を今後さらに分析する必要があるだろう。

※本稿は、2017年11月11日に開催された法文化学会第20回研究大会（於上智大学）における研究報告に、頂戴したご指摘やその後の研究の進展を反映させ、加筆・修正を加えたものである。なお、本研究はJSPS科研費19K13488および広島修道大学ひろしま未来協創センター調査研究費の助成を受けたものである。

〈注〉

1　K. Nehlsen-von Stryk, Der römisch-kanonische Zivilprozeß in der gesellschaftlichen Realität des 13. Jahrhundert, in: M. Stolleis (Hg.), *Die Bedeutung der Wörter*, München, 1991, S. 316.
2　山内進「同意は法律に、和解は判決に勝る——中世ヨーロッパにおける紛争と訴訟」歴史学研究会編『紛争と訴訟の文化史』（青木書店、2000年）26頁。
3　P. Caspers, *Der Güte- und Schiedsgedanke im kirchlichen Zivilgerichtsverfahren*, Düsseldorf, 1953, S. 8. その論拠として挙げられるのは、以下の聖書の文章である。コリントの人々への第一の手紙6章1-6節：あなた方のうち誰かが仲間と争いを起こした場合、聖なる人々に訴えずに、あえて正しくない人々に訴えようとするのですか。それとも、あなた方は、聖なる人々が世を裁くことになるのを知らないのですか。また、世があなた方によって裁かれるというのに、あなた方にはささいなことを裁く力もないのでしょうか。わたしたちがみ使いたちを裁くことになるのを知らないのですか。まして、この世の生活に関わることを裁くのは言うまでもありません。それなのに、あなた方はこの世に関わることで争いが生じると、教会が取るに足らないとみなしている人々を、裁く者の席に着かせる

のですか。わたしがこのようなことを言うのは、あなた方を恥じ入らせるためなのです。あなた方の中には、兄弟間の問題を裁くことのできるような知恵のある者が、一人もいないというほどまでになっているのですか。それで、兄弟が兄弟を訴え、しかも、信仰のない者の前でそうするのですか。マタイ福音書 18 章 15-17 節：「もしあなたの兄弟が罪を犯したらなら、行って二人だけの間で、彼をいさめなさい。もし彼があなたの言うことを聞き入れるなら、あなたは自分の兄弟を得たことになる。しかし、もしあなたの言うことを聞き入れなければ、ほかに一人か二人を連れていきなさい。『すべてのことは、二人または三人の証言によって確実なものとなる』とあるからである。もし彼らの言うことも聞き入れなければ、教会に申し出なさい。もし教会の言うことも聞き入れなければ、彼を異邦人や徴税人と同様にみなしなさい」。翻訳はフランシスコ会聖書研究所訳『聖書』（サンパウロ、2013 年）による。

4　Nehlsen-von Stryk（Anm. 1），S. 318. 以下本稿では、ここでの用語法にならって、平和的紛争解決という語を和解・仲裁を指すものとして用いる。

5　Nehlsen-von Stryk（Anm. 1），S. 323. この箇所の訳文は西川洋一「初期中世裁判史におけるゼント裁判の位置（1）」『国家学会雑誌』第 122 巻第 11・12 号（2009 年）1353 頁による。

6　O. Hageneder, *Die geistliche Gerichtsbarkeit in Ober- und Niederösterreich*, Köln, 1967, S. 22.

7　Hageneder（Anm. 6），S. 216f.

8　K. S. Bader, Arbiter arbitrator seu amicabilis compositor, in: *Zeitschrift der Savigny-Stiftung für Rechtsgeschichte*, KA 11（1960），S. 271f. なお、バーダーの議論については、小山昇「amicabilis compositor について」同『仲裁の研究』（信山社、1991 年）349 頁以下に詳しい紹介がある。

9　Nehlsen-von Stryk（Anm. 1），S. 316.

10　J. F. Bömer/F. Lau（Hg.），*Urkundenbuch der Reichsstadt Frankfurt*（以下 FUB と略記），2 Bde, Frankfurt am Main, 1901/1905.

11　改訂者ラウの序言によれば、当初の計画では神聖ローマ皇帝ルートヴィヒ 4 世の死（1347 年）までの証書を集録する予定であったが、対象史料の増加により編集作業が困難になったため、1340 年までの期間にせざるをえなかったとのことである。

12　M. Bateson, Rezension zu: Bömer/Lau（Anm. 10），in: *The English Historical*

Review, Bd. 22, Nr. 85（1907）, S. 160.

13　Nehlsen-von Stryk（Anm. 1）, S. 316 Anm. 9. そしてこのうち 5 件のみが終局判決により終結したとされる。

14　FUB Bd. 1, Nrn. 45, 66, 75, 95, 106, 147（148）, 174, 188, 209（229）, 211, 233, 257, 259, 275（281）, 289（290）, 318, 321, 364, 395, 405, 410, 433（451, 458）, 452, 459, 474, 481, 519, 549, 568, 614, 628, 630, 665, 674, 693, 694, 732, 742. 同一事件において複数の証書が発行されているケースは 1 件と数え、後に発行された証書を括弧の中に示した。教会裁判所係属事件の判断は、証書の発給者と係争性の有無を基準としたが、両者が明確でなく判断に苦しむケースもあった。なお、同証書集には教皇庁発給証書も含まれるが、これについては対象外とした。

15　FUB Bd. 1, Nr. 45. これは係争物がパトロン権のケースである。

16　FUB Bd. 1, Nn. 66, 75, 106, 174, 188, 209（229）, 364, 405, 410, 433（451, 458）, 474, 481, 549, 614, 630, 674, 693, 694, 732, 742.

17　FUB Bd. 1, Nn. 95, 147, 211, 233, 257, 259, 275（281）, 289（290）, 318, 321, 395, 452, 459, 519, 568, 628, 665.

18　小倉欽一『ドイツ中世都市の自由と平和——フランクフルトの歴史から』（勁草書房、2007 年）21 頁によれば、フランクフルトでは 1194 年にシュルトハイス（都市代官）の職が設けられ、これに国王の家人が登用された。

19　FUB Bd. 1, Nrn. 106, 174, 209, 257, 259, 318, 459, 474, 519, 614, 628, 665, 693, 694.

20　FUB Bd. 1, Nrn. 95, 188, 211, 233, 405, 410, 433, 549, 568, 674, 732.

21　FUB Bd. 1, Nrn. 321, 495, 452, 630.

22　FUB Bd. 1, Nrn. 45, 147, 364.

23　FUB Bd. 1, Nnr. 66, 75, 742.

24　FUB Bd. 1, Nnr. 481, 275, 289.

25　たとえば、宣誓付き契約、利息、婚姻や嫡出の問題、遺言の作成・執行の問題といった霊的問題と結合した訴訟（causae spiritualibus annexae）や、事物・人的・土地に対する管轄の延長（prorogatio fori）に基づく訴訟。これらについては、K. W. Nörr, *Romanisch-kanonisches Prozessrecht. Erkenntnisverfahren erster Instanz in civilibus*, Heidelberg, 2012, S. 60-63 を参照。

26　FUB Bd. 1, Nrn. 364, 614. なお、Nr. 147 のケースでは一度終局判決が下された後で、Nr. 148 において仲裁判断にて終結している。

27　FUB Bd. 1, Nrn. 45, 66, 75, 95, 106, 147（148）, 174, 188, 211, 233, 257, 275（281）, 289（290）, 318, 321, 395, 405, 410, 452, 459, 474, 481, 519, 568, 628, 630, 665, 674, 694, 732, 742.

28　FUB Bd. 1, Nrn. 209（229）, 259, 433（451, 458）, 549, 693. なお、Nr. 209 および 433 のケースでは一度仲裁が行われた後で権利放棄が行われている。

29　Nehlsen-von Stryk（Anm. 1）, S. 321.

30　以下の仲裁概念の拡大については、小山・前掲注（8）、川島翔「アゾ『質疑録』第 12 質疑——中世学識法における仲裁法史の一断面」『一橋法学』第 15 巻第 3 号（2016 年）256-262 頁を参照。

31　FUB Bd. 1, Nrn. 289（290）, 452, 519, 674.

32　Hageneder（Anm. 6）, S. 214 ff.

33　*Quoniam ea que*, hrsg. von G. Haenel, Lipsiae, 1838, S. 39: Transactio igitur est conventio quaedam de lite dubia et re incerta, aliquo dato vel misso vel retento. この定義は D. 2,15,1:「和解をなす者は、疑いのある事柄および不確定で未決の争点について和解をなす（Qui transigit, quasi de re dubia et lite incerta neque finita transigit）」および C. 2,4,38:「和解は与え、留保しまたは諾約することなくして生じることはない（Transactio nullo dato vel retento seu promisso minime procedit）」に基づいている。訴訟法書に現れる和解の定義については、W. Litewski, *Der römisch-kanonische Zivilprozeß nach den älteren ordines iudiciarii*, Bd. 2, Krakau, 1999, S. 451f. を参照。

34　9 分の 1 税（Nona）とは、所有する土地の生産物やその他の取得物の一部を徴収する税の一種。通常は 10 分の 1 税（decima）を前提として、全体から 10 分の 1 を引いた残りの 9 分の 1、すなわち全体の 10 分の 1 が対象になり、「倍額 10 分の 1 税」ないし「二重の 10 分の 1 税」（nona et decima）として用いられるようである。本稿ではさしあたり、吉田道也「「十分の一税」の成立」『法政研究』第 19 巻第 4 号（1952 年）443 頁にならって、9 分の 1 税と訳した。

35　FUB Bd. I, Nr. 174. 以下、証書史料の原文の引用は紙幅の都合から省略した。

36　Nehlsen-von Stryk（Anm. 1）, S. 318 Anm. 16.

37　Nörr（Anm. 25）, S. 148. 以下、法文それ自体の紹介は紙幅の都合から省略した。法文の典拠については二次文献該当箇所を参照されたい。

38　Nörr（Anm. 25）, S. 150.

39　C. Zey, Gleich für alle? Konfliktlösung und Rechtsprechung durch päpstliche

Legaten im 11. und 12. Jahrhundert, in: S. Esders（Hg.）, *Rechtsverständnis und Konfliktbewältigung: gerichtliche und aussergerichtliche Strategien im Mittelalter*, Köln u. a., 2007, S. 107 は、訴訟の終結が判決になるか和解になるかは明白な証明の有無に左右されたことを指摘する。

40　Litewski（Anm. 33）, S. 453.

41　Nörr（Anm. 25）, S. 203 f.

42　両訴訟については、H. J. Budischin, *Der gelehrte Zivilprozeß in der Praxis geistlicher Gerichte des 13. und 14. Jh. im deutschen Raum*, Bonn, S. 265を参照。

43　モンテスキュー（野田良之他訳）『法の精神』（岩波書店、1989 年）240 頁。

44　Nörr（Anm. 25）, S. 205 は、訴訟費用が高額であったことが和解・仲裁を促進したことを指摘する。

45　Litewski（Anm. 33）, S. 453.

46　失権的抗弁については、Nörr（Anm. 25）, S. 100-103 を参照。

47　c. 9（=VI 2. 3. 1）: Exceptionis peremptoriae seu defensionis cuiuslibet principalis cognitionem negotii contingentis ante litem contestatam obiectus, nisi de re iudicata, transacta seu finita excipiat litigator, litis contestationem non impediat, nec retardet, licet dicat obiector, quod rescriptum non fuisset obtentum, si quae sunt impetranti opposita fuissent exposita deleganti.

48　Tancredus, *Ordo*, hrsg. von F. C. Bergmann, Göttingen, 1842, pars I, tit. 3, §. 1: Arbitri sunt, qui de consensu partium eliguntur. Et in eos sub poenae stipulatione compromittitur, ut metu poenae ipsorum sententiae stetur; quoniam sententia arbitri non valet sine poenae promissione vel pignorum datione, ut Cod. de arbitr. 2, 56. l. 1.; quod verum est, nisi in duobus casibus, scilicet si partes subscripserint sententiae arbitri, vel si decem diebus tacuerint post sententiam. ut Cod. e. t. 2, 56. l. cum antea. 5.（pr.）. Litewski（Anm. 33）, S. 578 f. を参照。ただし、違約罰の必要性について法学では争いがあった。Litewski（Anm. 33）, S. 580 によれば、タンクレードゥスは問答契約を用いた違約罰の定めのない場合には仲裁判断は無効とするのに対し、ブルガールスは違約罰の必要性を否定し、他の３つの手段（係争物の差押さえ、その他の財産の担保提供、仲裁判断遵守の問答契約）を挙げる。

49　パトロン権とは、パトロンと呼ばれる教会創設の資金的援助を行った者が取得する各種の権利の総称であり、中でも重要視されたのは司祭の推薦権であった。

パトロン権をめぐる事件は、教皇アレクサンデル 3 世の時代に、原則として教会裁判所の管轄となった。P. Landau, *Jus patronatus. Studien zur Entwicklung des Patronats im Dekretalenrecht und der Kanonistik des 12. und 13.Jahrhunderts*, Köln/Wien, 1975, S. 206.

50　FUB Bd. 1, Nr. 147.

51　O. Riedner, *Die geistlichen Gerichtshöfe zu Speier im Mittelalter*, Bd. 2, Paderborn, 1915, Nr. 51 も同様に終局判決後の仲裁を伝えている。

52　Hageneder（Anm. 6）, S. 230-234.

53　Litewski（Anm. 33）, S. 580.

54　Hageneder（Anm. 6）, S. 230.

55　小山昇「仲裁の法理」同・前掲注（8）4 頁。

56　Litewski（Anm. 33）, S. 582.

57　Litewski（Anm. 33）, S. 498, 587 f.

58　Tancredus, *Ordo*, pars I, tit. 3, §. 4 によれば、これは悪意の抗弁（exceptio doli）だった。

59　カノン法上の命令不服従に対する措置については、川島翔「中世カノン法の欠席手続：『グラティアヌス教令集』C.3 q.9 を素材として」『一橋法学』第 16 巻第 3 号（2017 年）363-406 頁を参照。

60　この 2 種の措置の順序について、裁判官の裁量によるかは法学上争われていた。しかし、実務では定まった順序はなかったとされる。Budischin（Anm. 42）, S. 64. また、X 2.6.3 によれば、占有付与を行うことができない場合にカノン法に基づいた罰が採られた。Quod si causa talis fuerit, quod idem in possessionem nequeat intromitti, ut iuri pareat is, qui contumaciter se absentavit, per censuram ecclesiasticam est contumax compellendus.

61　*Nassauisches Urkundenbuch*, hrsg. von W. Sauer, Bd. 1, 1886, Nr. 1209（1296）.

62　この事件については、Budischin（Anm. 42）, S. 65 f. を参照。

63　FUB Bd. 1, Nr. 673.

64　*Nürnberger Urkundenbuch*, hrsg. vom Stadtrat zu Nürnberg, bearb. vom Stadtarchiv Nürnberg, Bd. 1, Nürnberg, 1959, Nn. 795, 798-801. この事件については、I. Buchholz-Johanek, *Geistliche Richter und geistliches Gericht im spätmittelalterlichen Bistum Eichstätt*, Regensburg, 1988, S. 32 ff. も参照。

第2章

鎌倉御家人の法生活と訴訟：
悔返・未処分を中心に

神 野　潔

はじめに

　本稿に与えられたテーマは、「人はいつ裁判に訴えるのか」・「紛争解決の手段はどのように選択され、あるいは回避されるのか」・「紛争解決制度の利用しやすさは、紛争の内容、場所そして人によって、どのように異なるのか」といった素朴かつ難解な問いに対して、「自力救済」の社会とされる鎌倉期の法文化と結び付けて考察することである。もう少し具体的に述べれば、鎌倉幕府の裁判に訴えることは御家人たちにとってどのような意味を持ったのかということを、御家人たちの法生活の中で検討していくことが、本稿のテーマとなる。

　このテーマは、鎌倉幕府の法や裁判をどのようなものと捉えるかという問題と不可分であろうから、近年佐藤雄基や松園潤一朗が提示している、幕府法および幕府裁判の構造や位置付けと関連付けて、議論しなければならないものである[1]。しかし、それは筆者の能力を超えたものであるし、また紙幅の都合もあるので、本稿では視点と素材を絞って、貞永元年（1232）の「御成敗式目」（以下「式目」）制定から弘安8年（1285）の霜月騒動までの期間

の[2]、言い換えると、御家人たちと主従関係を持たない執権北条氏によって、裁判手続の整備が進んだと考えられる時期の、一族内相論（御家人たちの一族内での問題が争われた訴訟）に注目し、その中でも特に悔返と未処分に関係する相論について、関東裁許状（鎌倉幕府による裁判の判決文）を蒐集・読解しながら検討することにしたい。

　既に古澤直人が、「御家人の一族内の葛藤が幕府法廷へと提出され、これを幕府権力が裁定するという関係を考察すること」は、「中世武士団の自立性と、権力への求心性という問題を考える上でも恰好の素材を提供するもの」[3]という課題設定のもとで、一族内相論についての基礎的な研究を行っている。本稿はこの研究を積極的に引き継ぐものである。なお、その中で悔返と未処分の二つを取り上げることにしたのは、一族内の処分と関連して行われるこの二つの行為が（未処分の場合には処分をしないという不作為であるが）、「式目」に具体的な規定として現われ、そのことは、「立法時点における裁判の争点も、そこに集中されていたもの」と考えられることによる[4]。

　一族内相論については既に多くの先行研究が存在するが、その中からいくつか重要なものを確認しておきたい。まず、上横手雅敬は、「庶子分所領没収権を含む所領処分権」が惣領の権限に属するとはいえないことを証明するその過程で、父祖の命に従わない場合の制裁規定としての所領没収について、具体的にどのような方法で行うと想定しているかを譲状の制裁文言から考察し、「一族内で解決されずに、上訴する方法」が「最も一般的な解決手段」であると述べている。その一方で、御家人たちには「族内の問題を上訴して争うことを好まぬ傾向は確かに見られる」のであり、「上訴を回避し、族内で解決する方法は、時代が下るとともに増す傾向にある」と指摘する[5]。上横手は一族の結合に「共和的性格」を見出し、その指摘は重要であるが、考察は概括的なものに留まっている。

　これに対して、上述の古澤は、一族内相論の裁許状165通を挙げて（後述する田中大喜の研究では、180例あるとされている）、当事者同士の関係、

論点の内容、幕府裁許の特質、適用された幕府法、背景となる法思想などの基本的な事柄を丁寧に検討している [6]。一族内相論は兄弟姉妹関係で多く見られ、また継母・多妻制に媒介されるものが多いこと、論所の地域的な散在性が目立ち、御家人が一族内の争いを解決するにあたって、中央権力としての幕府の存在が必須となったと考えられること、裁許結果は、13 世紀前期は訴人（原告）勝訴の例がやや多く、13 世紀後期は訴人敗訴の例が若干多いことなどが指摘される [7]。また、「式目」15 条「謀書」の適用例が多く見られるという指摘が重要で、このことは、論所の散在性と同じように、中央権力としての幕府の存在への意識として説明されている。丁寧なデータ収集に基づいたこれらの基礎的な指摘は、全て本稿が前提とするものである。

　また、田中大喜の研究では [8]、小林一岳が展開した一門評定に関する研究を批判的に継承して [9]、「『近類』補完体制」というシステムを提唱しながら、「一門評定と幕府裁判との相互関連・相互作用の様相」・「鎌倉末期〜南北朝期にかけて進行する家（一族結合）の構造的変化（嫡子への求心化）と一門評定（衆議）との関係」を考察する。多くの重要な指摘の中で、鎌倉前期における幕府の裁判は、当事者双方の合意が得られない限り提訴が繰り返されるという構造を持っており、そのために一族内の問題は、一族内で解決することが主流であったとする点 [10]、鎌倉中期には幕府の裁判所で書面審理が重視されるようになり、また同一問題を繰り返し提訴することが抑制されるようになったため、一族内での争いを裁判所に持ち込むことは、一族内の処遇に不満を持たない者にとってもメリットのあるものになった（「族内解決と並ぶ主要な解決方法となった」）と述べる点は、特に注目すべきである。

　本稿ではこれらの先行研究の成果に学びながら、悔返と未処分に関連する訴訟の内容を具体的に見て、訴訟が誰からどのような主張を掲げて起こされたのか、なぜ一族内の紛争を解決する手段として、理非裁断を重視するとは言え強制力を伴わないとされる幕府裁判所への訴訟提起が選択されたのかを検討し、御家人にとって幕府の裁判はどのような意味を持ったのか考えてい

きたい。

1 悔返をめぐる一族内相論

　まずこの章では、親の悔返を主要論点とする一族内相論について取り上げることにしたい。そもそも悔返とは、被相続者が相続者に一度譲与した所領を取り返すことであるが、武家法においては親の悔返権が広く認められていた[11]。親の悔返について、鎌倉幕府法に見られる具体的な規定としては、「式目」18条に、女子に譲与した財産についても男子へ譲与した場合と同様に悔返を認めると定められ、「式目」20条には、相続人である子孫が先に死没した場合には、被相続人である父母・祖父母が次の相続人を決めるとする規定がある[12]。そして、「式目」26条は、親の悔返をきっかけとする訴訟においては、「先判之譲」（先の日付を持つ譲状）を根拠に幕府から安堵状を受給しているとしても、悔返が行われ他の子に譲与された場合には、「後判之譲」（後の日付を持つ譲状）を証拠として判決を下す旨を定めている。このように「式目」の条文では、悔返そのものが定義づけられるわけではなく、親の悔返権が広く認められていることを前提にして、各論的な内容が定められていたという特徴がある[13]。以下に、「式目」26条を挙げておく。

【史料1】「式目」26条[14]
一　譲所領於子息、給安堵御下文後、悔還其領、譲与他子息事
右可任父母意之由、具以載先条畢、仍就先判之譲、雖給安堵御下文、其親悔還之、於譲他子者、任後判之譲可有御成敗、

　では、親の悔返を論点として判決が下されている関東裁許状はどれほど残存し、具体的にどのような内容を持っているのだろうか。古澤・田中の研究も参考にしつつ蒐集してみると[15]、本稿で対象とする時期において、一族内

相論に関する関東裁許状は 49 通残存している。これらの関東裁許状の中で、両当事者によって争われている論点は合計で 84 点数えられ、その中で判決において訴人の主張が採用されたものが 28 例、論人（被告）の主張が通ったものが 32 例、どちらの主張が通ったのか不明のものが 24 例である（本稿では、その論点において主張が採用されたことを、便宜上「勝訴」と呼んでおくことにしたい）。

　そして、これら 84 の論点のうち、親の悔返との関連で判決が下されている内容を含む関東裁許状は、以下に挙げた 9 通である。

①：「小鹿島文書」延応元年（1239）11 月 5 日関東下知状（鎌倉遺文番号 5496）[16]

②：「相良家文書」寛元元年（1243）12 月 23 日関東下知状（鎌倉遺文番号 6266）

③：「後藤家事蹟」建長 7 年（1255）9 月 13 日関東下知状案（鎌倉遺文番号 7904）

④：「塙不二丸氏文書」弘長 3 年（1263）3 月 13 日関東下知状（鎌倉遺文番号 8939）

⑤：「諸家文書纂野上文書」文永 7 年（1270）4 月 26 日関東下知状（鎌倉遺文番号 10617）

⑥：「詫磨文書」文永 8 年（1271）2 月 10 日関東下知状案（鎌倉遺文番号 10777）

⑦：「市河文書」弘安元年（1278）9 月 7 日関東下知状（鎌倉遺文番号 13170）

⑧：「有浦文書」弘安 2 年（1279）10 月 8 日関東下知状（鎌倉遺文番号 13731）

⑨：「入来院文書」弘安 2 年（1279）12 月 23 日関東下知状案（鎌倉遺文番号 13808）

　これらのうちの多くは紛争の内容が多岐に渡っており、例えば②は５つ、③は２つ、⑦は９つの一つ書によって内容が整理され、⑧も一から七まで論点を整理して判決が下されているなど、悔返は多くの論点の中の一つに過ぎない。このことは、一族内での多様な紛争が蓄積した段階で初めて幕府の裁判所に提訴していることを伝えていて、幕府への提訴は簡単に行い得るものではなかったこと、提訴の前に当事者同士・一族内あるいは地域で解決しようと試みられていた可能性が高いこと（ただし、そこで田中の言う「『近類』補完体制」が機能していたかは、判断を保留しておきたい）を伝えている。すなわち、この点は本稿に与えられた「人はいつ裁判に訴えるのか」という課題と向き合うために検討するべき重要なポイントであり、この観点から裁許状を広く読み直していく作業が必要だと思われるが、ここでは悔返のみに注目して論を進めることにしたい。

　ではまず、この９例について、悔返の論点において訴人・論人のうちどちらの主張が通ったのかを確認しておくと、訴人勝訴が４例（①・④・⑦・⑨）、論人勝訴が５例（②・③・⑤・⑥・⑧）とほぼ同数になっており、そこに時代性も含む何らかの傾向を見ることは難しい[17]。また、訴人から見た論人の関係は、①女婿、②伯父、③継母、④従兄弟、⑤舎弟、⑥叔父・従兄弟、⑦女婿、⑧従兄弟、⑨継子、となっていてその関係が多様であるだけでなく（なお、鎌倉幕府追加法138条・143条・159条・617条等から明らかなように、直系の父母・祖父母に対する相論は禁止であったから、この９例も全て、直系の父母・祖父母が訴訟の一方当事者とはなっていない）、勝訴・敗訴との関連はないように思われる。

　しかし、この９例のうち、訴人の側が悔返を根拠に自らの権利の正当性を主張したものは①・⑦・⑨の３例であって、数がやや少なく、かついずれも訴人が勝訴している点は特徴的である。この３例のうち、①の内容を具体例として紹介しておくことにしたい。

【史料 2】① 　　〈　〉内は割書

　可早任前薩摩守公業法師〈法名公蓮〉後判譲状、令男公員領知出羽国秋田郡湯河沢内湊地頭職事、

　右、如公蓮今年六月日譲公員状者、件所者、奥州合戦之時、依軍功、自故大将殿所給也、雖譲給伊豆守妻〈公蓮二女薬上〉、不孝公蓮死去畢、彼女房子共非可知事、悔返之、立公員於嫡子、所譲給也、被載式目畢、公蓮計定事、聊不可有相違云々〈以和字略漢字〉、如頼定朝臣所進状者、公蓮元久元年九月廿九日成給下文於亡妻藤原氏女、承元四年七月廿九日藤原氏譲女子薬ξ上〈頼定妻助局〉状者、公蓮所加判也、就彼状、貞応元年十二月廿三日言上二位殿之間、不可相違之由、給御返事、寛喜三年四月所給御下文也、爰助局去四月八日俄令他界畢、雖無譲置之状、三人子息見存也、尤可相伝之処、公蓮忽譲他子之条、難治之愁也、二位殿御時被定置事、不可改之由、有御沙汰歟、何限此事、可有相違哉云々者、如被定置状者、代々将軍・二位殿御成敗事、本領主与当給人事也、更非父与女子之篇、凡処分男女子等事、可依後状之旨、具載同状畢、然且任被定置状、且任傍例、可任公蓮後判譲状、令公員領知湊地頭職之状、依仰下知如件、

　　延応元年十一月五日

　　　　　　　　（北条泰時）
　　　　　　　　前武蔵守御判
　　　　　　　　（北条時房）
　　　　　　　　修理権大夫平朝臣御判

　【史料 2】①の訴人は橘公員、論人は橘頼定という人物である。公員の主張によると、橘公蓮が出羽国秋田郡湯河澤湊地頭職を次女の助局（頼定の妻である）に譲与していたが、不孝と死去により悔い返し、公員を嫡子として譲与し直した（「式目」18 条の規定に基づいている）。このことは、公蓮による延応元年（1239）6 月の公員宛譲状に示されている、というものである。これに対して、頼定は以下のように反論する。すなわち、元久元年（1204）

9月に、公連は妻の藤原氏女に譲与をし、承元4年（1210）7月に藤原氏女が女子薬上（頼定妻の助局）に譲与した際には、公連はその譲状に加判した。さらに貞応元年（1222）12月、北条政子に言上して承認され、寛喜3年（1231）4月に下文も得ている。しかし、助局は今年4月に死去してしまった。助局は譲状を残さなかったが、3人の子息があるので彼らに相続させるべきであるところ、公連は悔い返して公員に譲与してしまった。北条政子の時代に定められたことは改められるべきではないから、公員の主張は認められない（この点は「式目」7条の不易法に基づく理解であろう）。以上のような両者の主張に対して、幕府は、「式目」7条が適用されるのは「本所―御家人訴訟」のことであって本件のような父と女子という関係には適用されないこと、子への処分については「式目」26条および「傍例」の通りに後判によることを示して、公連が作成した「後判譲状」に基づいて公員勝訴の判決を下している。

　この【史料2】①は、訴人が主張する悔返が肯定された最もわかりやすい例で、また、⑨も判決そのものはシンプルで、「後状並安堵御下文」に基づいて、訴人勝訴の判決が下されている[18]。ともに「式目」26条が、判決の根拠となったものである。これに対して、9つもの論点を持つ⑦は、論点によって裁判所の判断も分かれているが、最も重要な論点であったと思われる一つ目の内容（「中野郷堀内・町田並志久見郷湯山事」）については、娘に譲っていた所領について、娘が亡くなったことを理由に悔返をしたところ、娘の夫によって「抑留次第証文、致乱妨」が行われているとして訴えたもので、幕府裁判所は「雖給安堵御下文悔返之条、宜為父母意之上、重房（娘の夫で論人―筆者註）不論申之間、早可令蓮阿（訴人―筆者註）領掌」と判断し、「式目」18条に基づく判決を下している。

　これらの3例では、悔返という行為の性質や、訴人と論人の関係、論所に対する証拠の存在等から考えると、訴人はおそらく一族内での支持も強く受けていたものと想像される（⑨などはそれが特に顕著である）。しかし、そ

れでも相手側の妨害をなかなか排除しきれなかったために、幕府裁判所に訴え出て、理非裁断を仰いだということなのであろう。

　この 3 例での訴え出るタイミング、すなわち「人はいつ裁判に訴えるのか」という問題については、【史料 2】①では、延応元年（1239）6 月の譲状を受けた後に幕府法廷に提訴され、同年 11 月には判決が下されていて、一族内での紛争発生から極めて短い時間で訴訟を提起したものと考えられる。一方、⑦・⑨は訴訟の提起までに紛争が積み重なっていることは裁許状の内容から明白で、おそらく一族内での解決を図ろうとする意識があったものと推測される。よって、これらの事例では、「人はいつ裁判に訴えるのか」という疑問に対して統一的な回答は用意できないし、上横手・田中が示したような把握（一族内で解決する傾向が高いのか、幕府に訴訟を提起するようになるのか、という流れの把握）をすることも難しい。

　ただし、訴人が提訴に踏み切った理由と、その前提となる意識は明白だと言えるのではないだろうか。当該期の鎌倉幕府の裁判は、判決の内容が公正であるということと（「式目」末尾の「起請之詞」はもちろんのこと、「式目」31 条には、奉行人に「偏頗」すなわちひいきなどの誤ちがあった場合、「永不可召仕」とある）、判決に至るまでの手続が公正であるということと（それは、北条経時執権期の訴訟制度改革により、具体的な制度として確立していく）[19]、この二つの要素を持つものであり、この二つの公正性が理非裁断を支えていたのであって、訴人は、幕府裁判所の裁判官が「式目」18 条あるいは 26 条に基づいて判決を下すだろうという強い期待と、「式目」18 条あるいは 26 条に基づいて考えれば自分自身が正しい立場にあるという自信と、この二つの意識に支えられて提訴したと見ることができよう。また、彼らにとって自らを支持する幕府裁判所の判決を引き出すことは、自らが主張してきた正当性に「お墨付き」を与えることであったが、それだけでなく、一族内で解決を図っても「聞く耳」を持たない相手側に対して（⑦や⑨では特にこの点が顕著である）、訴人の論理を幕府から筋道立てて説明してもら

56

う機会として、活用したものと思われる。つまりは、一族内ではもはや議論にならないと思われる相手と、一定のルールのもとでやりとりをする機会を、幕府の裁判所に求めたのだと言えよう[20]。

　さて、以上の３例とは逆のかたちをとるもの、すなわち悔返によって不利益を受けたり、悔返を認めない側が訴人となった例が、②・③・④・⑤・⑥・⑧の６例である。これは悔返に関係する訴訟の３分の２にあたり、かつ④を除く５例については全て、最終的に訴人の主張は認められず敗訴に終わっているという特徴がある。

　これの６例は、訴人がどのような主張を展開したか（どのように裁判を戦ったか）で大きく三つのグループ（Ａ両当事者が認識する事実に相違があるタイプ、Ｂ論人の所持する文書そのものに問題があると訴人が主張するタイプ、Ｃ悔返に対抗する別の法条文を根拠として示すタイプ）に分類することができる。

　Ａに該当するのが、②・⑥・⑧である。訴人が事実として自らが所持する文書の正当性をシンプルに主張している②・⑥と、認識している事実・経緯に大きなずれのある⑧と、その内容は異なっているが、後述するＢ・Ｃとは異なって、訴人が自らの認識している事実を主張した上で、敗訴するというパターンである。例として②の内容を紹介しておくと、②は５つの論点を持ち、長期に渡る多くの紛争が積み重なった上で提起された訴訟であるが、訴人相良頼重が「多良木内古多良・竹脇・伊久佐上・東光寺」の四箇村について、伯父の相良長頼（蓮仏）から押領を受けていると主張したものの、頼重が提示した証文は「先判」の譲状であって安堵の下文も所持しておらず、逆に蓮仏は「後判」の譲状と安堵の下文を所持していることから、「早停止頼重之濫訴」という判決が下されている。ここに悔返という文言は見られないが、「式目」26条に基づいて判決が下されており、訴人は自らの文書の正当性を主張した結果、「濫訴」とされてしまったことがわかる（もっとも、この②の裁許状には、頼重が勝訴する別の論点もある[21]）。これら３例では、

当事者同士あるいは一族内では整合しない事実の認定を幕府の裁判所に期待する（訴人は、自らが認識している事実を、幕府裁判所も当然に認めてくれると信じている）というところに、訴訟を提起したきっかけあるいは裁判の過程での意識があると思われる。

　Bに該当するのが、③と、唯一の訴人勝訴である④である。③は、訴人が藤木行元女子藤原氏の代官塚崎長明、論人は継母藤原氏の代官藤木行重である。父行元からの譲与が行われたと主張する女子藤原氏に対し、女子藤原氏に対しては義絶・悔返が行われており、その後で継母が作成した「最後譲状」には悔返があったことも記されていると行重は反論する。これを長明は「虚言」だとし、行重側が提示した譲状を「謀書」だと主張するが、幕府の裁判所はこの文書を「謀書」ではないと認定し、長明の主張を退けている。④は、「前後不覚之時他筆譲」という「後判之譲」よりも、「平静自筆」で書かれた「前判之譲」が証拠とされて、訴人が勝訴するという内容を持っている[22]。

　このBについては、おそらく現実として悔返の後に「後判之譲」を持つ側が一族内での支持を集め、「後判之譲」を持たない側の立場は厳しいものであったと推測される。その状況を打開し自己の主張を実現するための「最後の手段」が、幕府裁判所に提訴して、相手の文書の不備を主張することであったと思われる。謀書の罪科は「式目」15条に定められているが、③のように相手方の文書を謀書だと主張することについても、「式目」15条の「以論人所帯之証文為謀書之由、多以称之、披見之処若為謀書者、尤任先条可有其科、又無文書紕謬者、仰謀略之輩、可被付神社仏寺之修理、但至無力之輩者、可被追放其身也」という規定からわかる通り、「式目」制定段階において頻発している問題であった。そのため、謀書の主張をして謀書だと認定されなければ、そのような主張をした側には神社・仏寺修理の処罰（あるいは追放）が下されるという規定が作られたのであろうが、これによって、③のように訴訟の過程で謀書を主張することは、自らに処罰が科される可能

性を大幅に高めるものでもあった。そのような可能性を理解してもなお、③のように訴人の側が謀書を主張をしたのは、自らの主張は認められるという期待を幕府裁判所に対して抱いていたからであろう。言い換えれば、幕府裁判所に対して、謀書を謀書だと見抜いて認定する機能、すなわち書類審査の厳密性や公平性を強く期待していたと考えられる。もちろん、「式目」を制定した側の幕府と、その対象であるところの御家人たちの振る舞いには隔たりがあったであろうし[23]、訴訟当事者の「式目」に対する知識や訴訟を戦う技術も欠けていた可能性も高いが、幕府法の中でも「式目」のみは御家人たちに広く知られたものであったとする通説的な理解からすれば、法廷闘争の準備をする訴人は「式目」15条の基本的な内容くらいは把握可能であったとみて良いであろう（多くの法の専門家によって、訴訟における具体的な活動が助けられていたこともよく知られている）。また、謀書を主張する訴人は、「式目」15条により強い強制力を期待した可能性もある。鎌倉幕府の判決は強制執行する力を基本的に持たなかったが、謀書によって処罰の対象となれば、幕府が強制力を発揮する一つの可能性がそこに生まれたからである[24]。

　最後に、Cに該当する⑤の内容を見ておきたい。

【史料3】⑤

清原氏与舎弟野上太郎資直相論豊後国野上村地頭職事

右、如宰府注進状者、子細雖多、所詮、資直者、父資通用子息、令譲所領畢、而氏女就前判之譲状、可宛給也、彼資直者取子也、従女申出此事之間、令殺害畢、罪科之由、雖申之、氏女非他人、已資通子也、背父命、以告言之条、甚不可然、又従女殺害事、令売失之由、資直令申之間、無指実証、雖為実事、為所従之上、不能訴訟、次背宰府催促之由事、資直進代官申子細之間、非難渋之儀、然則当村事、資直帯父資通後

判譲状畢、今更不可有相違者、依鎌倉殿仰、下知如件、

　　　文永七年四月廿六日

　　　　　　　　　（北条時宗）
　　　　　　　相模守平朝臣（花押）
　　　　　　　　　（北条政村）
　　　　　　　左京権太夫平朝臣（花押）

　【史料3】⑤は、清原氏とその弟である野上資直が豊後国野上村地頭職について争ったものである。この訴訟では、父資通からの「後判譲状」を保持している論人の資直に対して、訴人であり「前判之譲状」を持つ清原氏が資直による従女殺害の非を主張するが、幕府裁判所は清原氏が父の命に背いて告言したことを問題視し、また資直が殺害したのは所従であってこれは幕府が裁判をすることではないと判断する。最終的に幕府裁判所は、資直が持つ「後判譲状」を根拠にして判決を下している。

　この【史料3】⑤からは、訴人が「式目」26条とは別の法を持ち出して、「後判譲状」に対抗している姿を見ることができる。【史料2】①でも、論人が「式目」7条を持ち出して訴人に対抗していたが、一般の御家人が「式目」条文内の優劣を判断するような知識・思考を持っていたとは考えがたく、またそもそも「式目」条文の優劣が一般化されていたわけもないから、訴人は自らの法理解を正しいものと信じて、訴訟を提起したと見ることができる。

　②・③・④・⑤・⑥・⑧について、以上述べてきたことを整理すると、悔返によって不利益を受けたり、悔返を認めない側が訴訟を提起する場合、そこで主張する内容も多様であるが、Aの場合には事実認定を、Bの場合には相手方の文書の問題点を、Cの場合には法的な優先順位を、幕府の裁判所から引き出して相手方の権利を否定するべく、自らの主張にある強い確信を持って訴訟に臨み戦っていたと推測できる。つまり、このような訴人たちもまた、自らの主張を説明する機会として幕府の裁判を利用したのであり、幕府裁判所の書類審査の厳密性や公平性に自らの勝訴をかけていた（幕府の裁判所であれば自らの主張を理解してくれると信じていた）のであろう。

　ただし、以上のように訴訟を戦って仮に勝訴しても（現実には悔返を主張

する論人との訴訟はほぼ勝てないが）、幕府の裁判は理非を重視しても強制力を発揮しないので、判決の通りに権利が実現されるとは限らない。それでも多くの訴訟が提起されたのは、長く積み重ねられた一族内での紛争を、ルールが極めて曖昧な「バトル」（であるがゆえに埒が明かない「バトル」）から、第三者によって定められた一定のルールの範囲の中で争う「バトル」に持ち込むことに、価値を見いだしていたのではないだろうか。つまりは、一族内ではもはや議論にならないと思われる相手と一定のルールのもとで議論をする機会を、幕府の裁判所に求めたのだと言うことができるだろう。

2　未処分をめぐる一族内相論

　続いて、一族内紛争の別の形態である未処分について見ていくことにしたい。かつては、未処分とは譲状を残さないまま被相続人が死没してしまうことと考えられていたが、小瀬玄士の研究によって、未処分とは譲状が残されていないことではなく、正当な譲与者である「本主」がその遺領に関する意思（本主素意）を全く示していないことであると明らかにされている[25]。

　さて、未処分に関する具体的な規定は、「式目」27条に見ることができる。

【史料4】「式目」27条
一　未処分跡事
右、且随奉公之浅深、且糺器量之堪否、各任時宜、可被分充、

　「式目」27条は、被相続人が処分を行わないまま死没した場合に、奉公の浅深・器量のあるなしに基づいて未処分地を配分することを定めたものである。この条文でやや難解なのは、「時宜」とは何かということと、「時宜」で決める主体は誰かという点であるが、佐藤進一は、「時宜」にはA「個別特定の状況や条件」と、B「個別特定の社会集団における最高権力者の意思」

の二つの意味があり（後者の場合は本来「時議」ではないかとしている[26]）、二つの意味が同時に込められる場合もあるとしている（ただし、佐藤は「式目」9 条を考察の対象としている）[27]。後述する七海雅人の研究では[28]、この佐藤の理解を参考にしながら、「やはり『その時々の』個別具体的・一回性的事象への適合、という本来の語意をいかしたい」・「『将軍の判断』と即断することはせず、ひとまず〈政策決定担当者（集団）の最高意思〉という解釈にとどめる」として、A・Bの意味を同時に込めながら、「時宜」で決める主体を「政策決定担当者（集団）」としている。七海は、「式目」27 条を「本来の鎌倉殿による未処分の処理と得分親に対する安堵を、手続き面において、当該期執権政治の回路の中に取り込み、それを実現する方法をはじめて御家人に提示した」と理解しているから、「時宜」の主体についても「政策決定担当者（集団）」ということになるのであろう。これに対して、義江彰夫は「時宜」を「時の将軍の裁可」と読んで、「時宜」の意味をBで理解し、主体を明確に「将軍」としている[29]。また、佐藤・七海・義江と全く異なって、長又高夫は「『時宜』に任せて相続人とその相続分を決定せよというものである（決定したのは家父長＝家督であろう）」と読んでおり（Aに近い）、理解が分かれている[30]。

　佐藤が述べた通り、「時宜（時議）」の文言は「式目」9 条に見られ、ここでは、謀叛人への処分についてあらかじめ具体的に定めておくことは難しいから、先例に基づきあるいは「時宜（時議）」によって判断すると定められている。「式目」9 条と「式目」27 条の内容はもちろん大きく異なるが、ともに具体的な判断基準が明記されていないこと、「謀叛」あるいは「奉公」という主人とのつながりに関する条文であることという二つの共通点から、「式目」9 条の「時宜（時議）」と「式目」27 条の「時宜」は、同じ意味で用いられていると考えたい。そして、「時宜」とは、奉公の浅深や器量の堪否という「個別特定の状況や条件」を判断して分け与える主体＝権力者の「意思」であり、ここで言う権力者は「政策決定担当者（集団）」ではなく、主

人＝鎌倉殿と理解するべきであろう。「式目」27条で（先に見た「式目」26条とは異なって）裁判を行う際の配分の判断基準が明記されずただ「時宜」とされたのは、未処分地を配分することが御家人の一族内の問題に完全に入りこむものであることから（幕府が基本的に御家人の一族内の問題に干渉しなかったことは、よく知られている）、それを正当化する論理として、鎌倉殿の「人格的支配」によっているという一つの擬制（フィクション）が必要だったと考えられる[31]。

　もっとも、実際には、未処分の場合に必ず「式目」27条の通りに配分が行われるというわけではなく、一族内での協議によって配分が決められ、幕府がそれを承認する方法が取られたことが知られている[32]。このような未処分の実態については、近藤成一[33]と上記七海雅人[34]の重要な研究がある。近藤は、「御家人の遺跡相続についてその自律性を尊重する幕府の態度は未処分の場合にも一貫しているべきはずであり、『式目』27条の存在にもかかわらず、幕府による未処分地配分は御家人が自律的に行う処分の標準的形態を具現しているはず」として、渋谷惟重の遺領をめぐる鎌倉末期の相論を素材に、①幕府が遺跡を未処分であると判定するまでの段階と、②未処分であると判定された遺跡の配分をする段階とに分けて、②の段階では、「配分すべき遺領の田数と配分に預かるべき相続権者の範囲が調査され」ること、幕府が未処分地を配分する方針を決めた場合、田数や得分親（相続権者、本主との親子関係によって生得の相続権を有する嫡子・庶子、後家）の調査を行った上で得分親に配分されることを指摘し、得分親の相続権は本主未処分の場合に発現する（本主の処分があった場合、それに対抗できるものではない）と述べている。

　七海は、上述した「式目」27条の理解に加えて、未処分地の配分に際して発給される幕府の配分安堵状を蒐集し、得分親内で決定された配分（決定する具体的な主体は本主後家と嫡子だが、嫡子による配分については後家をはじめとする他の得分親の承認がいる）を幕府がただ安堵する場合（A型）

と、「得分親内において配分が解決されず」、幕府に訴訟が提起され、その結果幕府が配分と安堵の両方を行う場合（B型）とがあると指摘する[35]。また、文永10年（1273）の鎌倉幕府追加法456条より、「未処分をめぐる相論の是非、得分親の得分調査は、引付の専掌するところとなり、安堵奉行の役割は、配分安堵状を作成して得分親へ給付するのみとなった」こと、さらに正応2年（1289）の鎌倉幕府追加法614条で、配分安堵状の作成・発給も引付の業務となったことを指摘し、さらに配分安堵状が弘安6年（1283）の事例以降全て下知状様式となって、「同安堵状の発給が、御恩授給機関としての〔執権〕の管轄下に組み込まれたことを意味する」としている。また、弘安初年（1270年代末）から永仁2年（1294）までの時期に、「後悔法」なる法が停廃され、「全得分親が配分を受けることになれば、式目二七条下では想定されていなかったと推定される配分基準・比率の設定も、ある程度可能になる」としている。

　七海が述べた「後悔法」については、新田一郎も「『後悔法』の廃止は、『一定の範囲の得分親への一定程度の遺領配分』が、この時期には一応のルールとして了解されるに至ったことを示している」と述べている[36]。実はこの点については、「式目」の注釈書「関東御式目」に配分の基準を定めた「均分之法」が記載されており、近藤が例として示した渋谷惟重の遺領配分も、七海が例として示した「襴寝文書」延慶2年（1309）9月12日鎮西下知状（鎌倉遺文番号23764）も、ほぼこの基準と重なっている。もともと「時宜」に基づくとされていた未処分所領の配分に、註釈書に記載されるレベルでの客観的な基準が設けられたことは、七海の指摘する配分安堵状の下知状一本化などとも合わせて、「主従制的支配」・「統治権的支配」との関わりで重要であるが、これについては別稿で論じることにしたい。

　さて、示唆に富む近藤・七海の研究を整理したが、扱われている史料は鎌倉後期・末期が中心であり、本稿で考察の対象にしている時期については言及が少ない。そこで、古澤・田中の研究も参考に、一族内相論を扱った鎌倉

64

前・中期の関東裁許状の中から未処分が関わるものを探してみると、わずか2例しかないことがわかる。

⑩：「市河文書」文永2年（1265）閏4月18日関東下知状（鎌倉遺文番号9285）

⑪：「烟田文書」弘安元年（1278）11月3日関東下知状案（鎌倉遺文番号13245）

　この2例とも、未処分を主張する側が訴人となって訴訟を提起し、論人の側は処分を証明する譲状の存在を主張している。そして2例とも、訴人が敗訴するという結果になっている[37]。2例とも、悔返の事例で見られたような複数の紛争が蓄積した上で訴訟が提起されたということはなく、未処分のことのみを争った裁許状であるという点も重要である。そのうちの一つである⑪の内容を、ここでは示しておこう。

【史料5】⑪
徳宿三郎太郎綱幹後家尼・同太郎次郎家一〈幹字有憚〉等与太郎義幹相論綱幹遺領常陸国鹿嶋郡内烟田・鳥栖・富田・大和田等事、
右、訴陳之趣、子細雖多、所詮、家一等則為未処分之□□□被配分之由申之、義幹亦就嫡子、可相承之旨称之、爰如義幹所進宝治元年十一月廿四日義幹祖父朝秀譲于子息綱□〈本名幹泰〉状者、譲渡私領常陸国鹿嶋郡徳宿郷内嫡男幹□所、烟田・鳥栖・富田・大和田巳上四箇村、依有子息等其数、令配分之者、御公事以下旁不可合期之間、相副本文書等、一所被譲与于嫡男幹泰也、且不可背母尼命、且雖向後嫡□□相伝知行譲状如件云々、同所進綱幹書送母堂尼和字状云、自然能事毛古会候江土天、所領能証文土毛進候〈能若〉事候者、可□弥王〈義幹童名〉候云々者、朝秀状、限于綱幹兄弟所誡置也、綱幹□状者、無年号之上、家一未生以前状也、不足証拠之由、家一雖称之、

不帯後状之間、不及信用、然則、任朝秀・綱幹等状、義幹知行不可有相違之
状、依鎌倉殿仰、下知如件、

　　　弘安元年十一月三日

　　　　　　　　　北条時宗
　　　　　相模守平朝臣在判

　　【史料5】⑪は、徳宿綱幹後家尼・家幹と徳宿義幹の相論である。未処分
を主張し配分を希望して訴訟を提起した後家尼と家幹に対し、義幹は祖父朝
秀・父綱幹の文書を証拠に、単独相続を主張する。後家尼と家幹は、朝秀・
綱幹の文書が不備などから証拠とならない旨を主張するが、幕府裁判所はこ
の主張を採用せず、朝秀・綱幹の文書に基づいて処分が行われたことを認定
する。そして、その処分を克服するには「後状」が必要となるが家幹はそれ
を所持していないことから、義幹の知行を認める判決を下して、訴人敗訴で
決着する。

　七海によれば、幕府の裁判所が未処分であると判断した場合には、B型の
配分安堵手続（未処分を争う相論→幕府による未処分の認定→幕府による配
分の決定→幕府による安堵）が取られるはずで、ここに「式目」27 条が登
場する機会がある。しかし、実際には、本稿が対象とする時期には、未処分
を争う裁許状の残存数自体が2例しかなく、しかも2例とも未処分を主張す
る訴人が敗れているから、幕府による配分の決定→幕府による安堵、という
手続に進む様子を裁許状から見ることはできない。また、本稿で対象とする
時期において、七海が列挙した配分安堵状 10 例のうち、実際に B 型の安堵
なのではないかと推測される事例も2例しかない（鎌倉遺文番号 7682・
7683 と、14339。ともに佐太氏の未処分をめぐる問題であることが注目さ
れる）。この割合から考えて、この時期にはおそらく、もし未処分について一
族内で紛争が起きた場合には、多くの場合は七海の言う A 型配分安堵手続
（未処分→一族内（嫡子と後家を中心に）で配分を決定→幕府による安堵）
をとったと考えられ、つまり「式目」27 条は実際には裁決規範として頻繁

に用いられる条文ではなかったと言うことができよう。

　その理由としてここでは、多くの場合に処分が実現していたこと（A）、未処分を主張しても認定される可能性は低いこと（B）、未処分が認定されても期待にかなう配分が行われるかは未知数であること（C）、を想定しておきたい。Aを検討するのは困難を極めると考えられるのでここでは擱くとして、Bについては、そもそも訴人がまず未処分であることを主張する場合には、相手方には何らかの文書が保持されていたと考えられるから（しかも、何らかの文書を持つ相手方は一族内からの支持も集めている可能性が高い）、訴人は相手方の文書に問題があることを主張する展開にならざるを得ない。実際に、前述した悔返の事例と似て、⑩では相手の持つ文書を謀書と主張し、⑪では相手の文書に不備があると指摘している。それは、既に悔返で見たように幕府裁判所の厳密な書面審理に対する期待の表れであり（相手方の主張する処分の証拠文書は、幕府法廷での厳しい書面審理によって処分が実現できていないと判断される、という可能性への期待）、謀書を主張する訴人は「式目」15条の持つ強制性に対する期待もあったであろうが、相手の持つ文書が謀書であることを主張して敗訴した場合には、「式目」15条の適用を受ける可能性もあったから（実際に⑪ではそのような判決が出ている）、未処分を主張する側の訴訟の提起は、かなりハイ・リスクな中で書類審査の厳密性を期待した、「最後の手段」だったものと考えられる。だからこそ、文書の証拠を持っていない未処分を主張する側は、書面審理を重視する幕府裁判所での勝訴の可能性はそもそもあまり高くなく、結果として幕府裁判所に訴え出ること自体も少なくなった（あまりメリットがないと判断された—それよりは一族内で妥当な答えを導きだすことに注力した）と想像されよう。

　また、Cについては、「式目」27条が裁決規範でありながら、具体性が乏しい「時宜」による配分を、御家人たちが望まなかった可能性は高い。これは、逆に言うと、「式目」27条が行為規範としては一定の機能を果たしてい

るとも見ることができる。御家人の一族内に介入するには「時宜」による以外に方法はないが、しかし「時宜」によることが重視されるのは「式目」の本質に反する以上、「式目」27 条を前提にして未処分を一族内で解決することこそが、「式目」27 条の本来の目的であったとも理解できるからである。

　以上の結果として、実際に「式目」27 条が裁決規範として機能する場面は少なく、もし本当に未処分であったならば、一族内で解決が図られるのが基本であったと見ることができよう（近藤・七海の研究で既に明らかにされている通り、一族内の解決は、嫡子や後家が中心になった）。しかし、この問題について徐々に一族内での解決を図ることが困難になり（その理由については別稿で検討したい）、⑩・⑪のような訴訟が増加していく過程で、「時宜」ではない客観的な判断基準が御家人の側から期待されるようになっていったのではないかと思われるのである。

むすびにかえて

　「式目」の写しは各国守護に配られ、そこからさらに国中地頭御家人に伝達され、多くの御家人がその内容については熟知していたと想像される。とは言え、もともと「他の幕府法とは明確に区別さるべき基本法典」として機能することを意図して作られたわけではなく、「従来慣習的に存在した基本法規の部分的修正、もしくは現実に対応してより具体化する必要あるものを選択集積するという意味」を持つものであって、「立法時点における裁判の争点も、そこに集中されていたもの」と考えられている[38]。「はじめに」で述べた通り、この指摘に基づいて本稿では悔返と未処分を考察の対象としたわけであり、悔返と未処分は、「式目」制定段階の幕府が想定した一族内紛争の大きな二つの論点であったという前提に立っている。

　しかし、本稿で考察した時期については、悔返に比べて未処分を論点とする相論が少なく、この事実は、未処分については悔返より積極的に一族内で

の解決が図られたことを示していると思われる（もちろん、同じように処分
と関係する行為であっても、積極的に処分をする行為である悔返と、処分を
しないという不作為である未処分では、そもそも発生する頻度に大きな違い
があった可能性もある。とは言え、七海が一覧表にした配分安堵状の数を考
えれば[39]、未処分の発生数もある程度はあったものと想像される）。一族内
の紛争であっても、幕府に訴えやすいタイプのものと、一族内で解決する傾
向が高いものと、その行為の内容によって違いが生まれるということは、
「中世武士団の自立性と、権力への求心性という問題」を考える上で重要で
あり、鎌倉御家人の法生活の一側面として強調しておきたい点である。ま
た、同じ悔返をめぐる訴訟であっても、ある者は公平な（自身に有利な）事
実認定を、ある者は相手の文書の問題点を、というように訴人は多様な観点
から鎌倉幕府の裁判所に期待をして訴訟を提起し、裁判を戦ったことも再度
確認しておきたい。

　そもそも、一族内の解決も、幕府の裁判所による解決も、「XがYの行為
に向けて『〜するべきだ』と意思表示をする」という構造を持っているとい
う点では同じである（Xには一族内での会議や幕府裁判所が入り、Yに紛争
の当事者が入る）。この「〜するべきだ」という意思表示に対して、Xに
頼った紛争の一方当事者が期待する力は、A同一事件について争うことがで
きなくなる力、B判断の内容が当事者同士の関係を拘束する力、C形成され
た判断が第三者も拘束する力、などが想定できるが、一族内での解決でも、
強制力を持たない鎌倉幕府の裁判であっても、本稿が対象とした時期におい
て、このA・B・Cを具体的に実現することは困難であっただろう（Aにつ
いては「式目」7条の不易法や、関連する追加法を見ることもできる）。

　しかし、鎌倉幕府の裁判と一族内での解決では、幕府の裁判の方がそこに
存在する権威（相手方が自発的に従いたくなる力）が大きく、この権威はよ
り明確な正しさで支えられているものであった。その正しさとは、前述の通
り、判決の内容が公平であるということと、判決に至るまでの手続が公平で

あるということと、この二つの要素を持つものであったと見て良いであろう。そして、その二つの正しさを実現するためには、例えば田中も指摘していた書面審理の重視が徹底され（これは一族内では客観的に整えられないものであったと考えられる）、これは悔返によって自らの権利を主張する側（証拠文書を持っていると自負する側）にとっても、逆に相手方の文書そのものを疑いながら一族内ではその問題を解決できない者にとっても、価値のあるものとなったのである。それだけでなく、一族内では支持されていない側が「最後の手段」として幕府の裁判に賭けるきっかけともなった。悔返・未処分における最終的な訴人の勝訴率の低さは、一族内で分の悪い側が「最後の手段」として訴訟を提起し、結局は一族内の主流派の声と同じ判断を幕府裁判所から下されるということが多かったものと思われるが、一族内で分の悪い側は自らの正当性を信じて、より権威の大きな幕府裁判所の門を叩いたのであろう。自らを正しいと考える訴人たちにとって、幕府の裁判が用意した正しさは、自らの主張を証明するものとして映っていた。

　一族内では埒の明かない問題について、幕府の裁判所が用意した、一定のルールのもとで行われる「バトル」という構造も、御家人にとって意味を持った。かつて西欧近代の訴訟法に重ね合わせるように語られた鎌倉幕府の裁判の構造は、近年大きな見直しが進められてきたが[40]、それでも筆者は、幕府による裁判が進められていく一つの法的空間に、一種の「議論・交渉フォーラム」の存在（意見や利害の異なる人々が自主的な議論・交渉を通じて他者との関係を調整する場）を見ているし[41]、御家人たちは一族内の整理がつかない状況から、厳密なルールのもとで行われる「議論・交渉フォーラム」に出て行くことに意味を感じていたのではないかと考えている（ただし、この「議論・交渉フォーラム」には、ルールに基づいて主張を展開し合うという点に説得力が生まれるだけで、その結論を強制する力は備わっていない。また、気楽にこの「議論・交渉フォーラム」を利用したわけでもない。一族内で解決できず、高いコストをかけてでも臨まざるを得ないという者が

ほとんどだったであろう）。佐藤雄基は、「主従や保護・被保護の関係が当然
視された社会において、人々は必ずしも厳正な手続き（制度）による公平な
裁きを望んでいた訳ではなく、権力者の恩寵や《縁》によって自らの訴えが
一方的に、迅速にかなえられることを期待していた」と述べているが[42]、一
族内相論を戦う御家人たちの心情は、幕府裁判所による「厳正な手続き（制
度）による公平な裁き」によれば、自身が勝つことは間違いないというもの
だったのではないだろうか。

　幕府の裁判が持つようになった公平性が紛争当事者に対しての「説得力」
となったという理解は、既に通説的に存在するし[43]、「中世の裁判が近代以
降のそれとは異なり、列島上を統一する法圏や判決の強制力を持たず、当事
者間の主体的な相論終結の合意が調達されるための場のひとつでしかなかっ
たことは、大方の共通する理解」となっていると思われる[44]。よって、本稿
での主張は、それをトレースしつつ御家人の側から見てみたものに過ぎない
が、一族内では埒が明かない紛争を抱えた御家人たちにとって、鎌倉幕府の
裁判所に用意された「合意が調達されるための」ルールこそが、価値のある
ものとする一つの法意識が存在していたであろうことを、ここに強調してお
きたい。

〈注〉

1　佐藤雄基「中世の法と裁判」（『岩波講座日本歴史第7巻中世2』、岩波書店、
　2014年）、松園潤一朗「日本中世の法と裁判―「道理」の観念をめぐって」（水
　林彪・青木人志・松園潤一朗『法と国制の比較史西欧・東アジア・日本』、日本
　評論社、2018年）。

2　佐藤進一「鎌倉幕府政治の専制化について」（同『日本中世史論集』、岩波書
　店、1990年）などで提示した政治史の「三段階論」、すなわち鎌倉幕府の政治史
　を①将軍独裁、②執権政治、③得宗専制と区分する理論と結び付いて、中世法史
　研究では②の時期の裁判を理非に基づく裁判が定着した時代と評価してきた。本
　稿が「式目」制定から霜月騒動までを考察対象時期としたのはこのことを前提と

し、「式目」がいわゆる理非裁断の画期となったことと、鎌倉後期に大きな国制
史的転換が見られること、の二点を重視したものである。石井良助『中世武家不
動産訴訟法の研究』（弘文堂、1938 年、2018 年に高志書院から新版刊行）、佐藤
進一『鎌倉幕府訴訟制度の研究』（畝傍書房、1943 年、1993 年に岩波書店から復
刊）、古澤直人『鎌倉幕府と中世国家』（校倉書房、1991 年）、新田一郎『日本中
世の社会と法　国制史的変容』（東京大学出版会、1995 年）など参照のこと。

3　古澤直人「鎌倉幕府裁許状にみえる一族内相論について」（『早稲田大学大学
院文学研究科紀要別冊』第 12 集哲学・史学編、1986 年）。

4　笠松宏至「解題幕府法」（『日本思想体系 21 中世政治社会思想上』新装版、岩
波書店、1994 年）。

5　上横手雅敬「惣領制序説」（同『日本中世国家史論考』、塙書房、1994 年）。

6　註 3 前掲古澤論文。

7　この他に、弘安年間頃より、「惣領」・「庶子」あるいは「嫡子」・「庶子」の区
別を明記した裁許状が多くなること（その中でも特に惣領が訴人となる訴訟が増
加する）、乾元以降になると訴人勝訴と和与が激しく増加し、これは惣領―庶子
間の訴訟が増加することと関係すること、などが指摘されている。

8　田中大喜「一門評定の展開と幕府裁判」（同『中世武士団構造の研究』、校倉書
房、2011 年）。

9　小林一岳「一揆の法の形成」及び「鎌倉～南北朝期の領主一揆と当知行」（同
『日本中世の一揆と戦争』、校倉書房、2001 年）。

10　なお、註 2 前掲古澤著書では、鎌倉幕府成立期においては御家人の一族内相論
に対する裁許例が大量に見られ、これは幕府訴訟の主要な対象が一族内相論を中
心とする御家人社会内部の相論であったためと考えられるとしている。

11　親による悔返については、中田薫「中世の財産相続法」（同『法制史論集第 1
巻』岩波書店、1926 年）、三浦周行「親子関係を中心としての家族制度」（同『法
制史の研究』岩波書店、1919 年）以来、中世法史研究において重要なテーマの
一つとなってきた。近年では、長又高夫「中世法書における悔還の法理につい
て」（同『日本中世法書の研究』、汲古書院、2000 年）がある。
　　なお、長又は、譲状に悔返を行う際の要件が記されることなどをもって、「武家
社会においても親の悔還を無制限に認められていたとは考えられない」とし、親
の恣意的な悔返は制限され、孝養と義務（器量を欠く場合も含む）を怠った場合
に、「悔還権の行使が認められていた」と述べている。これは、近藤成一が「親
子間の財産移転契約である処分が悔返を認められるのは、それが親子間の孝養の

関係を維持する目的でなされるから」・「親子間の孝養の関係が維持されている限り、親から子への処分はなされなければならないという論理が、悔返が認められる前提に含意されている」と述べていることと近いように思われる（近藤成一「中世財産相続法の成立―分割相続について―」、同『鎌倉時代政治構造の研究』、校倉書房、2016 年）。確かに、「式目」等で法的に認められた悔返という行為の目的として孝養の維持を見出した指摘は重要であるが、本文中でも示したように直系の父母・祖父母に対する相論は禁止であったから、法的・制度的には悔返が無制限に認められていなかったとは言い難く、幕府の裁判においても悔返の理由が問題となるわけではない。

12 「式目」18 条は、「式目」23 条・41 条とともに、「法家之倫」・「法意」という文言を用いて、公家法との違いが強調された条文である。一方、「式目」20 条については、条文内に公家法との違いを示す文言は見られないが、註 11 前掲長又論文では、悔返が可能な範囲が公家法よりも広がっていることについて、詳細に検討している。なお、「式目」20 条の内容が反映された重要な裁判例として、「留守家文書」徳治 2 年（1307）11 月 27 日関東下知状（鎌倉遺文番号 23094）があり、これについても註 11 前掲長又論文を参照のこと。

13 笠松宏至「中世の法典」（同『日本中世法史論』、東京大学出版会、1979 年）、長又高夫「『御成敗式目』の条文構成について」（同『御成敗式目編纂の基礎的研究』、汲古書院、2017 年）参照。

14 「式目」の出典は全て『中世法制史料集第一巻』第 15 刷（岩波書店、2000 年）。

15 註 3 前掲古澤論文。

16 竹内理三・東京大学史料編纂所編『CD-ROM 版鎌倉遺文』（東京堂出版、2008 年）。

17 この他に、「結城文書」文永元年（1264）10 月 10 日関東下知状（鎌倉遺文番号 9166）があり、これは旧妻が旧夫に譲与した財産については悔返が認められないと、幕府裁判所が判断した事例である（「式目」には旧夫への譲与に関する悔返について扱った規定はないが、「法意」と「傍例」により明らかであるとされている）。ただしこの事例は、宮城広成後家尼代子息景広（訴人）と那須資長（論人）との間の相論で、資長の旧妻故平氏女が広成後家尼に譲った「鎌倉地一所」について、資長が押領しているとして訴訟が提起されたものであるが、もともと両当事者は故平氏女についてそれぞれ「他人」であるとした上で、他人和与との関わりで悔返の不成立について議論しており、両当事者は同じ一族内の人間ではなく、一族内相論の事例とするのは不適当かもしれない（註 3 前掲古澤論文

では、一族内相論の一覧表に掲載されている）。なお、この裁許状は、「式目」35
条の召文違背が適用されなかった具体例としても、しばしば引用される。弘長 3
年（1263）5 月に幕府は論人資長に対して召文を出したが、資長は宇都宮頭役を
理由に参上できないので代官を送ると回答した。その後、同年 7 月から文永元年
（1264）7 月まで、幕府は「四ケ度召文」を出したところ、「日数違期之後」に現
われた代官は、資長の禁忌を理由にして帰ってしまった。これについて幕府裁判
所は「自由」と非難しているものの、その後資長が参上して対決に臨んだことか
ら、「任傍例不及沙汰」とし、資長を召文違背の咎には問わず（「式目」35 条を
適用せず）、資長勝訴の判決を下している。古澤直人「鎌倉幕府法の展開―訴訟
制度における「理非裁断」の成立・展開とその変質―」（註 2 前掲古澤著書）参
照。また、那須資長や宇都宮頭役については、山本隆志「鎌倉・南北朝期の那須
氏」（『年報三田中世史研究』第 9 巻、2002 年）参照。ジェンダーの立場から考
察した、野村育世「御成敗式目とジェンダー」（『鎌倉遺文研究』第 28 号、2011
年）でも、この裁許状に関する丁寧な読解がある。

18　秋山哲雄「鎌倉幕府裁判の断片」（『日本歴史』755 号、2011 年）参照。

19　高橋一樹「訴訟文書・記録の保管利用システム」（同『中世荘園制と鎌倉幕府』、
　　塙書房、2004 年）、岡邦信「引付制成立前史小考」（同『中世武家の法と支配』、
　　信山社、2005 年）参照。

20　新田一郎「法と歴史認識の展開」（『日本思想史講座二　中世』、ぺりかん社、
　　2012 年）は、鎌倉幕府の訴訟手続として重視されてきた「対決」について、
　　「「対決」は、対立する訴人と論人を召喚し各々の主張を聴取する手続ではあるも
　　のの、訴論人相互の直接の攻撃防御関係を含意しない。「沙汰」のプロセスは、
　　「対決」型であるか否かに関わらず、西欧の「アゴン的訴訟」とは異なり、私人
　　による闘争から構造的に切断されている。訴人と論人とは、直接に攻撃・防御の
　　関係に立つという意味での「当事者」ではない」としている。一族内でおそらく
　　攻撃と防御を繰り返していた訴訟の両当事者（特に訴人）にとって、鎌倉幕府の
　　裁判は構図を変える意味も持ったと考えられる。なお、前掲註 9 小林『日本中世
　　の一揆と戦争』では、鎌倉期を通して存在する一門評定には、対決や文書を重視
　　した理非裁定の機能があったとされる。これに対して、前掲註 8 田中『中世武士
　　団構造の研究』は、一門評定を「鎌倉後期以降に確認される」とし、鎌倉前・中
　　期には「一門評定のような裁定・証拠手続きがいっさい確認できない」としてい
　　る（田中は、一門評定の原形として、「『近類』補完体制」というシステムの存在
　　を強調している）。本稿は田中の指摘を支持しており、本稿が対象とする時期に

おいて、一族内で「裁定・証拠手続き」があったとは考えていない。

21　田中大喜「中世武士団研究の視角」（註8前掲田中『中世武士団構造の研究』）
　　では、「幕府は、頼重が幕府の『御下文』を得ているにもかかわらず、長頼が幕
　　府に訴えることなく頼重の所領を没収したことを『私没収』と認定し、これを罪
　　科に処した」ことに注目する。

22　秋山・前掲注（18）参照。

23　新田一郎「武士と『武家法』」（山内進・加藤博・新田一郎編『暴力比較文明史
　　的考察』、東京大学出版会、2005年）は、「『武家法』は『武士の法』ではなく、
　　『武家法』と『武士の振る舞い』との間には、大きな懸隔があった」とし、「『武
　　家法』は、形式的にも内容的にも、『公家法』から多くの資源を継承しており、
　　武士の振る舞いを規律し既存の（公家を中心とした）社会秩序と接合することを
　　意図したもの」と述べている。註2前掲新田著書も参照。

24　実際に実行されたかどうかは別として、所領没収や遠流の判決は裁許状の中に
　　表れている。例えば、時期は本稿対象時期からずれるが、『熊谷家文書』嘉暦3
　　年（1328）7月23日関東下知状（鎌倉遺文番号30322）に、「謀書之咎事、無所
　　領云々、可処遠流」とある。

25　小瀬玄士「鎌倉幕府の財産相続法」（『史学雑誌』121－7、2012年）。

26　なお、「式目」註釈書においても、「式目」27条は「時宜」と記されている場
　　合と、「時議」とされている場合がある。「式目」制定時に最も近いとされる、正
　　応2年（1289）に成立した註釈書『御成敗式目唯浄裏書』では「時議」とあり、
　　それに続く永仁4年（1296）成立の『関東御式目』では「時宜」となっている。
　　「時宜」・「時議」が混在して見られる使用状況を考えれば、註27佐藤論文の指摘
　　を踏まえて、「個別特定の社会集団における最高権力者の意思」を中心的な意味
　　に据えて読むのが妥当であろうか。ただし、「式目」制定段階から50年以上経過
　　した時期の註釈書の文言をもって、「式目」立法段階の意図を探ることには難し
　　さがあることも確かである。なお、註釈書の出典は全て『中世法制史料集別巻御
　　成敗式目註釈書集要』（岩波書店、1978年）。

27　佐藤進一「時宜（一）」（網野善彦他編『ことばの文化史中世1』、平凡社、
　　1988年）および「合議と専制」（同『日本中世史論集』、岩波書店、1990年）

28　七海雅人「鎌倉幕府の配分安堵—御家人未処分所領のゆくえ」（同『鎌倉幕府
　　御家人制の展開』所収、吉川弘文館、2001年）。

29　義江彰夫「『関東御式目』作者考」（石井進編『中世の法と政治』、吉川弘文館、
　　1992年）

30　長又高夫「『御成敗式目』成立の背景—律令法との関係を中心に」(註 13 前掲『御成敗式目編纂の基礎的研究』)

31　この点については、註 28 前掲七海論文で、「未処分所領の配分・宛行(安堵)は、本来鎌倉殿—得分親という個別的な主従関係のなかで扱われる問題であった」・「主観の優先する人格的な関係のなかで決定されるものだった」と述べられている。

32　註 11 前掲中田薫「中世の財産相続法」(『法制史論集』第 1 巻、岩波書店、1926 年)、牧健二『日本封建制度成立史』(弘文堂、1935 年) 参照。

33　近藤・前掲注 (11)。

34　七海・前掲注 (28)。

35　七海論文・前掲注 (28) において、「得分親内において配分が解決されず」とされているが、この表現では、未処分であることは得分親内で共有されており、しかしその未処分地を配分するにあたって紛争となったかのように読める。しかし、七海も「現実には本主所領が未処分であるのかどうか、まずそれ自体を争う形(以下これを未処分相論と呼ぶ) をとった」と述べるように、未処分でないことを主張する一方当事者と、未処分であることを主張する一方当事者の間で相論となり、だからこそまず「本主所領が未処分であるのかどうか」が争われたのであって、幕府への訴訟提起の前段階を「配分が解決されず」とするのはミスリードである。

36　新田一郎「未処分」(『日本史大事典』6、平凡社、1994年)。

37　鎌倉後期には、「小早川文書」正応 2年(1289) 閏 10月 9日関東裁許状、「鬼柳文書」嘉元 2年(1304) 4月 14日関東裁許状) のように、未処分が認定された裁許状も見られる。

38　笠松宏至「解題幕府法」(『日本思想体系 21 中世政治社会思想上』新装版、岩波書店、1994 年)。

39　七海・前掲注 (28)。

40　例えば、新田・前掲注 (20)。

41　「議論・交渉フォーラム」は、法哲学者田中成明によって現代法や現代型訴訟を捉える上で提案された、理論的な枠組みである。田中成明『転換期の日本法』(岩波書店、2000 年)、同『現代法理学』(有斐閣、2011 年) 参照。

42　佐藤・前掲注 (1)。

43　石母田正「解説」(『日本思想体系 21 中世政治社会思想上』、岩波書店、1972 年)。

44　高橋一樹「鎌倉幕府における権門間訴訟の奉行人」(『年報三田中世史研究』第
　　16巻、2009年)。

鈴 木 道 也

コラム

川島翔報告ならびに神野潔報告へのコメント：
中世ヨーロッパ史研究の立場から

　私の専門は中世フランス史で、最近ではとくにカペー・ヴァロワ両王朝期のフランス王国で制作された歴史叙述や百科全書を手がかりに、当時の知識人たちの知の在り方について考えている。こうした問題関心からすれば、『法を使う／紛争文化』を全体テーマとする本研究大会のコメンテーターに相応しいとはいえない。ただ、かつて中世の紛争解決法に関心を持って勉強していた時期があり[1]、その時の経験をもとに、また近年のフランス学界の成果に学びながら、なんとかその責任を果たしたい。

　川島報告と神野報告は、ともに非常に力のこもった報告であると感じた。川島報告は帝国都市フランクフルトに残る証書集を用いて、13世紀後半から14世紀初めのヨーロッパにおける教会裁判所での裁きを、また神野報告は、熊谷家や小鹿家また禰寝家などの御家人たちが残した文書史料と式目の規定を用いて、12世紀末から13世紀後半までの幕府法廷での裁きを分析したものである。地域は異なるが、ともに中世社会における紛争解決の具体的な姿を明らかにしており、その内容は大変興味深いものであった。

　限られた時間のなかで報告に含まれる論点ひとつひとつをとりあげて論じることは難しいため、ここでは中世ヨーロッパ、あるいは中世日本の紛争解

決システム全体、そしてその歴史的な変化のなかで、川島報告であれば教会裁判所、神野報告であれば幕府法廷がどのような位置を占めていたのかという点を中心にコメントしていきたい。その際、最初にフランス王国を中心とする中世ヨーロッパ社会についての説明に多めに時間を割いてしまうことになるが、どうかお許し願いたい。

1 中世ヨーロッパ社会と紛争解決

(1) 紛争解決法の輻輳性

　まず中世ヨーロッパ、とくにそのカトリック的西方における紛争解決システムの基本的な枠組みについて確認しておきたい。中世の西ヨーロッパ社会では、世俗権力による集権的な統治機構の整備が遅れたが、他方でカトリック教会は、ネットワーク状に張り巡らされた教会組織とリテラシー能力に長けた聖職者たちを駆使して、自らの信仰や価値観を浸透させるべく尽力していた。もともと中世初期の西ヨーロッパは、南フランスやイタリアなど長くローマ帝国の影響下に置かれた地域を除けば、ローマ法のない、前国家的・前キリスト教な伝統社会の状態にあった。したがってこの段階の紛争解決システムをやや図式化してとらえるならば、その基底には、地域ごと社会階層ごとに組織され定期的に開催される裁判集会の場での法発見と、その法に照らして進められる和解や仲裁、あるいは自力救済型の決闘裁判や神明裁判が存在していた。そこにあとから世俗土地領主の領主裁判所と教会勢力の教会裁判所が現れ、管轄圏を巡って競合する。さらに13世紀頃になってくると、王権をそのひとつとする各地の権力体が、裁判を集権化のための重要な手段に位置づけ、職権的訴追と審級制の導入に積極的な態度を示しはじめる。この時王権は、集権的な裁判制度を補完し王権の超越性を効果的に示すことのできる手段として、「恩赦」の仕組みも合わせて整備していくことになる。

　新しいものが生まれたからといってそれまでの仕組みが急に機能しなくな

るわけではなかった。また中世を通じて、これはヨーロッパでも日本でも同じだが、サンクションの実行であれ判決内容の執行であれ、それらは基本的には当事者に委ねられていたから、上級権力者が開く法廷での裁きには自ずと限界があった。

　したがって紛争当事者の前には、相対的に暴力性が高い自力救済にはじまり、同輩集の集会、領主裁判所、教会裁判所、そして国王裁判所への訴えとその後の和解あるいは判決、あるいは例外的な王の「恩赦」など、数多くの、しかしいずれもあまり頼りにならない選択肢が存在していた。

（2）　紛争解決に関する記録（史料）

　次に、我々にとっては貴重な史料となる、法廷での裁きに関する記録の在り方について少し言及しておきたい[2]。中世初期から中期にかけてのフランス王国では、法廷を開く者が誰であれ、係争の経緯を具体的に記録した裁判記事のようなものは存在していなかった。裁判記事が存在するためには、前提として、当事者以外の者たちが係争に関心を持ち、また彼らの倫理観や価値判断が裁きに影響を与えうるような法文化が必要であったが、比較的早い段階からそうした環境にあったのは、フランス王国のなかではパリぐらいであった。もっともそのパリですら、市民が高い関心を持つのは、政治的な謀略などといったものよりも、性的放縦、毒殺、魔術などの類いだったといわれている。世界史の教科書には、カペー朝期のフランス国王フィリップ4世（位 1285-1314）治世のエピソードとして、彼が教皇ボニファティウス8世の罪を告発するため三部会を招集したこと、あるいはテンプル騎士団を異端裁判にかけて膨大な調書を作成したことなどが紹介されているが、このように係争の場を公開したり記録したりすることは、当時の常識からすればむしろ例外的であった。

　しかし異端的運動の制圧を目的とするアルビジョワ十字軍を経てフランス南部も王の支配下に入ると、王権はローマ法が優越する地域の司法行政への

対応も迫られることとなった。廷臣集団が考えたのは、各地の裁判管轄権を明確にすること、そして紛争解決の基準となるべき法に一定の体系性を与えて成文化することであった。この時重要なことは、ローマ法について多少の知識を持つエリート層と、紛争解決の最前線にいた人びととの協同作業として、口承の法が成文化されていったことである。伝統的な権限が複雑に入り組んでいた各地の法廷に王権が直接介入していくことは現実的には困難であった。それでも、この作業を通じて、裁き手としての王のイメージは広く共有されていくこととなる。他方で、法廷は少しずつ人びとに開かれたものとなり、法廷での裁きに関する具体的な記録も増していく。そうした記録は、時に定型化し、それが後の紛争の判例となることで、王を至上の裁き手として頂点に戴きつつも、俗世の、やや単純化された道徳観や倫理観が法廷で機能しはじめることとなる。この点については後述するが、もちろん変化は漸次的であり、はっきりとした画期を示すことは難しい。思い切っていえば、13世紀の後半、文学や歴史など様々な領域で俗語利用が進むころから、法廷の場においても係争の過程を具体的に記録する文書が現れる。ここではさしあたりそれを「法廷の世俗化」と呼び、法廷の世俗化と詳細な法廷記録の出現という二つの変化を象徴するひとつの史料を紹介しておきたい。

（3） 法廷の世俗化と法廷記録の出現

　紛争解決の場にもっとも近いところで生まれたのが「証書集成（カルチュレール）」と呼ばれる文書である。北フランスのドゥエーという町が13世紀の中ごろから14世紀にかけてまとめたものには、当時市政を担っていたエシュヴァン団（都市参事会）が、都市の法廷で、あるいは周辺都市との平和交渉に際して作成・発給した証書が時代順に収められている。証書を集めて保存するという行為は、参事会が自らの法的権威を証すとともに、その文書に証拠能力を認めていたことを示している。収められた証書を時代順に辿ると、人びとのなかで有形財産への関心が高まってきていること、盗みという

行為を問題視するとともに、財産の相続といった問題に注意が向けられていることが分かる。また悪口によって傷つけられた名誉を回復するために引き起こされた暴力事件も詳細に記録されている。これらの犯罪行為と並んで記録されているのが女性に対する暴行事件であり、これは厳罰の対象となっている。

　さらに時代を下っていくと、こうしたカルチュレールの記述にも変化が現れる。暴行など風紀紊乱の罪に対する記述が増える一方、ひとつひとつの事件に対する記述は簡素なものとなり、定型化していく。たとえば15世紀パリのカルチュレールは、ある貴族が未亡人を誘拐した事件について次のように記している。

　　　巻き起こったこの事件、パリの町で大きく非難されたこの醜聞は、市長のもとに情報が寄せられ、顧問会でも悪しき事例のひとつとして取り上げられ、報告された。そして市長に対して、この件を裁判にかけるべきこと、そして当事者とその共犯者たちを牢屋に入れるべきことが示された。

　興味深いのは、政治的な問題で更迭されたと思われる人物も、大逆罪などではなく、記録上は風紀紊乱の罪、たとえば誘拐、あるいは大食や同性愛の罪などで捕らえられていることである。裁判記録の分析から、この時期は件数としては殺人が最も多かったことが知られている。しかし中世の末に至るまで、カルチュレールによく記録されているのは風紀紊乱であり、この傾向は当時の紛争状況を必ずしも忠実に反映したものではない。理由を推定することはなかなか難しいが、ひとつの有力な解釈によれば、殺人行為の動機として名誉毀損があった場合、それは後に王が恩赦を与えることで「許される」ことが多かったからだとされている。

　ここからは、紛争社会の現実というよりも、許されざる罪として分かりや

すいもの、一般的な関心を得やすく、また民衆からの反発も大きいものが題材として選ばれ、記録されている可能性を指摘することができる。紛争そしてその解決の場である法廷を記録する者たちは、記録の読み手や聴衆、すなわち他人の揉め事に野次馬的な関心を持つ者たちの存在を強く意識している。彼らの印象は裁きの行方にも影響を与え、ひいては法廷の権威にも関わってくる。紛争解決の場に当事者ではない第三者の目が注がれるようになり、彼らの視線とその反応を意識しながら裁きが進められるようになっていく。記録者たちは、彼らの共感と同意を得るため事件のなかに物語構造を持ち込み、現実に起こった事件を整理し、類型化し、単純化する。このとき感情に訴える芝居がかったエピソードがつけ加えられることもあった。王の「恩赦状」を得るために 14 世紀のはじめごろから作成された係争の経緯を記した文書、すなわち「恩赦嘆願書」も、法廷という場を巡るこのような意識の変化を踏まえて生まれ、紛争解決システムのなかで機能していくことになる[3]。そしてそれらが裁判の「記録」となって裁きの行方に影響を与えるとともに、ひとつの「判例」として体系性を持った法書のなかにも組み込まれていく。中世後期のヨーロッパ社会における紛争解決の法ともいうべきものは、このような記録と実践の往還的活動を通じて造り上げられていったといえるだろう。

（4） 近年の研究動向

ここまで紹介してきたような紛争解決像の形成に貢献してきたのは、クロード゠ゴヴァールやロベール゠ジャコブら、主としてパリ第一大学のスタッフである[4]。彼らは紛争の発生から解決に至るまでの過程すべてを分析の俎上にのせている。犯罪行為のうち大罪になるものと軽犯罪に位置づけられるものの違いとその理由、個々の犯罪行為に対する刑罰の種類とその性格、名誉や名声を毀損することの犯罪性、復讐という行為の背後にある価値観、共同体内での評判を過度に気にかける心性、そして時にこれらと密接に

関わり、また時にそれらとは少し距離をおいて存在する法との関係などから、社会秩序の中世的特質を明らかにしようと試みている。試みはなお継続中であるが、全体として彼らは中世社会の暴力性に対して懐疑的である。たとえば彼らは、復讐行為としてのフェーデが、親族関係にある者を多数巻き込み、法廷外で長期間に渡って展開していたとは考えていない。フェーデは法廷における紛争解決を補完するものとして機能しており、暴力は統御されていた。統治機構の未熟さに由来するとされた調停や仲裁の広がりもまた、平和維持に一定の役割を果たすものとして積極的に評価されている。そこに現れてくるのは、妥協型・和解選択型紛争解決社会としての中世ヨーロッパ像である。研究の深化により、中世的秩序の背骨をなすと考えられてきた封建的関係の秩序形成機能を相対化すること、一言でいえば封建社会像の再検討も可能になってきている[5]。ただし、このような紛争解決の仕方が優位であることを以て中世社会をやや理想化する傾向があることに対しては、近年同じ研究グループのなかから批判が出ている[6]。彼らの指摘によれば、妥協や和解にも常に勝者と敗者が存在していた。多くの場合、和解の内容は紛争当時者双方が十分に納得できるほど平等なものではなく、領主をはじめとする有力者との関係性によって、あるいは共同体の成員からより多くの賛意が得られることを優先して、明らかに一方にとって有利な和解案が、相手に強制的に押しつけられる場合もあったという。

2　川島報告へのコメント

　以上の理解を前提として、以下、二つの報告にコメントしたい。まず、川島報告がとりあげた中世盛期の教会裁判所は、中世ヨーロッパの複雑で多極的な紛争解決システムのなかに置いて考えてみることが重要ではないかと考える。教会裁判所の外側にも、紛争当事者が自己の利益を最大化する手段はいくつも存在していた。彼らは紛争の内容と自らの能力に照らして、その解

決に向けた戦略を練っていたはずである。係争の内容によって自動的に法廷が決まるわけではなく、良い判決が得られると思えば当事者の一方は教会裁判所を選ぶかもしれないが、他方がそれに同意するとは限らない。またひとたびある法廷で裁きがはじまっても、別の法廷の方が迅速かつ自らに有利な裁定を得られると思えば、そちらに乗り換えるということもあり得た。ある法廷への出頭を拒否しておきながら、同時に国王に嘆願書を送って恩赦を得るという事例も知られている。川島報告の結論については同意するが、紛争解決システム全体のなかでの教会裁判所の位置づけをどのように考えているのか、その点についてもう少し見通しを語ってもらえれば大変有り難かった。

　また史料について少し付言しておけば、都市の証書集（カルチュレール）は、個々の係争に関する記録であるとともに、裁判権者が外に向けて自らの法的権威を示すという効果も担っていていた。そのため一定期間の証書を綴じて終わりということではなく、何度も再編集されることがあった。先述したように、収められた証書を時代順に辿ることで、人びとが何に関心を持ち、何を裁かれるべき犯罪とみなしていたのかといった、法意識の変化などを探ろうとする試みも現れている。こうした作業の結果明らかになってきたのは、時代を下るにつれて人びとのリテラシーが向上してくると、証書集の編集に際して、一般的な関心を得やすく、また民衆からの反発も大きいものが題材として選ばれ、採録されているという可能性である。証書が紛争社会の現実をどの程度正確に記録しているか、その点については慎重に分析を進めていく必要があるだろう。

3　神野報告へのコメント

　このような現実からすれば、中世ヨーロッパにおける王権の検討にあたって「公権力」という概念を分析概念として用いることがはたして相応しいの

か、この点から考えてみることが必要であるように思われる。これに比べて、神野報告が対象とする鎌倉期の幕府法廷は、それが理非を明らかにする場として機能していること、また召還状を無視して出頭を拒否する召文違背を咎め、それを理由として判決を下そうとしていること、そして後にはこの「召文違背の咎」が裁判規範としての性格をより一層強めていくことなどから、自力救済を基本とする社会のなかで、職権を以て紛争解決に介入しようとする、一種の「公権力」としての幕府の姿を論じることが可能であるように思われる。

　神野報告では、御家人たちが一族内相論を族内で解決することができないとき、御家人たちは自力救済を超える何か、幕府の権威というものを求めて幕府法廷に訴え出たことを指摘している。「第2節　一族内相論と幕府法廷」では、一旦行われた所有権の移転が取り消されてしまった「悔返」など、一族内での解決が明らかに困難となっている状況が、幕府法廷を求める典型的な例として紹介されている。こうした幕府法廷の在り方の変化は、鎌倉時代を考える上で非常に大きな論点となっている。今回の神野報告では鎌倉前期および中期（幕府成立から1284年まで）が対象とされているが、レジュメ冒頭の註でも指摘されているように、鎌倉時代の中期から後期にかけての幕府法廷の性格変化は、鎌倉幕府の「公権力」としての性格の変化として、多くの研究者によって論じられてきた。

　古くは佐藤進一氏が「執権政治」期の当事者主義と「得宗専制政治」期の職権主義を対立するものと位置づけ[7]、前者から後者への変化を強調し、また古澤直人氏は、鎌倉後期以降の職権主義的な裁判の増加が、「公権力」の拡大と幕府への不満をともに増大させたと述べている[8]。また最近では新田一郎氏が、「召文（めしぶみ）違背の咎」が判決理由として機能しはじめる鎌倉時代後期には、幕府の裁判が「他にもあり得る選択肢」から「当然に選択されるべきもの」へと変化していったことを指摘し、多くの人びとから「公権力」の一角をなすものとして受け入れられていったとしている[9]。い

かなるものを公的な権力の姿とみなすか、その捉え方に多少の違いはあるものの、中期から後期への変化を国制史上の転換として重視する点は共通している。

このような、中期から後期への変化といったものを重視する姿勢は神野報告でも共有されている。だとすれば、今回の報告が鎌倉後期を直接の対象としたものではないとしても、その「むすびにかえて」の部分で指摘している、鎌倉前期および中期の段階ですでに御家人たちのなかに存在していた幕府法廷への「期待」というものがどのようなものであったのかということは、きちんと確認しておいた方がよかったのではないだろうか。

紛争の迅速な解決ということを第一義とし、訴訟戦略上の合目的的な合理性から幕府法廷が選択されたのであろうか、それとも幕府裁判の権威や幕府法の強制力に対する信頼がすでにそこには存在していたのであろうか。そしてそれは、今度は鎌倉時代の後期に向けて、いかなる制度的改変と法意識の変化を経験していくのか、その見通しを示しておくことで、報告の研究史的な位置づけはよりいっそう明確になったのではないかと思われる。

二報告に対するコメントは以上である。専門とする地域と時代を異にするため浅薄な指摘となってしまったことについて、お二方にはお詫び申し上げたい。川島報告が示した教会裁判所における間接強制手段としての「破門」や、神野報告における未処分相論の実態など、二つの報告は前近代社会における紛争解決の基本的性格と地域的多様性を考える上できわめて興味深い事例を提供するものであったことをあらためて指摘しておく。

〈注〉

1　鈴木道也「ルイ9世の裁判を巡る一考察――アンゲラン＝ド＝クシー裁判（1259年）を中心に」『埼玉大学紀要〔教育学部〕人文・社会科学』第49巻第1号（2000年）1-12頁。

2　この点について詳しくは鈴木道也「裁判記事の誕生：中世フランスにおける法実践とその記録」『歴史と地理　世界史の研究』第 241 号（2014 年）、26-33 頁。

3　「恩赦嘆願書」は、近世ヨーロッパ社会における王の裁きの特殊性を示すものとして、我が国でも以下の訳書を通じてよく知られている。ナタリー＝ゼーモン＝デービス、成瀬駒男・宮下志朗訳『古文書の中のフィクション－16 世紀フランスの恩赦嘆願の物語』（平凡社、1990 年）。

4　Claude Gauvard, *Violence et ordre public au Moyen Âge*, Paris: Picard, 2005.

5　Dominique Barthélemy, *Chevaliers et miracles. La violence et le sacré dans la société féodale*, Paris: Armand Colin, 2004；Dominique Barthélemy/François Bougard/Régine Le Jan (dir.), *La Vengeance, 400-1200*, Rome: École français de Rome, 2006.

6　Claude Gauvard/Robert Jacob/Andrea Zorzi (dir.), *La Vengeance en Europe, xiie-xviiie siècle*, Paris: Publication de la Sorbonne, 2014.

7　佐藤進一『鎌倉幕府訴訟制度の研究』（畝傍書房、1943 年）。

8　古澤直人『鎌倉幕府と中世国家』（校倉書房、1991 年）。

9　新田一郎『日本中世の社会と法――国制史的変容』（東京大学出版会、1995 年）。

名誉をめぐる攻防：
「魔女」の名誉棄損訴訟と司法利用の戦略

小 林 繁 子

はじめに

　神聖ローマ帝国において、近世は法の社会秩序機能が質的にそれ以前とは異なる形で用いられるようになった時代である。H・シュナーベル＝シューレは、人口増加により複雑化する利害衝突を規制・調停する必要が生まれたことを背景として、近世には共生を秩序づけるために集中的な法整備が行われたと指摘する[1]。司法は臣民にその規範を遵守させ、逸脱する者には制裁を加える、当局による支配の柱となった。他方 M・ディンゲスの提唱した「司法利用 Justiznutzung」概念は、法の受け手である臣民がいかに法に対応し、自身の利害のために法を利用したのかという側面に光を当てた[2]。この分析視角は魔女裁判研究を含む近世研究の多くの領域に刺激的な反応をもたらした。

　16・17 世紀に最盛期を迎える魔女裁判は私刑ではなく、近世の法機構を利用して行われたものである。また魔女迫害が多くは支配層からではなく下からの要求であったことが事例研究により明らかになった。魔女裁判における司法利用についても検討され、魔女裁判の「道具化 Instrumentalisierung」

の様々な事例が明らかにされた。そこでは、競合権力に対する裁判権誇示の手段として支配者によって魔女裁判が行われた事例、また共同体内の様々な軋轢が民衆組織による自発的・自律的魔女裁判として噴出した事例が取り上げられている[3]。しかし、支配当局の意図や共同体内の敵の排除という側面を強調し、魔女裁判をあまりにも合理的に説明しようとすることは、深く広く共有されていた魔術的世界観や根源的な魔女への恐怖を不当に低く見積もらせてしまう危険をはらむ。また迫害者側の観点からは、被迫害者は受動的な客体とされるが、被迫害者の司法利用も考えてみる必要があろう。

　そこで本稿では、訴追側ではなく被迫害者側からの防衛を目的とした司法利用に着目し、法が魔女を裁くのみならず、魔女とされた人々がその危険な風評から自らを守るためにも用いられたという側面を明らかにするため、名誉棄損訴訟を取り上げる。いかなる条件の下でそのような法の利用が行われ、またその効用を最大限に発揮できたのか。人々はどれほど自覚的・戦略的に法を用いたのか。これらの問いに答えるために、以下の手順で考察を試みる。まず、第一章では魔女嫌疑を受けた人々がとりえた様々な対応を見る。第二章では対応策の一つとして名誉棄損訴訟を概観する。第三章では富裕農民が貴族を訴えた具体事例を取り上げ、これを詳細に検討することで当初の問いに答えたい。

1　近世における名誉とその防衛戦略

　貴族であれ平民であれ、都市民であれ農民であれ、近世に生きる人々にとって名誉が重要な社会資本だったことは言うまでもない。だからこそ、名誉はしばしば攻撃の対象とされた。「魔女」「妖術使い」も様々な名誉を傷つける悪口雑言の一つであったが、この誹りを受けて反論しないことは、後の魔女裁判で疑わしさの根拠と見なされた。そのため、この侮辱に際しては何らかの形で対抗することが重要であった。とはいえ、魔女という誹りを受け

た者がみな即座に裁判所での法的解決を目指したわけではない。ここでは、人々の取りえたいくつかの選択肢を検討する。

（1）　水審

水審は古くザクセン・シュピーゲルにも見られる神判の一種であり、清浄なものと親和性があるとされる水に受け入れられれば（沈めば）潔白であり、逆に水に拒絶されれば（浮かべば）有罪と判断された。13 世紀にはこうした神判は神を試すものとして禁止され、学識法の世界では法的有効性を否定された。しかし 16 世紀に入っても水審を禁止する法令が各地で発布されていることから明らかなように、疑いをかけられた者が人々に潔白を「印象付ける」手段としては長らくその有効性を保ち続けた[4]。グドゥルン・ゲルスマンはミュンスターラントの小領主裁判の事例をもとに、水審が 17 世紀にいたってもなお社会的実践として確立されていたことを明らかにしている。そこでは水審の「正しい」遂行のために刑吏が立ち会い、その費用は水審を受ける者やその家族が負担した。小舟や道具、濡れた衣服を乾かすための炉にかかる費用などは領主の利益となった。1646 年、オステンドルフの土地領主はある住民に、「彼は幾度も慣習の通り水に入れられ、その都度すぐに底まで行き〔沈み〕、水の下にとどまった」という公の証明を発給したという[5]。

当局のお墨付きの他、水審を選ぶのには経済的理由もあった。1615 年、ミュンスターラントのハルゼヴィンケルの住民が管轄管区長に請願を行った。それによれば、ある住民が請願人の妻を「この牛乳魔女め、お前は俺の牝牛を取ったな、金を払え」などと罵ったという。このような完全な侮辱に対しては即座の対応が必要であったが、請願人は訴訟費用を用立てることができなかったため、妻を水審にかけるよう自ら申し出たのだった[6]。

数年かかることもある名誉棄損訴訟に比べて、水審には結果がすぐに得られるという利点もある。またたとえ水に浮かび潔白の証明に失敗したとして

も、それが直ちに魔女裁判へつながったわけではない。妖術ではない過去の別の罪によって浮かんでしまったと考える者、あるいは他の土地でもう一度水審を受けようとする者、水審の失敗後の対応は様々であった[7]。いずれにせよ言えることは、魔女という侮辱に対して何ら反応をしないということは水審を受ける以上に危険だったということである。魔女と謗られて反論しなければ、それは疑いをなお深めることになった。初期消火としての水審は、経済的制約のある者にとっては合理的な選択肢の一つであったと言えよう。

（2）　罰金手続き

　水審に続く対抗手段として、ヴェストファーレン周辺では罰金手続き Brüchtenverfahren と呼ばれる簡易的裁判も選択肢の一つであった。ケルン選帝侯領の 1616 年の規定によれば、役人が各管区を巡回し、訴えに応じて罰金を払うべき者を聴取し、彼が罪を認めたなら行為の重大さや違反者の財産に応じて罰金刑を確定させた。罰金は宮廷顧問会の監督の下、徴収された。この罰金は中傷被害者へ支払われるのではなく国庫に納められるものであり、財政上の関心も高かったため、管区ごとに行われた罰金手続きの詳細は毎年決まった期日までに宮廷に報告するよう定められていた[8]。

　ゲアハルト・ショアマンによれば、パーダーボルンの上級管区ドリンゲンベルクの下級裁判所には 1571 年から 1689 年にかけて 1171 件の訴訟の記録が残っており、そのうち名誉棄損に関わる罰金手続きは 925 件に上る。中傷の内容が分かっているもののうち、「悪党 Schelm」が 201 件、「泥棒」170 件、その他 93 件に対し、魔女・妖術使い Hexe, Zauberer は 121 件と比較的大きな割合を示している。また「悪党」「泥棒」などが 1 〜 2 ターラーの罰金を科せられたのに対し、「魔女」「妖術使い」という中傷に対しては 3 〜 4 ターラーの罰金が申し付けられたという[9]。これはその悪態がもたらす事態の深刻度に応じたものと考えてもよいだろう。

（3）　雪冤宣誓

　さらに別の対抗手段としては教会法上の雪冤 purgatio canonica があった[10]。これは水審や熱鉄審のような魔術的な要素を含む雪冤 purgatio vulgaris に対置されるもので、初期の魔女裁判マニュアルとされる『魔女への鉄槌』（1486）にもその方法が詳しく述べられている。そこでは、魔女という噂のみでそれ以外の確たる徴表なく容疑を受けた人物が、容疑を受けたというまさにそのために教会などの公の場所で次のような宣誓を行うことが求められている。「司教さまが私にお疑いになった異端を、つまり私が魔女たちと親交し、愚かにも彼らの過ちを擁護し、異端審問官や魔女の訴追者を憎み、彼らの罪を暴かなかったなどということを、私は誓って打ち消し否定します。私は決してこの異端を過去に信じず、また現在も信じていないということを、これを守ったり執着したりなどは決してせず、これを教えたり教えようとしたりなどは決してしなかったと誓います。もし私が神が禁じられたこの種の行いに関わったならば、私はそのような誓いを行った者に適用される法の罰を即座に受けます。〔…〕私はこの罰を私の能力の限り実行し、また決してそれに反対しません」[11]。

　この誓いは自らの潔白を宣言するものだが、こうした誓いを立てた後に妖術を行ったことが明らかになった場合は、その誓いによってより厳しく罰せられるとされた。ヴェストファーレン公領ビルシュタインの裁判官の妻ドロテア・ベッカーは 1575、1580 年と二度にわたって魔女の疑いをかけられ、この雪冤によって疑いを晴らした。しかしながら 1590 年に始まる一連の裁判で彼女は繰り返し名指しされ、捕らえられたものの拷問に耐え抜き、最後は領邦追放に処された。雪冤という手段で回復されたかに見えた名誉は、長期間にわたる噂を打ち消すことができなかったともいえるだろう[12]。

2　名誉棄損訴訟

（1）　民事・刑事訴訟としての名誉棄損訴訟

　ここでは、前節で検討した防衛手段と名誉棄損訴訟を比較しつつ概観し、名誉棄損訴訟がいかなる意味を持ちえたのかを検討したい。本稿で言う「名誉棄損訴訟」とは上記の罰金手続きなど慣習法に根差した法的手段ではなく、ローマ法に基づいた手続きに従って名誉の回復を目指す裁判を指す。15世紀になるとドイツの法書の中にも名誉棄損訴訟の手続きを定めたものが現れ始める。そこでは刑事訴訟と民事訴訟が区別されており、賠償金を求める場合は民事訴訟を、そうでない場合は刑事訴訟を、原告はどちらか選択することになった[13]。

　民事であれ刑事であれ、原告は法廷で口頭の申立てを行い、被告はこれにやはり口頭で応答・反論を行う。その後、両当事者は証人を指名し、証人は宣誓の上で証言を行うことになる[14]。罰金手続きが中傷者のみを聴取の対象としたのに対し、ここでは両当事者に機会が与えられた。原告は、被告が誹謗を行ったということのみを証明すればよく、その内容が事実であるかどうかの立証責任は被告にあった。また、相手方の証人に対する反論を行うこともできた[15]。両当事者は法の専門知を持つ弁護人を立てることもしばしばあり、裁判権者も判決に当たっては学識者の助言を求めることができた。代理人や弁護人の費用、学識者への鑑定依頼、証人一人ひとりへの聴取など、名誉棄損訴訟は費用と時間を必要とするものになった。そのことは貧しい当事者にとってはこれを選択しにくい理由の一つとなっただろう。

　民事的名誉棄損訴訟では、中傷の公的撤回と謝罪、それによる名誉の回復および賠償金の獲得が主な目的となる。賠償金の請求額は「名誉棄損を甘受するくらいなら、これこれの額の金銭を諦める方がよい」という原告の宣誓で決定された[16]。この金額は原告の地位や中傷の重大さに応じて決められた

ようである。後段に見るように、原告の設定した金額よりもはるかに少ない額が判決で言い渡されることもあった。先に検討した罰金手続きにおいては中傷者が支払う罰金は中傷被害者ではなく国庫の収入とされたのに対し、民事的名誉棄損訴訟では原告に金銭的補償があることは一つのメリットであっただろう。

　賠償金の支払いや中傷の公的撤回、謝罪は必ずしも被告である中傷者の名誉を損ねるものではなかったのに対し、刑事的名誉棄損訴訟では金銭以外の刑罰を被告に与えることが可能だった。名誉棄損に対する刑罰としては短期間の禁固や笞刑・さらし刑などの名誉刑・領邦追放といったバリエーションがあったが、死刑や身体刑はごく例外にとどまる[17]。1623年、ハンザ都市ヘルフォルトで刀鍛冶親方の妻アンナ・シュトックディークとエリーザベト母娘に唾を吐き侮辱の言葉を浴びせたカタリナ・フォーゲルマンに対して、参事会はデトモルトの法学者およびライプツィヒ大学法学部に助言を求めた。デトモルトの法学者たちは中傷者カタリナに対する笞刑、さらし刑および永久ラント追放刑を、ライプツィヒ大学法学部は公式の撤回と謝罪、六週間の禁固刑を助言し、参事会は後者の鑑定に沿って判決を下している[18]。この裁判の原告で中傷被害者の夫ヨープスト・シュトックディークは判決ののち、「神の善き、正義の手が真実を明らかにし、隣人を理由もなく中傷した者自身に、判決と正義、公式の撤回によって自身の名誉を揺さぶられるという結果をお与えになった」と神に感謝を捧げている[19]。誰かの名誉を中傷によって損なえば、自身の名誉を失う制裁を招く可能性があったのである。

（2）　当局に対する訴訟

　名誉棄損訴訟ではまた、当局を被告として訴えることが可能であった。先に紹介したヘルフォルトの魔女名誉棄損訴訟では、最終的に中傷被害者の親族がヘルフォルト市を訴えるに至る。シュトックディーク母娘は中傷者の謝罪を得、名誉を回復したかに思われた。しかし親方ヨープストの死後、未亡

人となったアンナは 1627 年、裁判にかけられていた「魔女」からまたしても共犯者として名指しされ、友人の助けを得て娘エリーザベトとともに近隣のミンデン司教領リュベッケへと逃亡を余儀なくされる。彼女らの支援者は弁護人を通じて市に幾度も書面で無実を訴え、彼女らに対する告発はいずれも根拠のない中傷であること、また訴訟においては弁護を認め、保証金を置いたうえで安全通行権を与えることを要求した。さらに彼らはイエナ・リンテルン・マールブルク各大学から鑑定を求めた。マールブルク大学の回答は次のようであった。「危険が危惧されるため、彼女に安全な保護が許可されるまで被告は出頭しなくてもよい。彼女が自身の無実を弁護しようとするなら、彼女には何も起こってはならない。彼女が帰責された犯行を自白するならば、また免責を反論として挙げることができないならば、収監されうる」。イエナ大学からは、彼女に保護を与えること、また彼女に対する嫌疑の内容を知らせること、彼女の弁明を聴取すべきことが伝えられた。これに対し市参事会は保証金として 2000 ターラーを求め、それが納められたにもかかわらず、保護令状は出さなかった。それどころか彼女らに対する召喚状が都市の市場に掲示公開され、彼女らが出頭しなかった場合、殺害の警告さえ与えられたのである[20]。

　この公開召喚状が名誉棄損にあたるとして、ついにシュトックディークの親族ら支援者は、ユーリヒ＝ベルク公のデュッセルドルフ宮廷裁判所にヘルフォルト市の財務管理役、参審人、参事会を、請願を通じて訴えた。弁護人はこうした召喚状が「公の市場で数え切れないほどの人々によって公に侮辱され、彼女らの名誉はさらに辱められた」[21]決定的な侮辱に当たるとし、彼女に対する手続きは根拠がなく無効であると主張した。また、弁護人はヘルフォルトで行われていた迷信的な水審も批判した。法学者・神学者にすでに否定された迷信を用いるような裁判官の下に、保護なしに原告を送ることなどできない。彼女が保証金を納めたにもかかわらず、保護は拒絶され、そのうえきわめて侮辱的な召喚状が公にされた。これまでの全手続きを無効と

宣言し、この裁判官に一万ターラーの罰金を科してほしい、というのがこの請願の内容であった[22]。

　デュッセルドルフ宮廷裁判所はこの訴えを受理し、1628 年 7 月 3 日に手続きの即座の中止と侮辱的な召喚状の公開取りやめを命じ、不出頭に対する罰金の警告つきで参事会と参審人を召喚した。当時ヘルフォルトはユーリヒ＝ベルク公と帝国直属をめぐって対立状態にあった。帝国都市としての立場を争っているこの時期に、デュッセルドルフ宮廷裁判所をヘルフォルト市の上訴裁判所として振舞わせることはできなかったため、参事会は宮廷裁判所の手続き中止指示を断固拒否する。この案件は彼らが神に対して責任をもって行うものであり、上訴するとしてもヘルフォルトが帝国都市であるからには、ユーリヒ＝ベルク公の裁判所ではなく、帝国最高法院が管轄すべきと参事会は主張した。実際、同年 9 月に宮廷裁判所の公証人がヘルフォルト市長に上訴の訴状を手渡した際、市が帝国最高法院に訴え、デュッセルドルフから市に科された不出頭の罰金 1000 金グルデン、またその後の不出頭に対する罰金を無効とする裁定がひとまず得られたことが告げられたのである[23]。

　名誉棄損訴訟の多くは下級裁判所の管轄であったことを鑑みれば、一審で敗れても上級審で争うことができた。しかし、必ずしも審級制が確立されていない、ないし帝国都市の参事会による裁判のように上位裁判所を持たない場合は、教会裁判所や帝国最高法院への提訴などの選択肢が存在した。ヘルフォルトへの支配権を主張するユーリヒ＝ベルク公の裁判所ならば、同市の裁判運営に瑕疵を見つけることで自らの裁判権を主張する機会を狙ったであろう。原告の側には、どの裁判所へ訴え出れば最も有利な結果を導けそうか、戦略的に選択するということもできた。本稿では扱うことはできないが、帝国最高法院においても多くの名誉棄損訴訟があることは指摘しておきたい[24]。

（3） 名誉棄損訴訟の効果

　魔女の中傷に関わる名誉棄損訴訟について主にヴェストファーレン地方の
ケースを検討したラルフ・P・フックスは、魔女疑惑をかけられた者が名誉
棄損訴訟においては主導権を握ることができたことを重視する。原告は中傷
者を名誉の強奪者として当局の制裁の対象として糾弾することができ、逆に
「名誉ある」人物として社会の行動規範に応じた自身の姿を主張することが
できる。また原告側は自ら証人を指名し、彼ら自身で「証明事項」のリスト
に従って彼らの名誉を証言させ、魔女非難が信じるに値しないことを証明す
るイニシアティブを得た[25]。水審や教会法上の雪冤が潔白を示すだけで防衛
に徹するのに対し、裁判の中で中傷者の責任と名誉を厳しく追及する攻撃的
な戦略をとりえたのである。

　しかしフックスは同時に、名誉棄損訴訟が原告に不利な状況をもたらす可
能性も指摘する。原告は訴訟において被告側の証言によって侮辱を受ける機
会に直面しなければならなかったからである[26]。先に挙げたヘルフォルトの
事例では、1623年に中傷で訴えられたカタリナ・フォーゲルマンは彼女自
身の母から聞いた話として、アンナを魔女の踊場で見たと、またその場でア
ンナが彼女の母親の足を銀のナイフで刺し、怪我をさせたと証言した。さら
にシュトックディーク家の下女も被告側の証人として登場し、女主人に不利
な証言をしている。燃えるような姿をした男〔＝悪魔〕を家の中で見た、ま
たアンナが火の中に入っていったが無傷であったと証言したのである[27]。当
時のヘルフォルトでは魔女裁判が行われ、30名以上の逮捕者を出していた。
中傷者であるカタリナ・フォーゲルマンの母もその魔女裁判で処刑された一
人であった。「魔女」による魔女集会での目撃証言などがしばしば裁判の連
鎖を生んだことを鑑みれば、こうした証言が公式の場で行われる危険を過小
評価することはできなかったであろう。

　ヴァルター・ルンメルも名誉棄損訴訟の負の側面を指摘する。シュポンハ
イム伯領の魔女裁判においては、あらゆる告訴状に「魔女中傷に対して反論

しなかった」という決まり文句が挿入されている一方で、過去に名誉棄損訴訟の結果として公的に謝罪を受けた事実は、後の魔女裁判で重く見なされないばかりか、訴えたことそれ自体が尊大な態度として描かれたという。他方で、名誉棄損訴訟の原告となった者で後に魔女裁判に巻き込まれていない者が多くいることは、名誉棄損訴訟が疑いを晴らすのに有効であったからというよりは、原告が魔女として告発されやすい状況にあったかどうか、原告を取り巻く社会的要因から考えるべきだという [28]。

　訴訟費用の負担・訴訟期間の長さと並び、こうしたリスクも名誉棄損訴訟を敬遠する要因であった。では、具体的にどのような人々が魔女をめぐる名誉棄損訴訟の当事者となり、どのような背景で訴訟が生じたのか。次章ではヴェストファーレンの名誉棄損訴訟を検討する。

3　名誉棄損訴訟の事例

（1）　背景と発端

　本章ではヴェストファーレンの富裕農民が原告となって小貴族を被告に名誉棄損を訴えた、1605 年から 14 年にかけて行われた一連の訴訟を扱う。これについては 1000 葉以上の裁判記録が残されており、郷土史家 M・パドベルクによって刊行されている [29]。その史料の豊富さもさることながら、隣人間の紛争という背景、度重なる上訴、さらにその係争中に両者が裁判外で和解するという結末に至るまで、この事例には司法利用の興味深い要素をいくつも見ることができる。

　被告となったヘルマン・フォン・エスレーヴェはヴェストファーレンのブレムシャイトを所領とする小貴族であり、その所領の一つエスローエに当該裁判の原告ら関係者が居住していた [30]。原告マルガレーテ・フォルマースの夫ヘルマンは富裕な土地所有農民であったが、渦中の妻マルガレーテの出自ははっきりとしない。旧姓も知られておらず、おそらくエスローエのような

小さな村では、よそから嫁いできたことそれ自体が潜在的な不信感を呼び起こしていたのかもしれない。もう一人の原告クリスティアン・ホーベルクもエスローエの上層に属しており、ホーベルクの家名はヴェストファーレン公領の中でもしばしば納税者リストの上位に見られるという[31]。斜陽の弱小貴族と勢力を増す新興富裕層との軋轢もこの裁判の一つの背景であった。

　裁判の舞台となるヴェストファーレン公領は帝国全体から見ても激しい魔女迫害を経験し、1590 〜 1630 年代を通じて 1000 名以上の処刑者を出したと見積もられている。ケルン選帝侯はヴェストファーレン公を兼ね、この地域はケルン選帝侯領の一部を形成していた。その中でもアルンスベルクは選帝侯顧問会が置かれたヴェストファーレン公領の行政の中心地であり、その裁判所は流血裁判権を行使する、ヴェストファーレンの最高裁判機関であった[32]。原告がエスローエにある下級裁判所ではなく、初めからこのアルンスベルク高等裁判所に訴え出たのは、原告側の断固たる姿勢を示すものと言えよう。

　おおよその事の発端は被告ヘルマン・フォン・エスレーヴェの息子たちによって、名誉棄損の訴えへの反論としてアルンスベルク顧問会へ送られた書簡、また被告本人によって選帝侯へ送られた請願から明らかになっている[33]。そこで彼らが主張するのは次のようなことであった。被告の娘は長いこと病床にあるが、それは原告らが悪魔を使って彼女に妖術をかけたためである。悪魔は何度も司祭に祓われたが、その際に悪魔がホーベルクらの名を叫んだことから、被告は原告らを妖術使いと吹聴した。そこでホーベルクは年老いた被告に対して、額を小突くなど暴力行為を働き激しく悪態をついた。被告の請願によれば、「私を＜お前 Du ＞呼ばわりし軽んじ非難し、私が極貧の乞食であっても、これ以上ひどい扱いはないほど」[34]であったという。これに対して被告の息子二人はホーベルクの農場に行き話をしようとしたが彼を見つけられず、彼の農場に向けて数発ピストルを放った。「何の損害も不利益も生じさせなかった」と彼らは言うが、「妖術使い」という罵り

に対する直接的な反応として軽度ながら暴力が用いられ、それに対する報復として発砲にエスカレートしている。裁判外での紛争解決は限界を迎えていたと言えるだろう。

　他方でこの一連の出来事の背景には、家畜の侵入による被害といった隣人間の日常的なトラブルがあったことが示唆されている。「彼〔＝原告〕が将来もはや我々の土地や畑に立ち入らず〔…〕エスローエの他の人々も〔土地に立ち入る〕権利はなく、彼らの家畜もその外側にとどまるべき」「彼やエスローエ村〔の住民〕が我が〔地所の〕境界や放牧地に立ち入り、荒らしているという不幸が起こる」といったことも、同じ書簡・請願で訴えられているのである。娘（「悪魔」）の口から隣人の名前が挙がったことも、こうした日常的ないさかいが影響していたと考えていいだろう。そのうえで、被告は原告らに対する魔女裁判を開始するよう遠回しに要請する。「もし彼らに罪あるなら、そこからどうなるかは私よりもよくご存じの方が判断なさるべきでしょう」「妖術という毒草の根絶を我らの教区でも開始するようご命令ください」[35]。ヴェストファーレン地方では 1590 年代に激しい魔女裁判を経験しており、その記憶はまだ生々しいものであった[36]。被告の要求は原告にとって深刻な事態を招きかねないものだったのである。

　原告マルガレーテ・フォルマースも反論の請願を選帝侯宛に送っている。「何人も他者の名声と名を侮辱し中傷してはならないと、共通法に有益にも定められ厳しい刑罰でもって禁じられているにも関わらず、ヘルマンおよびクリストフ、ディートリヒ・フォン・エスレーヴェは去る 6 月 12 日、13 日に名誉を傷つける中傷文を選帝侯閣下に提出させました。〔中略〕全能なる神の前に告白しますが、私はそのような悪魔の悪業からはまったく無縁であり、そのような中傷を看過することができません。恭順にも希います。件のヘルマン・フォン・エスレーヴェとその息子たちを私に対して述べられた名誉棄損のかどで処罰していただけますよう、そして〔裁判の〕費用と損害〔を負担させる〕という罰を下していただけますよう」[37]。

　原告ホーベルクも同時期に選帝侯への請願で、彼がいかに名誉ある人間で妖術とは無縁であるか強調し、彼が被告をなじったことに対しても弁明する。「私と私の家族がみな悪魔の仲間であるなどと彼が不当にもこっそりと語っているのを聞き、私は部屋に入っていき、＜ヘルマン、私はお前たちを立派な人間だと思ってきた。何か私に望むなら私に面と向かって言え。こそこそするなら、お前たちを悪党だと思おう＞と言いました」。ホーベルクはフォン・エスレーヴェ兄弟の暴力と侮辱に対しても罰が与えられるよう請願している[38]。

（2）　証人の聴取

　選帝侯官房は 1605 年 7 月、エスレーエを管轄するアルンスベルク高等裁判所に訴訟着手を指示し、裁判官と参審人により聴取の日程が定められた。原告らは「このような恥辱に甘んじるくらいなら 2000 グルデン〔フォルマースは 1000 グルデン〕を失う方がいい」という宣言とともに、証人による事実関係の確認と中傷の撤回を要求した[39]。被告ヘルマン・フォン・エスレーヴェも 9 月 26 日、最初の聴取を受けているが、「自分が言い広めたのは悪魔が言ったことだけだ」として、賠償金も彼らを妖術使いだと言った者に、つまり悪魔に求めるべきだと主張している[40]。

　被告側からも証人のリストと 31 項にわたる質問項目が提出された。その中では娘の病気以外の害悪魔術の存在も示唆されている。「3、私の家とカンペ〔という地所〕はフォルマース家の後背にありそれを司祭が買ったのだが、それらがともに毒を盛られたと、〔…〕それによって人や家畜が病にかけられ〔…〕、そのために果物や鶏卵が実らなくなると悪魔が語った」、「16、私が最近去勢させた豚がみな死んでしまった」「17、最近、最上の牛 3 頭と山羊一頭が死んでしまったが、このような不運がここ 7 年のうちに私の家政において起こっている」。このように家畜や作物への被害を害悪魔術と見ているのに加え、悪魔との愛人関係、魔女集会といった典型的な要素も叙述さ

れる。「19、フォルマースは彼女の 3 人の息子全員に妖術を教え、最年長の
者はすでに私に害をなしたと、また娘は恥ずべきことに妖術を習っていると
ころであるがダンスには行きたがらないこと、〔…〕また彼女〔マルガレー
テ〕は彼の愛人であると、霊が語ったのは本当か」[41]。

　しかし聴取に応じた証人が被告の期待する証言をしたわけではなかった。
それぞれが原告らは名誉ある人々であり、妖術と無縁であったと証言してい
るのである。証人の一人である近隣住民は、被告が「名誉ある人々に対する
無礼な耐えがたい名誉棄損」を働いていると非難すらしている[42]。娘の悪魔
祓いに参加した司祭の一人は、原告らが娘に悪魔をけしかけたとは彼自身は
思わないが、神が知るであろうと答えている。悪魔憑きは事実と見なし、娘
の口を通じて悪魔が原告について語ったことは聞いたと認めるものの、作物
被害などの害悪魔術について問われると、悪魔が語ったことの他は分からな
いとした上、悪魔が真実を言うとは思えないと答えているのである[43]。近隣
住民の証人も、悪魔は嘘の生みの親であり信用できないという[44]。

　原告、特にフォルマースがかつて妖術の非難を受けたことは近隣住民の証
人から語られたが、彼は「彼女に対して一度悪しき告発があった」「しかし
その「犯人」はそのために収牢された」としつつも、「自分はその場にいな
かったので、それについては何も知らず、何も言うことができない」と答え
ている[45]。偽証についての厳しい警告から決定的なことは口にはしたくない
という証人の迷いも感じられる。この出来事に関しては、原告マルガレー
テ・フォルマースの夫ヘルマンが証人として詳しく語っている。約 10 年前、
フォルマース家に近隣の裁判所から数名が査察のために 1 日と一夜滞在し
た。妻が鍋に一杯の牛乳を火にかけたところ、一人の若者がその牛乳で汚れ
た手を洗った。そのため他の逗留者たちと殴りあいが起き、証人は棒きれで
若者を打ち倒した。若者はこのことを恨み、魔女であるフォルマースの妻と
彼女の牛乳が原因で、フォルマース家で殴られたと吹聴した。これを伝え聞
いた証人はアルンスベルク当局に件の若者を逮捕するよう要求した。若者は

逮捕され、4日間の収監の後、中傷の罪で鞭打ち・領邦追放と決定されたという。また2年前に息子を毒殺したと証人の妻に対して悪評を立てた近隣住民に対しても名誉棄損訴訟を起こし、勝訴したという[46]。マルガレーテ・フォルマースは度重なる魔女中傷の対象となってきたが、都度名誉棄損訴訟によって守られてきた。他方で、被告はその事実よりも、中傷されたという事実の方を強調しようとしたのである。

（3）　一審判決と上訴

　1605年は決着がつかないまま過ぎた。アルンスベルクではこの案件はいったん棚上げされ、大きな動きはないまま延期を重ねた。1606年7月に入り、アルンスベルク裁判所はいつまでも本人が出廷しない被告側に強い語調で召喚状を発したが、被告はこれに抗議文で答えている。原告の証言に際して宣誓が行われておらず、つまり手続きが適正に行われていない、したがって彼らの訴えは退けるべきであり、無効であるから法的に裁判所に抗議するというものである[47]。さらに、フォルマースが魔女と非難されたことは教区住民の誰もが知っているとして、彼女を水審にかけるよう要求しているが、これがアルンスベルク高等裁判所に聞き入れられるべくもなかった。

　この後も被告は体調不良を理由に出廷せず代理人を通じて従来の主張を繰り返し、さらに自分が出廷しない間は結審しないよう要求した[48]。アルンスベルクの顧問会がこの主張を顧みることはもはやなかった。「彼が不服従にも欠席するならば、彼の不服従ゆえにこの件を結審したと見なし、さらに〔判決を〕下すべきか職権により法学識者の知見に尋ねる」[49]と改めて決定したのである。結局被告の署名はないまま、ケルンの法学者3名に記録が送付された。

　2か月後に届いた法学者からの書簡には、鑑定の起草に当たって困難な点は見受けられず、起草に当たった2名が一致して判断を下したこと、また記録に見られた諸事情から寛大な判断をすることにした旨が書かれている[50]。

原告フォルマースへの判決文は次のようなものであった。「〔フォン・エス
レーヴェ〕夫妻は書面によっても口頭によっても原告を侮辱し、中傷し、誹
謗することを禁ぜられる。彼らはあまりにも多く不法をなした。それゆえに
上述の中傷を撤回し、ならびに原告へ 40 ライヒスターラーを、全ての本案
件に関わる裁判費用とともに弁済し支払わねばならない」。ホーベルクにつ
いても同様の判決が下った[51]。フォン・エスレーヴェ夫妻が金銭の支払いと
中傷の撤回のみを「名誉を傷つけられることなく」という注意書き込みで命
じられていることは、被告にとって非常に寛大な処置と言ってよい。

　しかし、この判決に被告は即座に上訴した。1607 年 9 月 5 日の日付で彼
は選帝侯に請願を送っている。「名誉棄損と誤解された件においてクリス
ティアン・ホーベルクとフォルマースの妻を原告、私と私の妻を被告として、
7 月 26 日にアルンスベルクの裁判所で特命コミサールによる決定的な判決
が私たちに下されました。それについて私は即座に上訴 appelliert しました。
〔…〕この上訴を慈悲深くも受理し、〔アルンスベルクの〕裁判所とコミサー
ルがその手を止める〔判決を執行しない〕よう、またこの案件において規則
にのっとりしかるべく行い、また今後もしかるべく行われるよう慈悲深く
〔命令を〕くだされますことを」[52]。

　この裁判を担当することになったのはボンの宮廷裁判所でも選帝侯の宮廷
顧問会でもなく、ヴェストファーレンの都市ヴェアルの教会裁判所であるオ
フィツィアラート裁判所であった。ヴェストファーレンの世俗最高裁判所の
判決の後、教会裁判所が「上訴」機関となることは奇妙に思われよう。ケル
ン選帝侯領では民事裁判での上訴制度については 1537 年の裁判条令で定め
られていたものの、それによって制度が貫徹されたわけではない。1653 年
にはさらに上訴条令も発布されているが、それを無視して一審を担当すべき
下級裁判所への「上訴」が為されるという実態は 18 世紀に至るまで続いて
いたのである[53]。ヴェアルのオフィツィアラート裁判所はこの訴えについて
申し開きをするようホーベルク夫妻とフォルマースに告げ、そうしない場合

には 100 金グルデンの罰金を科すと警告している [54]。これまで名前が出てき
ていなかった被告の妻が裁判当事者として言及されていたり、同じく当事者
ではなかったフォルマースの夫が召喚の対象となっていたりと、アルンスベ
ルク裁判所との連絡不備があったか、あるいは関心が低くヴェアルの裁判官
が当該案件の裁判記録をきちんと読んでいなかったか、案件を十分に理解し
ないまま着手したことは明らかである。しかし、一審の判決も執行されず、
再審の手続きも一向に進まないまま、1610 年に入った。原告代理人からの
何度かの催促の末、1610 年 11 月にようやくオフィツィアラート裁判所の判
決が明らかにされた。「この案件は抹消されたものとして前裁判所の裁判官
に〔判決を〕執行すべく差し戻される。生じた費用と損害の算出は我々に一
任される」[55]。またしてもフォン・エスレーヴェは敗訴した。

　1611 年 1 月、フォン・エスレーヴェの代理人はケルンのオフィツィアラー
ト裁判所に書簡を送り、受理されている。このケルンでの再々審の手続きも
3 年 10 か月を要することとなる [56]。当事者は出頭せず、両当事者ともにケ
ルンに在住する代理人を立てることになった。以下は被告代理人によって提
出された 1611 年 6 月 25 日づけの申立ての一部である。

　　第 23、次のことは真実である。原告と第一審の裁判官によって、混乱
　　し不法に手続きがなされ、それに基づいて最終的な判決は言い渡される
　　べきではなかった。そのことを明らかにするのに第 24 に、次のことも
　　また真実である。原告が被告の求めに応じて、彼の告発項目を宣誓に
　　よって誓い、また被告の訴えに対しても適切に応答し、そうすることで
　　さらなる手続きが譴責され、また差し止められていたならば、法的に適
　　正であっただろう。(…) 元来の被告である上訴者は、これまでの裁判
　　の裁判官によって無効・不法に判決が下され認定されたと認知し、宣言
　　するよう乞う。また、これまでの形式の整っていない、無効な裁判を無
　　効と宣言し、資格のない原告に、これまでにかかった裁判費用を負担さ

せるよう求める。

　魔女・妖術使いという文字通り致命的な帰結を導きかねない非難は影を潜め、被告側の主張は一審での手続き問題に軸足を移している。このことは、被告がすでに原告との和解を模索していたことを推測させる。1614 年 10 月に下された判決は、一審での手続きは適法であり、その判決をもって決着済みであるとし、裁判費用をフォン・エスレーヴェが負担するというものであった。被告の弁護人は 1614 年 10 月 20 日、即座に抗議し帝国最高法院への上訴を要求した。そこでは両当事者がすでに和解していたことも明らかにされている。

　　両当事者はかなりの時間をかけて、他の平和を愛する人々の助力によって和解に至っており、それが本当に持続することを望み、またそのことは裁判所に届け出られていた。そこにおいて、上記の判決が突然行われたので、フォン・エスレーヴェはこのような最終判決とされたものに大変悩まされた。〔中略〕件のフォン・エスレーヴェの弁護人は、この示された無効な判決をローマ皇帝陛下とその称賛すべきシュパイヤーの裁判所あるいはその他に、法によって当然上訴することが適当であると抗議し上訴した[57]。

　和解がすでに成立しているにも関わらず帝国最高法院へ上訴した理由は、裁判費用の支払いを先延ばしにするため以外には想定しがたい。例えば裁判費用は二審だけで弁護人らへの報酬を含め合計 112 ターラーを超えたというが、三度の裁判費用の累積と賠償金は、弱小貴族にとっては重い負担となっただろう。裁判中にはすでに妻も失った晩年の被告が、できるだけ裁判を引き延ばして裁判費用も賠償金も「踏み倒す」ことを考えたとしても不自然ではない。実際、これらの裁判費用や賠償金の支払いは確認できていない[58]。

帝国最高法院への訴えは受理されたものの、判決その他の記録は残されていない。

おわりに

　本稿では、隣人間の紛争解決のために、あるいは魔女裁判という極めて危険な状況を回避するために司法がどのように利用されえたのかという観点から、名誉棄損訴訟を検討した。魔女の疑いという危険域に足を踏み入れかけていた人々は都度状況の深刻度・当事者の社会・経済資本といった要素から、複数の選択肢の中でどの方法をとるのかを決定した。その中でも名誉棄損訴訟は、証人をそろえ、また弁護人などの法専門家を雇い入れ、かつ長期にわたるかもしれない裁判に耐えうるだけの経済・社会資本を備えた人々にとっては有効な選択肢だったと言えるだろう。近世の裁判機構の管轄の重複・審級制の未確立、近世帝国における交錯した裁判権のありようは、中央集権の欠如と見なされる一方で、法の受け手である臣民にとって多様な法利用を可能にするものであった。ヘルフォルトの事件に見られるように、帰属問題や上級裁判所の管轄をめぐって様々な葛藤がある地域においては、どの裁判所に訴えるかという計算も働いたであろう。裁判権や支配をめぐる動きの裏側に、法を利用する人々もこれに適応していた姿が見えてくるのである。

　フォン・エスレーヴェ裁判に見たように、上訴は裁判で決着をつけることを追求するのみならず、一審での判決をできるだけ先延ばしするという狙いによっても行われた。もちろんこのケースのような当事者同士の名誉棄損訴訟における和解を即座に一般化することは早計には違いない。魔女名誉棄損訴訟は費用と社会・経済資本を必要としたことから、原告が被告よりも高い地位にあるケースが多かった[59]。そうした格差のある相手同士であれば、和解は必ずしも必要ではなかっただろう。しかし両当事者が地域において同等の階層にある場合、和解は大きな意味を持った。魔女中傷という文字通り致

命的な帰結を導く可能性のあったフェーズから、名誉棄損訴訟を経由し手続き論へとシフトすることで徐々に日常性へ、和解へと軟着陸する。裁判の経過の中で、司法利用の目的も変遷していった。「魔女」という絶対的他者を作りだす装置である魔女裁判の前に、こうした和解への可能性を含んだ法的営みがありえたのである。

〈注〉

1　Helga Schnabel-Schüle, "Rechtssetzung, Rechtsanwendung und Rechtsnutzung. Recht als Ursache und Lösung von Konflikten", in（ed.）, *Devianz, Widerstand und Herrschaftspraxis in der Vormoderne. Studien zu Konflikten im südwestdeutschen Raum（15.-18. Jahrhundert）*, Konstanz: UVK, 1999, S. 296.

2　池田利昭『中世後期ドイツの犯罪と刑罰―ニュルンベルクの暴力紛争を中心に』（北海道大学出版会、2010 年）2-25 頁に詳しい。

3　魔女研究における「司法利用」をめぐる一連の議論については拙稿「魔女研究の新動向―ドイツ近世史を中心に」『法制史研究』第 65 号（2017）、118-120 頁を参照。

4　水審一般については以下を参照。Peter Dinzelbacher, "Swimming Test", in（ed.）, *Encyclopedia of Witchcraft: The Western Tradition,* Vol. 4, Santa Barbara: ABC-Clio, 2006, pp.1097-1099. ロッセル・ホープ・ロビンズ、松田和也『悪魔学大全』（青土社、2009 年）579-581 頁。

5　Gudrun Gersmann, "Injurienklagen als Mittel der Abwehr von Hexereiverdächtigungen – ein Fallbeispiel aus dem Fürstbistum Münster", in（ed.）, *Ehrkonzepte in der Frühen Neuzeit. Identitäten und Abgrenzungen,* Berlin: De Gruyter, 1998, S. 239 f.

6　Ebd., S. 262 f.

7　Ebd., S. 241, 264.

8　ケルン選帝侯領の罰金手続きについては以下を参照。Ulrich Eisenhardt, *Aufgabenbereich und Bedeutung des kurkölnischen Hofrates in den letzten zwanzig Jahren des 18. Jahrhunderts*, Köln: Verl. d. Gürzenich-Buchhandlung Wamper, 1965, S. 41-43.

9　Gerhard Schormann, *Hexenprozesse in Nordwestdeutschland*, Hildesheim: Lax,

1977, S. 94 ff.

10 Ralf Peter Fuchs, "Der Vorwurf der Zauberei in der Rechtspraxis des Injurienverfahrens. Einige Reichskammergerichtsprozesse westfälischer Herkunft im Vergleich", *Zeitschrift für neuere Rechtsgeschichte*, 17, 1995, S. 1-29, hier S. 4.

11 『魔女への鉄槌』第三部問題 23（229A-230A）。引用は 229B-229C. Christopher S. Mackey (ed.), *Malleus Maleficarum,* Vol. 1, Cambridge: Cambridge UP 2006, pp. 651-652.

12 Rainer Decker, "Die Hexenverfolgungen im Herzogtum Westfalen", *Westfälische Zeitschrift*, 131/132, 1981/1982, S. 339-386, hier 346. Fuchs・前掲注（10）, S. 4. ただし、このケースは妖術の被害者とされたのがラント代官の妻であり、妻の復讐に駆り立てられた代官がとりわけ厳しくこの手続きを進めたという特異な背景もあった。

13 15 世紀初頭の『訴訟鑑』、ヴォルムス改革都市法典（1498）、ウルリヒ・テングラーの『素人鑑』（1509）などがある。Mario Müller, *Verletztende Worte. Beleidigung und Verleumdung in Rechtstexten aus dem Mittelalter und dem 16. Jahrhundert*, Hildesheim: Georg Olms Verlag, 2017, S. 294-297. 当局に対する名誉棄損など特に重要な場合にのみ職権による手続きが行われ、多くは私的訴訟であった。Lingelbach, "Injurienklage", in: *Handwörterbuch zur deutschen Rechtsgeschichte,* Bd. II, Berlin: ESV, Sp. 1221-1222.

14 Müller・前掲注（13）, S. 297.

15 Walter Rummel, *Bauern, Herren und Hexen. Studien zur Sozialgeschichte sponheimischer und kurtrierischer Hexenprozesse 1574-1664*, Göttingen: Vandenhoeck & Ruprecht, 1991, S. 149.

16 『素人鑑 Leienspiegel』の規定を参照。「名誉棄損に関する民事訴訟の形式について。裁判官よ、汝の前に N という者が N に対して件の n がいかに彼を、n から n の期間に、売春婦の息子、悪党、泥棒、異端者などと罵り、誹謗文あるいは彼に対する中傷的な歌、詩をでっち上げ、広めたと訴えている。あるいは、彼の身体、名誉、財産が傷ついたので、彼はそれを甘受するならばむしろ N グルデンを失う〔ことを望む〕。彼は件の N が彼に不法をなし、罪ありと法的に認めることを要請する。それに関し、指定の N グルデンを汝が調整して変更し、支払いをさせ、また今後それ〔中傷行為〕を避けるよう確認する」。Müller・前掲注（13）, S. 296 より引用。

17 Müller・前掲注（13）, S. 247-277.

18　Fuchs・前掲注（10），S. 12.

19　Paul Wigand, *Denkwürdigkeiten für deutsche Staats- und Rechtswissenschaft, für Rechtsalterthümer, Sitten u Gewohnheiten des Mittelalters; gesammelt aus dem Archiv des Reichskammergerichts zu Wetzler; nebst einer Denkschrift über Geschichte, Schicksale, Inhalt u Bedeutung jenes Archivs*, Leipzig: Hirzel, 1854, S. 316.

20　Ebd., S. 317.

21　Fuchs・前掲注（10），S. 10.

22　Wigand・前掲注（19），S. 318.

23　Fuchs・前掲注（10），S. 11.

24　帝国最高法院における魔女裁判全般については以下を参照。Peter Oestmann, *Hexenprozesse am Reichskammergericht*, Köln: Böhlau, 1997. また近年の研究では、「臣民（都市民・農民）の上訴裁判所」としての帝国最高法院の機能が注目されている。澁谷聡「近世ドイツ帝国裁判所をめぐる研究動向」池田嘉郎、草野佳矢子編『国制史は躍動する』（刀水書房、2015 年）、61-79 頁。

25　Ralf Peter Fuchs, "Injurienprozess", *Historicum.net* (*Lexikon zur Geschichte der Hexenverfolgung*), 2008, URL: https://www.historicum.net/purl/b7zrh/（最終アクセス 2019 年 7 月 29 日）

26　Ebd.

27　Fuchs・前掲注（10），S. 12.

28　Rummel・前掲注（15），S. 149-156.

29　Staatsarchiv Münster, Bestand Reichskammergericht E727. Magdalena Padberg, *Ein außergewöhnlicher Hexenprozeß. Von Esleve contra Volmers/Hoberg*, Arnsberg: Strobel-Verlag, 1987.

30　エスローエは大変小さな地所で、1536 年の最も古い記録ではたった 6 家族がいたにすぎず、1800 年頃にも子供が 18 人、成人が 63 名と大きな人口増加はなかったようである。Ebd., S. 8 f.

31　Ebd., S. 11-14.

32　同地域は選帝侯に対して比較的自立性を保っていたため刑事裁判に関してはその領域内で完結し、上級裁判所を持たなかった。拙著『近世ドイツの魔女裁判―民衆世界と支配権力』（ミネルヴァ書房、2015 年）39, 74-82 頁。

33　1605 年 6 月 12 日付けの書簡と被告から選帝侯への請願（日付なし）。Padberg・前掲注（29），S. 26-29.

34 Ebd., S. 28.

35 Ebd., S. 29.

36 Decker・前掲注（12), S. 381 f.

37 Padberg・前掲注（29), S. 29 f.

38 Ebd., S. 30 ff.

39 Ebd., S. 38 f.

40 Ebd., S. 42-45.

41 Ebd., S. 45 ff.

42 Ebd., S. 62.

43 Ebd., S. 65-70.

44 Ebd., S. 88.

45 Ebd., S. 74 ff.

46 Ebd., S. 76 ff.

47 Ebd., S. 94 f.

48 Ebd., S. 115 ff.

49 Ebd., S. 117 f.

50 Ebd., S. 126 f. この鑑定と判決起草には、起草にあたった法学者一人につき5
    ライヒスターラーが支払われた。

51 Ebd., S. 130 f.

52 Ebd., S. 141.

53 Guido Rothhoff, "Gerichtswesen und Rechtsordnungen", in (ed), *Kurköln. Land
    unter dem Krummstab. Essays und Dokumente*, Kevelaer: Butzon & Bercker,
    1985, S. 262 f.

54 Padberg・前掲注（29), S. 144 f. この罰金額は一審でフォン・エスレーヴェに
    科された原告両者への支払いを合わせたよりもさらに多い。

55 Ebd., S. 154.

56 Ebd., S. 162.

57 Ebd., S. 169 f.

58 Ebd., S. 168 f.

59 Fuchs・前掲注（10), S. 16.

第4章

旧韓末期朝鮮の日本影響下における
「訴訟観」の変化

岡 崎 ま ゆ み

はじめに

　1905 年、韓国（大韓帝国）[1]と日本の間で締結された第二次日韓協約（乙巳保護条約）は、日本による韓国の「保護」を確立した。第二次日韓協約による保護は、その条約内容から一般に韓国外交権の接収を目的としたものと理解されている。しかし実際には、外交権接収を目的とするがために、様々な側面において、内政権にも一定の直接的な干渉を加える契機にもなっていた。その意味では、日本による「保護」の対象が韓国の外交権から内政権へと徐々に浸潤したという、従来の単線的な理解は不十分であろう。この点について、筆者は以前にも指摘したことがあるが[2]、その際には「保護条約によって日本が韓国の外交を掌握し、ハーグ密使事件以後は内政も徐々に簒奪されていったとする既存研究の図式を当然の与件とすることなく、第二次日韓協約が実際にどのように運用されたのか」[3]という問いまで答えることができなかった。

　ところで、第二次日韓協約によって設置された統監府において初代統監となった伊藤博文は、当時最重要の課題として司法制度改革を挙げていた。当

時伊藤は、韓国司法の現状について「韓国ニ於テ最進歩セサルハ裁判事務ナ
リ今日ノ情態ニテハ到底見込ナシト云フモ可ナリ……韓国ニ於テハ文明的ノ
意味ニテ所謂裁判ナルモノナキ……今日ノ裁判情態ニテハ外国人ニ対シテ之
ヲ裁判所ニ起訴セヨト勧告スルコトヲ得ス」[4]と考えていた。また後述のよ
うに、このことは伊藤に限らず、統監府関係者の共通認識でもあった[5]。こ
のような認識から、接収した韓国外交権の運用につき、諸外国からの干渉を
受けず韓国を日本の独占的影響下に置くため、具体的には韓国における治外
法権撤廃のもくろみと密接に関わりながら、「文明的」な裁判制度の整備を
急務としたのである。その後、1907 年にはハーグ密使事件を契機として第
三次日韓協約（丁未七条約）が締結され、日本は韓国内政権を全面的に掌握
した。これを機に、韓国の裁判所には多数の日本人判検事が雇用されるなど
して、韓国司法は併合に至るまで加速的かつ全面的に日本の独占的影響下に
置かれることとなった[6]が、この段階で初めて韓国司法への日本の影響が及
んだわけではなかった。むしろ、その素地は保護以前に用意されていたので
ある。

　朝鮮では 1894 年以来、甲午改革を契機として「近代化」が推し進められ、
翌年には内閣制度が発足して各部には日本人顧問が登用されていた。日本人
顧問のもと、同年 3 月から 2 ヶ月の間で、班常貴賤の身分・奴隷制度の廃止、
科挙の廃止、早婚の廃止、再嫁の自由といった急進的な開化的立法が相次い
で公布されたが、そうしたなか法律第 1 号として公布されたのが裁判所構成
法であった[7]。裁判所構成法は、外形的には「近代的」な裁判制度を朝鮮に
もたらすことになったものの、一方で訴訟当事者や裁判担当者の法観念や裁
判の実質面では多分に伝統的要素を残していたと、旧韓末（とりわけ 1895
～ 1906 年間）の民事訴訟実態について分析した文竣暎は評価する[8]。とは
いえ、外形的であれ、当該時期において法規範や司法機能が思想的・制度的
に近代法システムへ転換が図られ[9]、朝鮮における裁判の意味付けに少なか
らず変化をもたらしたこともまた事実であろう。このことは、とりもなおさ

ず裁判を通じて「法」を利用する人々にとっての、訴訟観や「法」の意味自体をも変容させるきっかけとなったはずである。

　そこで本稿では、日本による直接的な韓国司法統治の素地となりえた旧韓末（主に 1895 ～ 1907 年）朝鮮における「訴訟観」の転換とその意義について、当該時期の民事判決記録を通じて考えてゆきたい。

1　旧韓末における裁判機関の組織と運用

（1）　裁判機関の組織変遷

　前述のように、甲午改革の一環として司法制度の「近代化」が図られたことで、1895 年に裁判所構成法が制定された。これにより地方裁判所、漢城裁判所、開港市場裁判所、巡回裁判所、高等裁判所（のち平理院に改組）、特別裁判所の 5 種の裁判所が設置され、二審制が採用された。このうち、漢城裁判所と高等裁判所は新設裁判所であり、法部大臣を裁判長として比較的早くに開設され、「近代的」な法教育を受けた専門職たる判検事が配置されることもあったが、他方で各道の地方裁判所と開港市場裁判所は、それぞれの観察府と開港市場監理署に付設され、人材確保の困難から、従来と同様に行政官である観察使と監理が裁判官を兼務することとなった。また巡回裁判所は実際に運用されたことはなく、特別法院は皇族に関する刑事裁判所として王命で臨時に開設される裁判所であった。末端の行政単位（郡）でも行政官である郡守が従前どおりに裁判業務に対応しており（郡守裁判）、結局のところ、新設の高等裁判所と漢城裁判所を除き、当該時期に実際に運用されていた裁判組織は、行政と司法の未分離という点で、形式はともかく、実質的には従前と異なるところがなかったのである [10]。もっとも、裁判所構成法にもとづく新しい裁判制度を運用するためには、それまで一体化していた行政と司法を分離する必要があったが、このことは反面では、従前行政官が裁判事務を行うにあたり有していた各種の権限や利得（後述）を制限すること

116

を意味したため、既得権益を奪われる従前からの行政官による反発は免れられなかった。また分離したとしても、司法を専門に担う「司法官」の確保には時間と予算を要した。結局、当分の間は特例により判検事を行政官から採用することを認めざるを得なかったのである。ただし、こうした貫徹されない「近代的」裁判組織のあり方が、のちに伊藤博文によって「韓国モ開闢以来支那ト均シク裁判ナルモノハ普通行政ノ一部トシテ行政官ノ職権中ヨリ離ルヘカラサル必要アルモノト認メ今日ト雖韓人ハ尚司法行政ノ区別ニ重キヲ措カス」「韓国ノ訴訟ハ官吏ノ之ニ利害関係ヲ有スルカ如キ場合少カラサル」「韓国ノ地方官ハ従来普通行政権ト司法権ヲ併有シタルモノ」などと評され[11]、司法が普通行政と未分離で、韓国の地方官が司法権を駆使し私的な利益を追求してきたという見解のもとに、統監府設置以降において司法が主たる施政改善対象となる原因にもなった[12]。

　しかしながら、司法の「近代化」を含めて甲午改革による各種の急進的な政策断行はかえって朝鮮の人びとを混乱させ、さらに閔妃殺害事件（1895年）の余波から反日感情の高まりを受けて、日本の政治的影響に対する反発は高まった。その結果、1898年には「大韓国国制」が公布され、大韓帝国の自主独立や皇帝による専制政治が明白に宣言されるなど、改革からわずか4年後には、その反動から復古的な政策方針に転じることとなってしまった。司法の「近代化」政策も一連の復古的政策の煽りを受け、1899年には裁判所構成法が改正され、漢城裁判所も行政官庁である漢城府へ（一時的ではあったが）戻されることになる[13]。結局のところ、かろうじて行政から司法を分離したように見えた外形的な裁判組織ですら維持できず、裁判組織の形成を通じたこの時期の司法の「近代化」は、未達成に終わったと言わざるを得なかった。

　その後、裁判組織に大きな変化が生じたのは、本稿の冒頭で触れた第二次日韓協約（1905年）の締結以降である。統監府の設置とともに、司法事務の直接指導を名目として、韓国法部に日本人法務参与官が、さらに平理院、

漢城裁判所、13 の地方裁判所、11 の開港裁判所に、日本人法務補佐官（あるいは法務補佐官補）がそれぞれ配置された（実際に各裁判所で裁判実務に当たった法務補佐官たちが、当時朝鮮司法の実態をどのように認識、評価していたかについては、次章で取り上げる）。

　また本稿の射程よりもあとの時期になるが、その後の旧韓末裁判組織の変遷についても言及しておこう。1907 年 7 月には第三次日韓協約が締結され、該条約第 3 条では「韓国ノ司法事務ハ普通行政事務ト之ヲ区別スルコト」と明記された。すなわち、1907 年 12 月には新しい裁判所構成法（隆熙元年法律第 8 号）、裁判所設置法（同第 10 号）ほか附属法令が相次いで制定され、新設された大審院・控訴院・地方裁判所・区裁判所の四種三審制の採用に従い、大審院長と各裁判長はすべて日本人から任命されたほか、各裁判所には多くの日本人判検事が登用され、朝鮮人および日本人裁判官による「混合裁判」が行われるようになった[14]。ここにおいて、従前のいわゆる「郡守裁判」の廃止が事実上決定的となった。また、この頃を機に裁判所での公式言語として日本語が用いられるようになり、朝鮮語話者の裁判は通訳官を通じた間接審理が原則化された[15]。裁判実務を通じた日本人による具体的な司法関与の深度が増すなか、1909 年には「韓国司法及監獄事務委託ニ関スル覚書」が交わされ、韓国政府は裁判所及び監獄、さらに法部を廃止して、司法と監獄事務すべてを日本に委託することとなった。これと同時に日本は統監府裁判所令（明治 42 年 10 月 18 日勅令第 236 号）を新たに公布し、旧韓国裁判所の三審四階級制を引き継ぐかたちで裁判組織を統合した（この時、大審院は高等法院へ改称された[16]）。韓国併合後、1912 年の改正朝鮮総督府裁判所令（明治 45 年 3 月制令第 4 号）により、区裁判所と地方裁判所は地方法院へ、控訴院は覆審法院へと改称されたが、植民地期における朝鮮の裁判体制は、とりわけ組織的構造において、行政と司法の分離という司法の「近代化」にとって不可欠な要素が目に見えて着手されたことに注目すれば、甲午改革に始まり第二次日韓協約以降に本格化し、韓国併合前に事実上完成し

ていたといえよう。

（2） 旧韓末における民事裁判の運用実態

　従来、朝鮮社会は「民俗好訟」[17]（民の習俗は訴訟好き）と言われ、人びとにとって裁判は決して珍しいものではなかった。その様子は民状置簿冊という裁判関係資料から窺うことができる[18]。とりわけ朝鮮後期から旧韓末の間に多くみられたのが山訟（墓所たる山林をめぐる裁判）、田訟（田畑宅地をめぐる裁判）、債訟（金銭債権をめぐる裁判）、於音訟（約束手形に類するものをめぐる裁判）であった。

　裁判は各道の郡守や観察使が行政事務の一環として担当し、民事事件の訴訟当事者や証人も出頭を強制された。訴訟代理制度が確立していたわけではなかったが、士族婦女子には代訟が認められており、子や婿、孫、姪、奴婢などが法廷に出頭して訴訟を代理することができた。取引文書や裁判関係書類の作成については、里洞長や儒生、吏胥に代書を依頼する場合も多く[19]、むしろ裁判を担当する行政官に法的知識が不足している場合は、裁判実務を担当する術前が当事者から訟頼（賄賂）を受け取り、訴訟の代筆や訴訟指導を行なっていたともいわれている[20]。さらに旧韓末には『儒胥必知』と呼ばれる法律書式集が発刊され、一般民衆でも定型化された訴状（所志）や契約書の書式を知ることが可能な環境にあった[21]。ただし、当時のこのような朝鮮社会の法生活に対して、たとえば旧韓末の1897年には、韓国法部が次のように訓示して「非理好訟」の弊風を戒めている。すなわち、

　　ソウルや地方の人間が所志（訴状）を提出し、訴訟をする者たちが事の大小や理致の是非を考える事なく、まず請嘱することだけを意図し、あるいは情で付託し、あるいは脅しと権勢で相手方を押さえ込み、あるいは財物で判決を左右して、訟事聴理する官人に対して精神を惑わせ、訟事の理致を不公平にさせている……自今以後、訟事する者で、訴状を提

出する者は、請嘱を企図することをやめ、それによって自ら処罰を受けることがないようにすべし[22]

1895 年、民刑訴訟規程（法部令第 3 号）によって、将来的な弁護士制度の導入を想定して訴訟当事者が裁判所の許可を得て「代人」へ委任することや「補佐人」を同伴して法廷に立つことが正式に認められたが、実際には朝鮮社会における裁判の多くを担当した郡庁周辺で活動していた、いわゆる「訴訟ゴロ」がその任を請け負っていた。彼らは告訴を教唆することもあれば、証拠文書を偽造するなどして訴訟を誘導して生業とし、また訴訟当事者たちは裁判官たる行政官に金品を送って請託する、といった行為が横行していた。そのようにして、一度判決が下った事案であっても、なんども訴訟が蒸し返されて勝敗が覆り、こうした状態は朝鮮後期以降、甲午改革を経て高等裁判所や漢城裁判所が新設されても事実上継続しており、韓国法部はこの常態を問題視していたのである[23]。

ところで、なぜ裁判は繰り返されたのだろうか？このような訴訟提起をめぐる乱雑さは、朝鮮従来の裁判システムに起因するところが大きい。そこで、朝鮮従来の裁判システムについて、山訟を例に見ておこう[24]。

朝鮮の伝統的な民事裁判は、実定法や法原則、契約の解釈を通じて権利義務関係を確認し、その確認された権利義務を履行させることが裁判の第一義ではなかった。この点、旧韓末民事訴訟研究の第一人者ともいえる文竣暎によれば、刑事裁判的性格と強く関連して、判決の焦点は誰が権利者であるかを明らかにすることではなく、誰に非難されるべき「悪行（詐、勒、圧）」なり「失敗（失）」があったかを明らかにするためのものだった、と特徴づけられるとする[25]。そのために、当事者の「理」を聞き、情を察し、当事者を諭し、無念を解き、当該事件の解決に適した「理」を探す過程が裁判であった。したがって、判決の正当性は必ずしも法に適合した判決であるとか権威に依拠するのではなく、情理に照らして当事者が承服できるかに依って

いた。当事者の承服による「無訟」状態への到達こそ、理念的な事件の終局だった[26]。しかしながら、実際には「無訟」状態はおろか、その理念のためにかえって事件が混迷した訴訟もあった。山訟がその好例である。

　朝鮮では儒教思想にもとづく葬礼慣習が王朝時代（14C末〜20C初）を通じて展開され、その方法は、山林の地表を切り開き盛り土（封墳）を築いて死者を埋葬し、そこで祭祀を行うというものだった。墳墓から一定歩数内[27]の附属地は祭祀者の占有地となるため、それを名目にして広大な林野を占拠する事例が多発し、あるいは風水上で吉地とされる土地をめぐって[28]、墓所や附属土地の境界を争う裁判が頻発したのである[29]。ところが、山訟は朝鮮社会の最基底をなす「祭祀」に関わる事柄であるから、訴訟当事者は両者とも譲らず争いが代々引き継がれることも少なくなかった。なかには、残存する裁判記録上だけでも100余年に渡って裁判が繰り返された事例もある[30]。このような事態に対して、提訴の期限[31]や回数制限[32]といった様々なかたちで裁判手続きに関する制限規定が出されたものの、人々は裁判の担当行政官が変わるごとに、それらのルールを無視して訴訟を提起したし、また権勢ある者は自己の権威を利用して再度訴訟を提起し、裁判の担当行政官たちもまたその権威を恐れ、あるいは裁判過程における賄賂の授受などを通じて、当該制限規定は事実上死文化していった[33]。

　外形的には法に依拠したように看て取れる判決文であっても、実質的にはその法の背後にある「理」[34]を適用したものに他ならず、その「理」の表現方法として法が用いられていたのであり[35]、この意味において、伝統的な朝鮮社会における法は、あくまで「理」を補充するものに過ぎなかった[36]。だからこそ、法があっても、法が予定する結論とは異なる判断が情理によって下ることもあったし[37]、訴訟当事者が承服しなければあらゆる方策を尽くして再び裁判が提起された。本稿では山訟を例に挙げたが、このようにして「繰り返される裁判」は朝鮮社会に定着し、また人々の裁判というものに対するこうした認識も旧韓末まで継続されたのである。これに対し、旧韓末以

降に展開された司法制度の「近代化」過程は、「理」に従属するものとして位置づけられた「法」を、紛争解決における絶対的根拠として再定置する過程であったと言い換えることができよう。

2　統監府期における日本人の韓国司法認識

　前述のように、第二次日韓協約を契機として 1906 年に統監府が設置されて以降、韓国内の主要な裁判所には日本人の法務補佐官、あるいは 1907 年以降には各裁判所に日本人判検事が配置された。かれらは直接に旧韓末の裁判実態に何を見て、何を問題として捉え、どのようにしていくべきだと考えていたか。1940 年、原正鼎司法協会長による呼びかけで、「本年は紀元二千六百年を迎へ又朝鮮の施政三十週年に当り且司法協会創立二十週年に相当するので」「先輩各位の半島司法事務の内外に関する回顧談、顕著なる事件の処理に付ての感想其の他個人的の逸話、秘話等を掲げて史実を後代に残したいと云ふ趣旨」[38] から、かれらは旧韓末に着任した当時を振り返る座談会を開催している[39]。この時の資料に、併合前の日本人司法官による朝鮮司法への態度がよく表れているので、以下ではそれらをもとに、日本人の朝鮮司法制度に対する同時代的な認識について検討してみたい。

　1907 年 6 月 16 日、韓国に招聘された司法官たちが、伊藤博文の官舎に訪問して[40] 韓国司法事務改善に関する訓示を受けており、その際に交わされた談話メモが上記の座談会で取り上げられた。このなかで、当時検察官として韓国に赴任していた松寺竹雄（のち朝鮮総督府法務局長）は、次のように韓国司法を回顧している。

　　判決ノ形式ニ就テモ開国五百四年ノ法律（筆者註：民刑訴訟規程）ヲ以テ規定セルニ拘ラズ、訴状ノ一端ニ一、二行ノ指令ヲナスニ過ギザルガ如キ状態ナリ。尤モ平理院及漢城裁判所ノ判決ハ比較的ニ其ノ体ヲ為

シ、理由ヲ附シタル判決書ヲ調成スレドモ、地方ノ判決ハ殆ド指令ノミニシテ児戯ニ類スルモノナリ、又民事判決ノ執行ニ付テモ完全ナル規定ナク、執行機関タル執達吏ノ制度更ニ行ハレズ、随テ民事上ノ勝訴者ハ其ノ権利ヲ行使スル能ハザルガ故ニ、民事上ノ被告人ヲ久シク拘留スルガ如キ過酷ナル手段ニ出デザルヲ得ズ、要スルニ手続上ノ法規ハ不備ナル点多シ [41]

さらに通訳官の不足について言及した伊藤の発言に対して、

内部ニ於テ任命セル通訳官ニ兼任セシメツヽアレドモ、該通訳ハ観察使ノ転任スル毎ニ更迭スル者多キノミナラズ、其ノ多クハ判任ニシテ、俸給ハ一ヶ月僅ニ二十五円ナルガ故ニ、京城ヨリ遠隔ノ僻地ヲ好マザルモノアリテ欠員ノ儘ナルモノアリ、斯ル地方ニ於テハ不得止警察ノ通訳又ハ郵便局ノ通訳ヲ随時嘱託使用スルガ如キ有様ナリ [42]

　ここではまず判決の形式について、かろうじて平理院、漢城裁判所は除き、その他の裁判所では不統一かつ１〜２行程度の「指令文」で終わっていること、また民事訴訟で勝訴しても執行機関が機能していないことを問題視している。さらに、（日本人が判検事として各裁判所に配置された後のことを対象としているのだろう）通訳官の数的・能力的不足についても指摘している [43]。また松寺は、裁判の審理過程に関して、

御承知ノ如ク判事ハ総テ観察使又ハ府尹ナルヲ以テ行政事務ノ傍ラ訴状ヲ一読シテ書面審理ノミニテ裁判ヲ為スモノ多ク、最慎重ニ裁判スル場合ニ於テハ偶々対審ニ依リ判決スルニ過ギズ、証人参考人等ヲ召喚スルハ至テ稀ナリ。是レ畢竟経費ノ出所無キト交通不便ノ然ラシムル所ナルベシ。郡ニ至リテハ裁判ノ件数殊ニ多ク、郡守ノ事務ノ八分ハ裁判ニ関

スルモノニシテ、純然タル行政事務ハ僅ニ其ノ二分ニ過ギズ[44]

審理が基本的には書面で済まされ不十分であること、さらに郡庁で取り扱われる裁判件数は多く、行政事務のほとんどが裁判事務に費やされるために、判決文が不十分な内容のまま作成されざるを得ないことを問題としている。そこで、郡守の裁判に対する権限について次のような指摘をしている。

裁判ニ関スル郡守ノ権限ハ頗ル曖昧ナリ。開国五百五年即建陽元年ノ勅令ニ郡守ヲシテ裁判ヲ為サシムルコトヲ規定シタルモノアリト雖、郡守ハ判事ニアラズ郡衙ハ裁判所ニアラズ、故ニ此ノ際郡守ヲ総テ判事ニ任命シ郡衙ヲ総テ裁判所ト為スノ可否及郡守ノ裁判ニ制限ヲ設クルノ可否等ニ関シ……[45]

このように郡守の権限の明確化を伊藤に対して問うところ、伊藤は「民事ハ大小ノ区別ナク郡守ヲシテ之ヲ裁判セシメ、観察使ノ裁判ヲ二審トシ……自分ハ決シテ之ニテ満足スル次第ニアラザルモ今日ノ所致方アラザルベシ。但シ控訴ノ期限ハ之ヲ定メ置クノ必要アリト信ズ」[46] として松寺の問いに積極的な回答は示さなかったが、裁判の訴訟数を抑えるために「控訴ノ期限」を設けることを提案している。

　さて、本稿の主題との関係から最も重要なのは次の指摘であろう。

尚、手続上ノ欠点ニ付テ更ニ一言スレバ、韓国ニハ所謂確定判決ナルモノナシ、平理院ノ判決ハ確定ナルベキ筈ナルモ、敗訴者ハ直ニ請願ノ形式ヲ以テ平理院又ハ法部ニ該判決ノ変更ヲ求ムルモノアリ、或ハ勢力家ノ声援ヲ藉リテ其ノ目的ヲ達スルモノアリ、是ニ於テ小官共ハ先日平理院及漢城裁判所ノ補佐官ト約束シテ成ルベク判決ヲ変更セザルコトニセリ[47]

　当事者が判決に承服しない場合には、あらゆる方策を通じて再び裁判を提起して判決を覆そうとする朝鮮社会の訴訟観について前章で触れたが、ここでの指摘は「陳情」という手段を通じて、その訴訟観が当該時期においても依然として継続していることを示していよう。松寺はこの点、他の日本人司法官たちと「成ルベク判決ヲ変更セザルコトニセリ」と約して、「確定判決」の固持を企図しており、伊藤も松寺の発言に対して、「平理院ノ判決ヲ最終トセザレバ平理院ヲ置クノ妙ナシ、確定判決ニ対スル請願ハ之ヲ許サザルコトニ為サザルベカラズ」[48] として「確定判決」の確保に賛意を寄せていた。

　続いて、島村忠次郎（法務補佐官）は京畿道地方裁判所に赴任していたが、裁判の審理過程や判決文の特徴について次のように語っている。

　　民事問題に付ても一箇条丈申上げます、民事訴訟の法規は不完全極まるので、裁判官は其の一切を自由裁量でやつて居る実状であり、当事者は其の主張なり抗弁なりを力説し口角泡を飛ばして論争を事とし、証拠の提出を寧ろ閑却するの風があり、而して議論に負けた者は敗訴となり、判決書にも敗訴者に対して辞屈すと云ふ辞句を使ふのを屢々見受けました[49]

本稿との関係で興味深いのは、「議論に負けた者は敗訴」し「辞屈すと云ふ辞句を使ふ」という点である。前章において朝鮮の伝統的な民事裁判では、判決の焦点は誰が権利者であるかを明らかにすることではなく、当該事件の解決に適した「理」を探すことにあると指摘した。「辞屈」とはまさに理がないという意味であるから、当該時期でも依然として法ではなく「理」による朝鮮社会の従来の裁判のあり方が継続していたことがわかる。

　他方で日本人判事として平壌地方裁判所に赴任した辻秀春は、民事裁判の実態について、辻は次のように述べている。

　　　　民事の訴訟手続は民事訴訟規則に依つてやりましたが、実体法として
　　　　は、主として日本民法に基づいてやりました。時にはむづかしい事件も
　　　　あつたが、多くは金銭貸借、土地の争ひ、家屋の争ひ、墳墓の争ひの四
　　　　種で、さ程むづかしい事件には出会はず、一般の事件は極めて容易でし
　　　　て、日本民法を知つて居れば、親族関係の事件の外は大抵裁判は出来た
　　　　ものです[50]

　辻が担当した裁判は、その多くが財産法をめぐる争いであり、その場合には
「法」（具体的には内地の明治民法）で判決を下していたことがわかる。ここ
では、少なくとも「理」による裁判ではなく、むしろそれに従属するものと
して位置づけられていた「法」が、紛争解決における絶対的根拠として再定
置されていたと見ることが可能である。
　以上のように、朝鮮に渡った日本人司法官たちの朝鮮司法制度に対する
様々な同時代的な認識に対して、伊藤博文は 1908 年 6 月 13 日、統監府で司
法官に向けた訓示のなかで次のような基本的態度を示した。

　　　　自分ハ先以テ司法権ノ独立ヲ韓国政治改良ノ劈頭ニ掲ゲタリ。然ラバ新
　　　　ニ設置シタル裁判所ニ於テ適用スベキ法律ハ如何ト云ヘバ、是レ半歳一
　　　　年ヲ以テ編纂ヲ了シ得ベキモノニアラズ、然レドモ法律ノ編纂成ルヲ待
　　　　テ司法ノ改善ニ著手センカ、徒ニ歳月ヲ空費セザルベカラザルガ故ニ、
　　　　自分ハ裁判所ノ設置ヲ第一トシ、法典ノ編纂ヲ第二ニ置キタリ。斯ノ如
　　　　ク司法権ノ独立ハ自分ノ眼中ニ在テハ百般ノ改良中其ノ最重要ヲ為スモ
　　　　ノニシテ、之レナクンバ百事改良ノ効ナシト信ズ[51]

　伊藤にとって「司法権ノ独立」、すなわち「近代的」な裁判所による裁判運
営こそ、韓国統治上の最重要課題であった。そして「理」ではなく法に依拠

した判決とその判決の確定的効力、既判力の確保は、「司法権ノ独立」と表
裏の関係にあった。確かに、ここで日本人司法官たちが繰り返し述べている
のは、かれらが韓国裁判所に赴任して目の当たりにした「理」による裁判で
あり、かつ判決の確定的効力が欠如しているために「陳情」によって判決が
覆されるという、「司法権ノ独立」を到底担保できない裁判実態であった。
しかし一方で、松寺が「平理院及漢城裁判所ノ判決ハ比較的ニ其ノ体ヲ為
シ、理由ヲ附シタル判決書ヲ調成」していたと述べるように、まったく「近
代的」な裁判が行われていなかったわけでもないようである。そうであるな
らば、1895年の裁判所構成法施行から1907年に第三次日韓協約が締結され
て日本人判検事が韓国裁判所に登用されるまでの約12年間は、朝鮮社会に
おける訴訟観に果たしてどのような影響を与え、どのように位置づけること
ができるだろうか？

3　『旧韓末民事判決原本』の分析

（1）　旧韓末期における民事判決原本の所蔵状況

　1895年に裁判所構成法が施行されたのと同時に、民刑訴訟規程（前出）
が定められた。民事訴訟に関わる条文はわずか25ケ条に過ぎなかったとは
いえ、韓国における民事事件の手続法として嚆矢となるものであった。民刑
訴訟規程は、裁判手続において民事と刑事とを初めて区別した点で画期的で
あったが、民事手続において訴状や答弁書、判決書、執行命令書などの名称
を導入、その記載様式を明確化し、裁判管轄や訴訟費用についても定めたこ
と、また判決書の作成には理由を付すことを義務化し、判決書の中に判決内
容ならびに判断根拠を明確化させたことも、裁判の「近代化」を形式的側面
から支えたものとして評価できよう。もっとも、25ケ条の簡易な条文では
訴訟実務には不十分だったため、適宜諸法令によって補充された。
　さて、民刑訴訟規程のもとで1895年以降に作成された民事判決原本が、

韓国の各国家機関に所蔵されている。イ・スンイルによる情報公開請求によって明らかにされたところによれば、現在、法院記録保存所には 1895 ～ 1910 年間の判決集が約 403 巻所蔵されている。これらの判決集について原本は直接閲覧不可だが、その約 37% にあたる 151 巻分は、2009 年より法院図書館ホームページ上で原本の画像が公開されており、誰でも閲覧することが可能になっている[52]。この他、国家記録院にも民事判決原本の所蔵があるとのことだが目録がなく、また法院記録保存所のような公開・閲覧が不可のため、所蔵状況は明らかではない[53]。さらにこれとは別に、2007 年に法院図書館が公刊した『旧韓末民事判決集』計 52 巻がある[54]。これは、法院図書館がソウル中央地方裁判所ないしソウル・大田地区法院保存文書管理所が保存している民事判決原本中、1895 年から 1908 年までの間で、高等裁判所（平理院）、漢城裁判所、京畿裁判所、漢城や仁川の日本領事館などで出された民事判決原本を影印したものである。本稿ではこの『旧韓末民事判決集』中、試みとして主に漢城裁判所における判決文を射程とし、当該時期の民事判決文の形式や内容的特徴、それまでの朝鮮社会の訴訟観とどのような決定的な違いが見られるか、その意義とは何かについて検討したい[55]。

（2）　判決文の形式的特徴

『旧韓末民事判決集』に採録された漢城裁判所および高等裁判所（平理院）における判決文の構成にみられる特徴的な点は、概ね次の 3 点である。

　第一に、訴訟当事者が法廷で自称する「身分」の多様性である。「平民」や「商民」、官職名[56]、「進士」「儒業」「幼学」[57] など、多様な身分表記が見られるが、第一審と上訴審とで名称が異なる例[58] もあり、必ずしも身分表記に統一的な基準が適用されていたわけではないようである。また身分欄に「召史」という記載も比較的多く、女性の訴訟参加機会も珍しくなかったことが窺える。第二に、「代言人（弁護士）」を伴う場合は、第一審よりも上訴審（高等裁判所あるいは平理院）においてよく見られるという点である。単

に「代言人」と表記する場合もあり、この場合必ずしも弁護士資格を有した
ものではない可能性もあるが、「代言人弁護士」あるいはその人名から弁護
士資格を有したものであることがわかる場合もあり、総じて弁護士による訴
訟代理は、上訴審から始まったと見てよいだろう。第三に、漢城裁判所や高
等裁判所（平理院）の「判決書」の書式は、概ね原告・被告名のそれぞれ横
に適宜「訴訟代理人（代言人）」の名が記され、その後ろに判決要旨、理由、
判決日、判事・書記の署名が続き、民刑訴訟規程にしたがって作成されてい
たことがわかる。なお文字表記は、基本的には漢字とハングルで構成されて
いる。

（3）　漢城裁判所における判決数の推移と意義

　当該時期にどれだけの判決が出されたかが記録された、公刊された統計資
料は現在のところ確認できていない[59]。したがって、現存する民事判決文を
活用して、その概略を素描するほかないが、漢城裁判所の判決数について、
文竣暎は『旧韓末民事判決集』を用いて、次のように分析している。すなわ
ち「判決件数の推移を見ると、新しい裁判制度の施行初期より事件数が減少
したものの、1905 年を境に大きく増加しているように見える。1897 ～ 1898
年に判決件数が減少しているが、1897 年 9 月以前には、漢城裁判所が京畿
道まで管轄していたが、京畿裁判所の設置に伴い、それまで漢城裁判所で
扱っていた事件が京畿裁判所にうつっていったように考えられる。裁判所構
成法が改正された 1899 年に再び事件数が増加しているが、1900 年に急減し、
1904 年まで年間約 200 件に落ち込んでいる。1900 ～ 1904 年間の事件数が少
なくなったのは、政権の保守化、日露戦争、漢城裁判所と漢城府の統合と分
離に伴う裁判事務の断絶などに影響を受けたところがあるのではないか」[60]
と。また他にも、判決数自体が後世の数値と比較すると少なく、一部減失し
ている可能性もあるが、判決書に記載された事件番号から推定するに、1896
～ 1897 年には漢城裁判所では年間 1000 件以上が、1900 ～ 1904 年には約

200 〜 300 件程度が扱われていたという見方もある[61]。

　さて漢城裁判所で扱われた裁判あるいは判決のうちその訴訟内容に注目すれば、金銭をめぐる債訟、田畑・家屋に関する田訟が数的に目立っている。このほか朝鮮に特徴的な訴訟内容として、墳墓の所有・境界争いに関する山訟や、於音と呼ばれる現在の約束手形に類するものをめぐる訴訟も散見される。ここでは試みに、それぞれの訴訟内容に対する判決数の動向に注目してみようと思う。まず債訟を見てみよう【表1】。1895年に126件だったものが、1896年には224件に増え、それから1899年までは概ね130件前後だった（ただし1898年は59件のみ）ものが、1900年に25件、1901年に56件、1902年には97件と100件以下に下降し、1903年以降は再び100件を超えるようになった（ただし1904年は53件だった）。そして1906年からは300件前後に急増している。次に田訟である【表2】。1895年に8件だったものが、1896年から1899年までは概ね25件前後で推移するが、1900年には14件に低迷し、1901年の20件を除き、1904年までは15件前後が続くが、1905年には39件に急増、また1907年には53件になる。於音訟については【表3】、1895年は5件で1896年には37件、1897年と1898年は15件弱だが1899年は40件に上る。しかし1900年には4件となり、1901年から1903年は10件前後に微増し、1904年からは再び20件以上になり、1906年には71件にものぼった。最後に山訟は【表4】、全体的に判決数は少ない[62]が、1895年から1897年までは各2件ずつで、1899年に5件あったが、1900年には0件、それから1902年までは1件ずつと低迷する。1903年からは4件となり、1907件には11件となった。

　訴訟内容ごとの件数には大きなばらつきがあるが、漢城という韓国のなかでも有数の経済区域であったことが、債訟や於音に関する訴訟提起が比較的多くなったことに関係すると推測される。

　総じて、これらの判決数の各年推移に共通してみられるのは、概ね1900年から1903、4年にかけて、それぞれ相対的に件数が低迷する点である。前

130

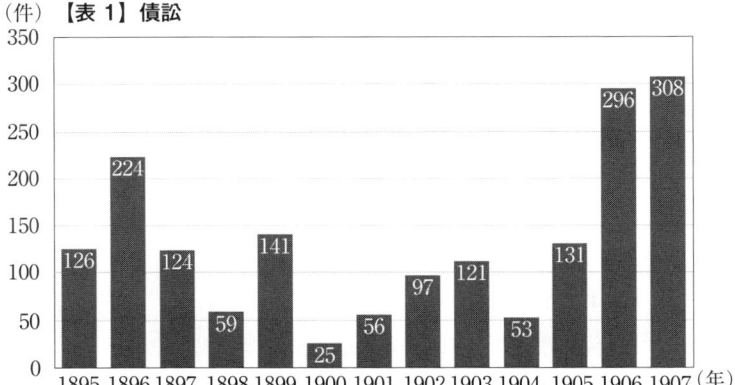

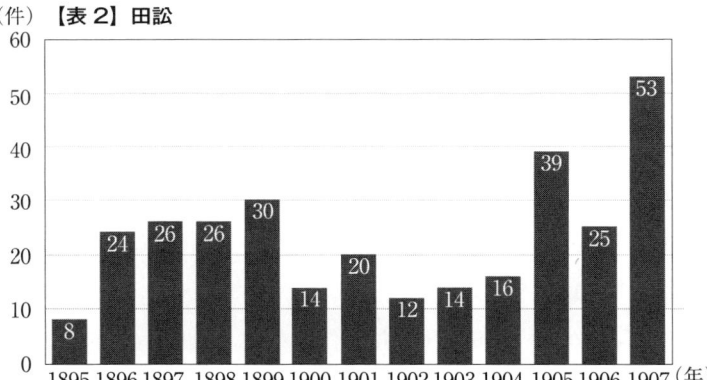

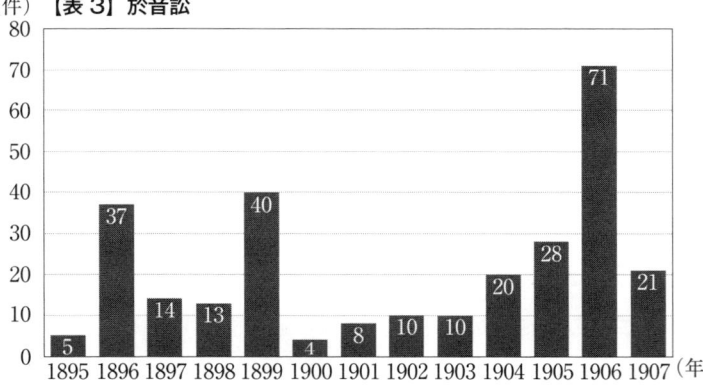

（件）【表4】山訟

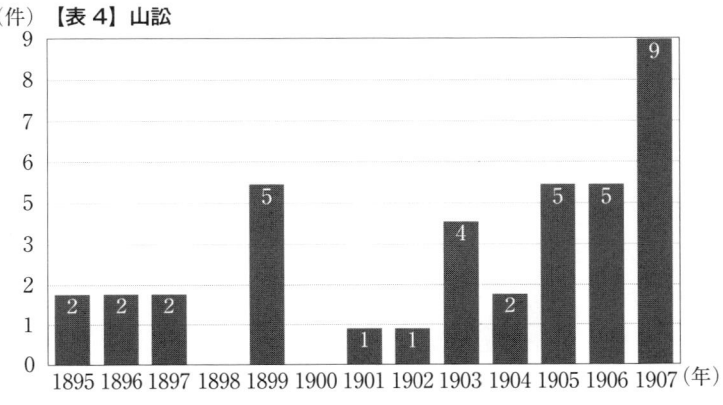

（各表は『旧韓末民事判決集』をもとに筆者作成。）

述のように、文竣暎は「政権の保守化、日露戦争、漢城裁判所と漢城府の統
合と分離に伴う裁判事務の断絶など」をその要因として指摘しているが、果
たしてそれだけだろうか。さて本稿が射程とする『旧韓末民事判決集』の判
決文で、もう一つ重要と思われる特徴がある。それは、漢城裁判所および平
理院の判決群において同一事案に対する裁判の「繰り返し」が判決数の低迷
期以降ほとんど見られない、ということである。従前、朝鮮社会に定着して
いたと考えられる、いわゆる裁判のやり直しが行われないのは、訴訟当事者
が判決に承服し「無訟」状態に到達したか、あるいは裁判を繰り返し行えな
いシステムだったか、いずれかの理由によるはずである。すべての訴訟当事
者が判決を承服することは現実的に考えにくく、したがって、同一事案につ
いて裁判を繰り返し提起することができないシステムが構築されたのではな
いかと推測されるが、裁判の「繰り返し」が見られなくなる時期が判決数の
低迷期と重なる点で、両者の連動が浮かび上がってこよう。

　もっとも「繰り返される裁判」がまったくなくなったわけではなかった。
たとえば、『旧韓末民事判決集』に採録された田訟の事例で、1906 年（光武
10）11 月 9 日に出された漢城裁判所での判決[63] について、上訴審である平
理院では、同年 12 月 19 日に原告勝訴の判決が出されている[64]。ところがそ

の後、当該判決を不服とした被告が法部に「呈願」し、裁判所は原被告を改めて審問、その後1907年（隆熙元）12月23日に再度平理院判決が出された。この時の平理院判決の要旨には、「第一審判決は廃棄すること、（前出）光武10年12月19日に出した本院判決書に准じて履行すべし」とある[65]。ここから窺えるのは、当初の裁判で敗訴した被告は「請願」を呈示して判決を覆すことを企図したものの、それに対して裁判所側は、既に原被告の権利義務関係を明らかにした最初の平理院判決をあくまで尊重しているということである。このようにしてシステムとして「繰り返し行われる裁判」が徐々に否定されると、やがてそのような裁判所の対応に接した朝鮮社会自体が裁判を繰り返すことに意味を見出さなくなっていく。この相互作用こそ、人びとにおけるそれまでの訴訟観や法そのものの意味に変化をもたらし、その後の植民統治下での本格的な「近代的」司法運用の素地を供したと筆者は考える。

　従前、裁判による判決とは、訴訟当事者にとって「理」さえ認められれば覆えうるものであったのが、旧韓末の「近代化」を通じて、法による権利義務の確認手段となり一度確定すればもはや覆えざるものへとなっていった。この意味において、少なくなかったはずの「繰り返し行われる裁判」が漢城において当該時期にほとんど見られなくなったことは、その初期においてこそ確かに裁判組織の「近代化」には失敗したものの、判決の確定的効力や既判力という側面においては、確かに「近代化」の萌芽を見せていた証左だと考えられる（地域的な限界はあるが）。100余年に渡って訴訟を繰り返していた事例もある山訟が相対的に当該時期にそれほど判決数が多くなかったことも、権利義務を確認し、確定的効力を持つようになった判決の「近代化」、あるいはその過渡的特徴と無関係ではないように思われる。

おわりに

　旧韓末以降に展開された司法制度の「近代化」過程は、「理」に従属する

ものとして位置づけられた「法」を、紛争解決における絶対的根拠として再定置する過程だったということができよう。従前、裁判による判決とは、訴訟当事者にとって「理」さえ認められればのちに覆ることもあり得たが、旧韓末における司法の「近代化」を通じて、判決は法による権利義務の確認・確定手段となり、覆る余地がなくなっていった。朝鮮社会に長らく定着していた「繰り返し行われる裁判」が当該時期にほとんど見られなくなったが、このことは判決の確定的効力あるいは既判力という側面において、確かに司法の「近代化」の兆しを見せていたことを意味しよう。またこれは、裁判を通じて「法」を利用する人びとにとっての「訴訟観」や法そのものの意味すら変容させるきっかけとなった。本稿では、この点が 1900 年から 1903、4 年にかけての、主として漢城裁判所の判決数低迷のひとつの要因になったのではないかと指摘したが、翻せばこのことは、当該時期こそ朝鮮社会における司法の「近代化」において重要な時期だったともいえる。

　一方、本論で触れることはできなかったが、1903、4 年までの低迷期以降に判決数が急増に転じた要因をどのように考えたら良いか。筆者はこの点について、司法の「近代化」において、既判力の確保とともに不可欠な要素である執行の担保を仮説として挙げたい。従前の朝鮮社会のように、当事者の承服を紛争解決の第一義とするならば、「理」による当事者同士の和解によって請求内容の履行も期待できるだろうが[66]、法を根拠に権利義務を確定するならば、判決は執行までをも担保しなければ意味がない。この点、判決数の低迷期を画期として、1903、4 年以降では、訴訟における請求内容の執行担保システムが徐々に整えられつつあり、それが訴訟数ないし判決数の急増につながったものと筆者は考えている。

　法制度上、未熟であった 1895 年民刑訴訟規程に始まり、第三次日韓協約を契機とする 1907 年民事訴訟規則制定（隆熙 2 年法律第 13 号）によって、既判力とともに執行力が担保されたと評価されているが[67]、他方で執行担保の実態はどのようであったか？本稿の射程と同時期において、司法の「近代

化」をめぐって既判力の確保と両輪をなす執行とその手段の「近代化」分析
は、稿を改めて論じたい。

〈注〉

1　本稿では、1897 年から韓国併合（1910 年）までを大韓帝国としての「韓国」
（旧韓末）と表記し、それ以前は「朝鮮（後期）」と表記する。

2　拙著「日韓保護条約に関する基礎的研究」『法学研究論集』30 号（2009 年）。

3　浅野豊美『帝国日本の植民地法制』（名古屋大学出版会、2008 年）、130 頁。

4　「第一七回施政改善協議会」（1907 年 6 月 4 日）市川正明編『韓国併合史料』
第 2 巻（原書房、1978 年）、512 頁。

5　森山茂徳「保護政治下韓国における司法制度改革の理念と現実」浅野豊美、松
田利彦編『植民地帝国日本の法的構造』所収（信山社、200）、

6　1909 年には「韓国司法及監獄事務委託ニ関スル覚書」が締結され、韓国司法
は完全に日本のコントロール下に置かれた。

7　裁判所構成法の立法においては、当時朝鮮の法務顧問として星亨が関与した
と言われている（文竣暎（문준영）『法院と検察の誕生（법원과 검찰의 탄생）』
（歴史批評社（역사비평사）、2010/ 韓国）、194 頁。

8　文竣暎（문준영）「韓末と植民地期の裁判制度の変化と民事紛争——裁判統計
の分析を中心に（한말과 식민지시기 재판제도의 변화와 민사분쟁）」『法史學研
究』46（2012/ 韓国）、249 頁。なお文氏には、当該時期の後、すなわち主とし
て 1907 年から韓国併合（1910 年）までの時期における裁判実務や民事事件の種
類、慣習法の取り扱いについて取り上げた次のような著作がある。「京城控訴院
の民事判決原本を通して見た民事紛争と裁判（경성공소원 민사판결원본철을 통
해 본 민사분쟁과 재판）」『法學研究』22-1（2011、忠南大学校 / 韓国）、「韓末
の民事紛争と植民地司法権力——慣習に関する裁判例を中心に（한말의 민사분
쟁과 식민지 사법권력）」『法學研究』52-4（2011、釜山大学校 / 韓国）、「韓末の
法務補佐官制度下の裁判事務の変化（한말 법무보좌관제도 하의 재판사무의 변
화）」『法學研究』39（2012、慶北大学校 / 韓国）など。

9　制度自体だけでなく、それを支えた人的資源すなわち「法律家」の養成過程
も、当該時期の朝鮮司法制度研究における重要課題のひとつである。この点につ
いて、日本語による先行研究では鄭鍾休『韓国民法典の比較法的研究』（創文社、
1989 年）などがある。

10　『韓国弁護士史』（大韓弁護士協会、1979/ 韓国）、18 頁。

11　『友邦シリーズ第 4 号――朝鮮における司法制度近代化の足跡』（友邦協会、1968 年）、48 〜 54 頁。

12　森山・前掲注（5）、281 頁。

13　『韓国弁護士史』・前掲注（10）、18 頁。

14　日本が朝鮮統治における司法制度についてイギリスのエジプト統治における混合裁判所方式を模倣したことが指摘されるが、この点については疑問も多い。再考の必要があろう。

15　『韓国弁護士史』・前掲注（10）、26 頁。

16　当時法部次官であった倉富勇三郎は、やがて日本の裁判所構成法が朝鮮に施行され、上告審が内地の大審院に移行することを想定していた（倉富勇三郎「回顧録 朝鮮の司法制度に関する私見」『司法協会雑誌』19 巻 10、11 号、304 頁）。この方針は、後の内外地司法統一問題にも継続していくことになるが、この点については稿を改めて論ずることとしたい。

17　『朝鮮民政資料叢書』（驪江出版社、1987 ／韓国）、257 頁。

18　文竣暎「韓国における伝統法研究の現状」『東アジア法研究の現状と将来――伝統的法文化と近代法の継受』（国際書院、2009 年）、190 頁。

19　『韓国弁護士史』・前掲注（10）、15 頁。

20　文竣暎・前掲注（18）、187 頁。

21　『韓国弁護士史』・前掲注（10）、15 頁。

22　『独立新聞』（光武 2 年 2 月 3 日付）。

23　『韓国弁護士史』・前掲注（10）、15 〜 16 頁。

24　ジョン・キョンロク（전경목）「山訟を通して見る朝鮮後期司法制度の運用実態とその特徴（산송을 통해서 본 조선후기 사법제도 운용실태와 그 특징）」『法史學研究』18（1997/ 韓国）を多く参照している。

25　文竣暎（문준영）「大韓帝国期の民事判決における法文引用の脈略（대한제국기 민사판결에서 법문 인용의 맥락）」『法史學研究』54（2016/ 韓国）、158 頁。

26　文竣暎・前掲注（18）、188 頁。

27　『経国大典』「礼典」〈喪葬〉では「墳墓定限、禁耕牧……」として、被葬者の官品に応じた範囲で墳墓周辺の耕作や牧畜を禁じている。山訟における判断根拠のひとつには、この歩数規定が基準となっていた（『奎章閣資料叢書法典篇　経国大典』（서울（ソウル）大学校奎章閣、1997 ／韓国）、285 頁）。

28　山訟における判決で、歩数規定とともに判断根拠とされたのは龍虎という、墳

墓を囲む"四山"であった。墓を中心にして前方を案山、後方を主山、左を青龍、右を白虎と呼び、このうち特に青龍と白虎（龍虎）が重視されたことから、これらに該当する山には新たに他家の死者の埋葬は許されないとする規範が成立していた。例えば、「雖無歩数之人、墓山内龍虎内養山処、則勿許他人入葬、白龍虎以外、則雖或養山、勿許任意広占」（『受教輯録』「礼典」〈喪葬〉康熙丙辰承伝）（『奎章閣資料叢書法典篇　各司受教・受教輯録・新補受教輯録』（서울（ソウル）大学校奎章閣、1997／韓国）、197 頁）。

29　文竣暎・前掲注（18）、190 頁。

30　チョ・ユンソン（조윤선）『朝鮮後期の訴訟研究：韓国史研究叢書38（조선 후기 소송 연구）』（國學資料院、2002/ 韓国）134 頁。

31　「自今以後、以過限之事、三度得伸相訟者、論以非理好訟、全家徒邊……」（『各使受教』「刑曹受教」癸丑四月初九日承）とあり、一定の提訴期限を過ぎた場合に非理好訟罪をもって全家徒邊とされた（前掲注（28）、64 頁）。

32　「三度得伸云者、接訟三度之内、一隻再伸之謂也、再度見屈之後、更為起訟者、以非理好訟、依律定罪、聽訟之官、随現治罪」（『受教輯録』「刑曹」〈聽理〉順治辛卯承伝）とあり、一つの事案につき三度訴訟を提起して、原告あるいは被告どちらかが二度勝訴した場合、敗訴した側は悔しかったとしてもそれ以上訴訟を提起することはできず、もし二度敗訴した者が以後再び訴訟を提起した場合には、非理好訟罪をもって処罰するものとされた（前掲注（28）、349 頁）。

33　ジョン・キョンロク・前掲注（24）、21 ～ 23 頁。

34　朝鮮王朝時代における判決文では「理所当然」「於理当然」「於理不当」「於理未穏」「以理言之」「揆以事理」「従理帰正」などと表現した。

35　文竣暎・前掲注（25）、157 頁。

36　同上、158 頁。

37　文竣暎・前掲注（18）、188 頁。

38　「朝鮮司法界の往時を語る座談会」（以下、「座談会」）『司法協会雑誌』19 巻10、11 号）、305 頁。

39　本会第一回は 1940 年 8 月 15 日、法曹会館で開会された。この時の出席者は大友歌次、柿原琢郎、多田吉鐘、立石種一、辻秀春、中山勝之助、安田繁太郎、山口貞昌、国分三亥、島村忠次郎の 10 名であった。

40　この時に伊藤の官舎に列席した者は、鶴原総務長官、香坂法務院長、松寺法務検察官、野澤法務参与官ほか数名であったという。（「座談会」・前掲注（38）、315 頁）。

41　「座談会」・前掲注（38）、316頁。

42　同上、317頁。

43　この点、多田吉鐘も「今から考へると随分通訳の間違つたことがあつたではないかと責任を感じて居る次第です」（「座談会」・前掲注（38）、372頁）と述べるなど、言語あるいは通訳をめぐる審理過程の支障は当時判検事に共通した困難であったことが窺える。

44　同上。

45　同上。

46　同上、318頁。

47　同上、317頁。

48　同上。

49　同上、327頁。

50　同上、351頁。

51　同上、338頁。

52　http://khd.scourt.go.kr/main/index.jsp;（2019年3月30日最終閲覧）。

53　イ・スンイル（이승일）「近代における韓国民事判決録の編纂と記述の分析：法院所蔵判決録を中心に（근대 한국 민사판결록의 편책과 기술（記述）의 분석）」『法史學研究』（2016/ 韓国）、166頁。イ・スンイル氏にはこのほか当該時期を対象とした研究業績として、「大韓帝国期における外国人の不動産典当並び売買と民事紛争（대한제국기 외국인의 부동산 전당 및 매매와 민사 분쟁）」『法史學研究』49（2014/ 韓国）、「民事判決文を通してみる近代韓国の土地権紛争と処理（민사판결문을 통해 본 근대 한국의 도지권 분쟁과 처리）」『歴史と現実（역사와 현실）』89（2013/ 韓国）がある。

54　『旧韓末民事判決集』1巻（法院図書館、2007）、まえがき。以下、本稿で参照する民事判決はすべて『旧韓末民事判決集』に搭載されたものに依る。

55　この点、記録管理の観点から当該時期における漢城裁判所判決の分析を行う研究がある。たとえば、ファン・ウィジョン（황외정）、イ・ヨンハク（이영학）「甲午・大韓帝国期（1895〜1905）民事裁判判決文の活用法に関する研究（갑오・대한제국기（1895〜1905）민사재판 판결문 활용방안 연구）」『記録学研究』43（2015/ 韓国）、クック・ジヨン（곽지영）、リ・サンヨン（리상용）「近代韓国（1895〜1912）漢城裁判所民事判決文の事件分布についての研究（근대 한국（1895〜1912）한성재판소 민가판결문 사건분포에 대한 연구）」『書誌学研究』63（2015/ 韓国）などである。ただしこれらは数的な統計的分析が主であり、各

判決文の内容分析まではなされていない（イ・スンイル・前掲注（53）にも同様の指摘がある）。

56　現役の官職に就いている者が訴訟当事者である例は少ないが、以前に官職に就いていた者（たとえば「前議官」「前郡守」など）の例は非常に多く見られる。

57　とりわけ新しい裁判制度から間もない間は、こうした科挙合格者に由来する身分表記が少なくない。

58　例えば、第一審判決（漢城裁判所、第 362 号、1898 年（光武 2）10 月 18 日判決・前掲注（54）第 10 巻、283 ～ 285 頁）とその上訴審判決（高等裁判所、第 5 号、1899 年（光武 3）1 月 18 日判決・前掲注（54）第 10 巻、287 ～ 291 頁）を見ると、原告は第一審では「平民」と称していたが、上訴審では「幼学」と称している。

59　韓国人の訴訟に関する統計について、1909 年『統監府統計年報』が公刊された最初のものであろう。（文竣暎・前掲注（8）、254 頁）

60　文竣暎（2012）、256 頁。

61　イ・ヨンロク（이영록）「韓末における外国人対象の民事裁判の構造と実態：漢城府裁判所の民事判決を中心に（한말 외국인 대상 민사재판의 구조와 실태）」『法と社会（법과 사회）』41（2011/ 韓国）、185 ～ 186 頁。ただし、この見解に対して文氏は推定方法に疑問があるとしている（文竣暎・前掲注（8）、256 頁）。

62　この点は文竣暎氏も指摘している（文竣暎・前掲注（8）、256 頁）。一方、「座談会」・前掲注（38）の記事で国分三亥は「朝鮮に於ける特殊のものとしては、新裁判所設置当時に在つては、民事には墳墓に関する訴訟即ち山訟が頗る多く、殊に一般民事訴訟は和解取下げ等に依り終局する者が多きに拘はらず、山訟に付ては相互確執して敢て譲らざるの風がありました」（401 頁）とも語っており、山訟をめぐる数値の多寡についてはさらに詳細な検討が必要だろう。

63　漢城裁判所、第 606 号、1906 年（光武 10）11 月 9 日判決・前掲注（54）第 33 巻、287 ～ 292 頁。

64　平理院、第 64 号、1907 年（隆熙元）3 月 23 日判決・前掲注（54）第 33 巻、293 ～ 298 頁。

65　平理院、第 86 号、1906 年（光武 10）12 月 29 日判決・前掲注（54）第 33 巻、299 ～ 303 頁。

66　文竣暎・前掲注（18）、188 頁。

67　ソン・ギョンチャン（손경찬）「開花期民事訴訟制度に関する研究（개화기 민사소송제도에 관한 연구）」（ソウル大学校法科大学博士学位論文、2015/ 韓国）。このほか、「近代的」な司法制度の形成と変化について制度史的アプローチから、

キム・ハンギ（김항기）「甲午改革期民事訴訟制度の施行と私権の進展（갑오개혁기 민사소송제도의 시행과 사권 신정）」『韓国近現代史研究』67（2013/ 韓国）などの研究がある。

※本研究は JSPS 科研費（17K13596）および平成 30 年度立正大学法制研究所研究支援費の助成による成果である。

第5章

二重体制期オーストリア諸邦における
自治体調停制度：
利用者の立場から考える

上 田 理 恵 子

はじめに

　現在、オーストリア共和国のうちシュタイアーマルク，ティロール，フォアアルベルク，ウィーン[1]には、州内の基礎自治体（市区町村、ウィーンでは各区）による調停機関がある。日常生活の中で起こりがちな一定の紛争について、非法律家である委員が調停を試みる制度である。民事事件では金銭債務や動産をめぐる争い、境界紛争、建物利用、占有をめぐる紛争、これに名誉棄損（Ehrenbeleidigung）事件（オーストリア刑法 11 条から 117 条）が加わる。委員の数は概ね 3 名、これに予備委員も設置される。任期は概ね 3 年、資格は ① 24 歳以上の市民権取得者（Vollgenuß der bürgerlichen Rechte）、②自治体内に住所をもつことである。除外事由は、①当該地区の裁判官，②自治体の議会で被選挙権を持たない者とされる[2]。

　その沿革はオーストリア＝ハンガリー二重君主国下の 1869 年に遡る[3]。本稿にいう「オーストリア諸邦」の正式名称は「帝国議会において代表される諸公国と諸邦」を意味し、現在の中・東欧諸国の大半に広がる多民族・多言語地域であった。図 1 では二重君主国時代（1867 ～ 1918 年）において、

142

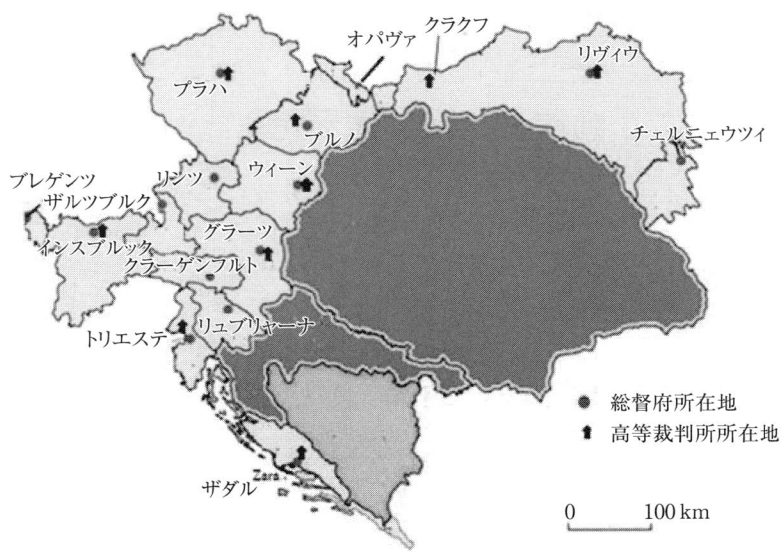

図1　オーストリア諸邦の行政区分（1867-1918）

法・司法制度を基本的に同じくするオーストリア諸邦の行政区分および高等
裁判所の所在地を示した[4]。全国的に行政・司法管区が整備された時期である。
　「裁判外紛争解決の利用の促進に関する法律」（通称 ADR 法）が日本で制
定されたのは 2004 年、施行は 2007 年のことである。ADR（alternative
dispute resolution）とは「訴訟手続によらずに民事上の紛争の解決をしよ
うとする紛争の当事者のため、公正な第三者が関与して、その解決を図る手
続」（第1条参照）をいう。裁判所にとっては負担軽減であり、当事者に
とっては費用も時間も節約できるうえ、事案ごとの柔軟な対応が可能とな
る[5]。日本では司法制度改革の一環として推進されたほか、世界的にも注目
されているようだ[6]。このほか歴史研究としても、単に制度の沿革に遡るの
みならず複数の視点や比較研究も蓄積しつつある[7]。
　オーストリアにおける自治体調停機関（Gemeindevermittlungsämter）も
ADR の一翼を担う。これについては、すでに民事訴訟法学者マイヤー

（Peter Mayr, 1956-）による複数の著作が刊行され、立法資料や文書館史料にもとづきこの制度の制定と施行過程が明らかにされている[8]。その中でマイヤーは、この制度を廃止するか、より有益なものとなるよう抜本的に改革するかのどちらかにせねばならない、という主張を繰り返してきた[9]。にもかかわらず今日にいたるまで、この制度は改革も廃止もされず、実務的にはいまだに「死せる法（totes Recht）」として自治体調停制度は残されている。これについて、比較的最近の論稿のなかでマイヤーは「これぞ、オーストリアらしさ！」という憤りとも嘆息ともつかぬ言葉を残している[10]。

　本書を貫く全体テーマ「法を使う／紛争文化」に即してこの制度を考えるということは、この制度がどれだけ利用されたかに加え、利用者の目にこの制度がどのように映ったのかについて、多少なりと明らかにすることであろう。前者については統計資料が手がかりとなる。区裁判所の実務について全国統計から、自治体調停についてはウィーン市を事例として参照した。後者については、本来なら事例に関する史料分析が望ましいが、なかなか困難である。調停は非公開で、不調に終わった場合に訴訟になった場合に備え、調書は残されず、判決理由のように、調停の経緯を追えないからである。マイヤーが用いた文書史料によっても、各事案の詳細までは立ち入ることが難しい。したがって、方法としては、議事録の中で議員が語る伝聞、新聞・雑誌記事に頼らざるをえない。これらについて本稿ではオーストリア国立図書館のデータベース ANNO を参照した[11]。

　当時のオーストリアでは、1873 年に少額事件手続法、1895 年に民事訴訟法が制定された。[12] 前者では口頭審理の定着が図られ、後者は時代の先端を行く「社会的民事訴訟法」[13] とも称され、後の訴訟法制の模範となったことで知られる。自治体調停制度の利用がはかばかしくないのは、先駆的な訴訟法制「にもかかわらず」なのか、「だからこそ」なのか。

　以上のような問いを、本稿では自治体調停の前史と制度と改正を概観したのち、法改正以降の時期を中心に、自治体調停と区裁判所（Bezirksgericht）

との間を行き来することになる利用者の姿を少しでも浮かび上がらせつつ考
えたい。

1 自治体調停の前史

1781 年に制定された一般裁判所法[14]は、和解に慎重であった。1784 年の
改正では、裁判所による和解は一審のみに制限されていた。ましてや、裁判
外の和解については大いに懐疑的であった。訴訟手続の進行を遅らせるだ
け、という危惧が大きかったからである。しかし、すでに、西ガリツィア裁
判所法（1796 年）には、裁判所の職権による和解手続も導入されている。
訴訟は当事者同士の「権利のための闘争」であって、裁判官は判定者として
中立を維持せねばならない、という訴訟観が始まっていたのだ、という[15]。

1848 年革命前、自由主義的な諸改革が進められた「三月前期」のオース
トリアでは、調停や和解を勧める取組も試みられた。その延長線上にある
1860 年の司法省令による地域裁判所（Ortsgericht）設置構想は、自治体調
停の前身となる。[16]基礎自治体である市町村単位（Stadt, Markt, Dorf）
において、長、その代理、3 年の任期で選ばれた複数の住民から成る判事集
団が、無報酬で小規模な紛争を解決するという構想であった[17]。判事集団と
いっても宣誓は不要である。弁護士は加わらず、口頭審理だが審理は非公開
にして「良識に基づいた」判決が迅速に求められる。判決に不満な当事者は
区裁判所へ 8 日以内に訴え出られることなど、判決と調停の混在した形態で
ある。

地域裁判所はハンガリー王国各地には導入された。従前より類似の機関が
各地に存在していたからだという[18]。オーストリア諸邦への導入は見合わさ
れたが、導入に向けた動きは続く。1862 年の帝国自治体法第 5 条によれば、
自治体の権限で設置することができる機関の一つに「自治体で選出された調
停委員（Vertrauensmänner）による紛争当事者に対する調停機関」（第 11

号）も予定された[19]。これを受けて、オーストリア＝ハンガリー二重体制が発足して 2 年後の 1869 年に制定されたのが、次節の自治体調停法である。

2　自治体調停法（1869 年）

（1）　制度概要

　自治体による調停について、1869 年に制定された自治体調停法の正式名称は「自治体選任による調停委員の面前で成立した和解の執行力と諸費用に関する法律」（以下、1869 年法と略す）[20] という。総数 11 の法規定から構成される。このうち第 11 節（Paragraph）[21] は司法・内務・財務大臣に法律の執行が委任されていることの確認であるため、実質的な内容は第 10 条までである。第 1 節によれば、300 グルデンまでの金銭債権またはこの金額を越えない範囲の動産について金銭の授受をめぐる紛争について、自治体選任の調停委員 2 名以上の面前で、当事者は和解を成立させることができる。しかし、手続の全過程を通して、脅迫や強制手段を行使することは認められない（第 2 節）。調停委員は宣誓してはならず、宣誓した委員の調停によって和解を成立させることも許されない（第 3 節）。和解不成立となり、訴訟で当事者が争うことになっても、調停中の当事者の陳述や提出された証拠を用いることはできない（第 4 節）。訴訟とは異なり、自身の発言が調停委員にどのような心証を与えるか、それによって自身に有利な結果がもたらされるか否かにとらわれることなく話し合うことができる、というのがねらいであった。

　調停委員は公簿（Amtsbuch）に所定の項目、すなわち登録番号、調停に要した期間、当事者名または代理人氏名、訴訟の対象、和解内容を記録しておかねばならない。和解の成立の有無を記載しておかねばならない（第 5 節）。ここには調停に瑕疵が伴うことが疑われる場合、裁判所の認可が下りるまでは調停の効果は保留される（negotia claudicans）ことも規定されている。より具体的な公簿への記入・整理・管理方法、さらには当事者の請求

に応じて証書を発行するにあたっての詳細かつ具体的な手続規定が続き（第6節・第7節）、調停の執行力の付与が認められ（第8節）、調停に係る費用の上限が50グルデンに取り決められる（第9節）。第10節では、300グルデンを超えない範囲で異なる上限を変更するか否か、委員の選出方法、そもそも自治体調停制度の採否について、各自治体が独自に判断できるという権限が認められている。

　法案審議過程での特に重要な変更点としてマイヤーは、目的物の金額制限（300グルテン）と各州法の大幅な裁量を指摘する[22]。前者について、制限を設けることを強く後押しした利益団体は弁護士ならびに公証人団体であったことが、各議員の発言から明らかにされている[23]。後者は第10条である。政府草案では全国に統一的な制度とする予定であったのに対し、制度の導入の有無まで含めて大幅な裁量を各自治体に認めることになったからである。

（2）　諸邦への導入状況

　司法省と内務省が協働して、諸邦に宛てて自治体調停モデル案を提示し、諸邦に対して独自で法案を作成するか、モデル案を土台にするかを照会している。独自で用意していたフォアアルベルクを除き、モデル案から審議を始めた領邦が多かった。ザルツブルクとモラヴィアでは、導入に至らなかった。その他の諸邦では、1870年にはフォアアルベルク[24]で、1873年にはシレジア、ダルマティア、ブコヴィナ、クライン、ケルンテン、1874年に下オーストリア、1875年にはガリツィアの各諸邦ごとの自治体調停法が制定された。

　調停委員（Vertrauensmänner）の定員は概ね3名で、委員に支障が生じた場合に備えて予備委員も選ばれた。

　委員の任期は概ね3年、資格は24歳以上、市民権（Vollgenuß der bürgerlichen Rechte）があること、自治体内に住所があることが条件となっており、除外事由として当該地区の裁判官，自治体議会で被選挙権を持

たない者が規定されているだけである。

　実施を決めた自治体の間で大きく異なったのは設置単位であった。例えばフォアアルベルクは基礎自治体（Gemeinde）ごとに設置したが、ガリツィアでは人口 4000 以上の基礎自治体について設置していた[25]。

（3）　司法制度の整備

　二重体制期のオーストリア司法界における最重要課題の一つが、民事訴訟法の制定といっても過言ではないだろう。そのオーストリア民事訴訟法が制定されたのは、上述の通り 1895 年のことである。起草者クライン（Franz Klein, 1854-1926）は『未来に向けて』[26] という論稿によって司法省に認められ、「社会政策としての民事訴訟法」を掲げて、口頭主義や当事者主義を制限した。

　同年に制定された裁判所管轄法[27]により、区裁判所における権限をめぐって続いていた行政府と司法府の争いにも終止符が打たれた。区裁判所が担当するのは、一定の金額[28]までの民事事件、督促手続、刑事では名誉棄損事件をはじめとする軽罪等である（49 条）。

　オーストリア諸邦における区裁判所の整備状況、基礎自治体の区（Ortsgemeinde）、区裁判所管区の人口を示したのが表1である。20 世紀初頭、オーストリア諸邦では合計 954 の区裁判所が設置されている。1 つの管区の平均人口は 26,678 人となった。区裁判所管区内の人口が全国平均を上回るのはウィーン、沿海州、ボヘミア、シレジア、モラヴィア、東西ガリツィア、ブコヴィナ、下回るのは上・下オーストリア、ザルツブルク、ティロール、フォアアルベルク、シュタイアーマルク、ケルンテン、カルニオラ、ダルマティアとなった。

　自治体調停も、訴訟法、裁判所制度の刷新に合わせて、また上オーストリアを筆頭とする諸邦からの要望に応えて改革された。注目すべきは治安判事案と自治体調停案の二本立ての改正草案が作成されたことである。前者はプ

表1　オーストリア諸邦における区裁判所管区の自治体数と人口（1912年）

高等裁判所管区	州（Land）	民事事件 第1審裁判所		市町村数 Ortsgemeinde	区裁判所管区の人口
		合議裁判所	区裁判所		
ウィーン	下オーストリア*	6	89	1,601	3,531,814
	上オーストリア	4	46	504	853,006
	ザルツブルク	1	20	157	214,737
グラーツ	シュタイアーマルク	4	65	1,571	1444,157
	ケルンテン	1	28	259	396,200
	カルニオラ	2	31	360	525,995
インスブルック	ティロル	4	66	892	946,613
	フォアルベルケ	1	6	102	145,408
トリエステ	沿海州	4	30	198	893,797
プラハ	ボヘミア	16	229	7,648	6,769,548
ブルノ	モラヴィア	6	80	2,897	2,622,271
	シレジア	2	25	496	756,949
クラクフ	西ガリツィア	6	69	4,437	2,689,854
リヴィウ	東ガリツィア	10	118	7,207	5,335,821
	ブコヴィナ	2	18	336	800,098
ザダル	ダルマチア	5	34	86	645,666
合計		74	954	28,751	28,571,934

K.K.Statistische Zentralkommission, *Tafelwerk zur österreichischen Justiz-Statistik. Ein Quellenwerk für Justizstatistische Forschungen.* Erster Jahrgang,1910, Neue Folge österreichische Statistik, 6.Bd., Wien 1913 より筆者作成

ロイセンのモデル[29]に忠実に倣った案であり、後者は既存の制度についての改善と名誉棄損に係る和解交渉（Sühneversuch）までの権限拡大が特徴である。

　意見徴収の結果、弁護士会・公証人会は両方の制度に反対、各州の大部分は、少なくとも治安判事導入には断固反対し、自治体調停改正に落ち着いた。

　この時期に対応した司法大臣は、民事訴訟法を起草したクラインである。前述した『未来に向けて』の最終章は「治安裁判所」に充てられていた。そ

の中では、イギリスの治安判事の制度を紹介する一方、自国への導入には否定的である。この点をどのように評価するか、真意は推し量りかねる[30]。

　明らかなのは、そもそも素人が関与する「裁判所」にはかなり懐疑的だったということだけだ。1894 年当時、「民衆裁判所」（Volksgericht）の導入を要望する議員に対する回答では「自治体調停制度の改革案を作成中である」と回答している。その傍らで「貴殿のご要望に対してここでは評価を申し上げないが」と含みを持たせる。それだけでは終わらずに、1885 年の営業法（Gewerbeordnung）[31] に基づいて発足した裁判所、俗にいう「親方裁判所」（Meistergerichte）あるいは「仲間仲裁裁判所」（genossenschaftliche Schiedsgerichte）がめったに利用されていないという事実を指摘し、職能別団体という閉じた集団で、職業に関わる案件を同業者が裁判するという場合、「その裁判所への信頼は寄せられていない」と評する[32]。

　自治体調停の充実について、クラインにどの程度の熱意があったかは、マイヤーも判断がつきかねるという[33]。確からしいのは素人判事への不信と区裁判所の負担軽減への責務という点だけである。運用実態を把握していると自負し、政策を断行するクラインには、「利用者のため」と「利用者の立場から」との視点にずれがあることを気にしていたようにはみえない。

3　改正自治体調停法（1907 年）

（1）　改正の趣旨と議会の審議

　当時の司法大臣シュペンス＝ボーデン（Alois von Spens-Booden, 1835-1919）は、改正法の趣旨を 2 点にまとめている[34]。すなわち、施行後の実施状況に即して制度の不備を改正することと、名誉棄損事件に自治体調停を前置したことである。導入の趣旨は自治体内における住民の法生活発展に向け、自治体調停が定着させるために、地方からの要望、なかでもガリツィアとカルニオラからの提案に基づいて導入したという。名誉棄損事件は

私人訴追で始まるが、「そのうちの多くは、当初の興奮状態の中で訴訟を起こす。やがて原告自身、訴訟を起こしたことを後悔するし、裁判官の仲介によって結局は和解で解決されることが多い。その場合、こじれるのは専ら弁護士費用の問題である、という。そこで、訴えを起こす前に調停前置を義務付け、それが不調に終わった時だけに訴追を限定しようした。

この提案は議会の審議で弁護士と公証人から激しい抵抗に遭い、多くの妥協を強いられた。その中でも本来の趣旨を大きく弱める結果になったとマイヤーが指摘する点が、調停期日に出頭しない当事者の扱いである。当事者が調停期日に出頭しない場合、調停の不調とみなし、裁判所における手続に移ることが認められることによって、調停前置を義務付けるという趣旨が没却されてしまったからである[35]。

このように効力を制限したかたちで改正法を成立させたことの評価は、施行後に改めて問われることとなる。

（2）　改正法の概要―全体構造と旧法の改正部分

改正自治体調停法（以下、1907 年改正法と略す）[36]では、全 7 条（Artikel）から構成される。第 1 条と第 2 条は複数の節（Paragraph）から成る[37]。第 1 条の冒頭では 1869 年法の第 1 節、第 2 節、第 8 節、第 9 節の変更を宣言したうえ、変更された規定が同条の中に括られた。1869 年法の第 3 節から第 7 節は文言、番号ともに 1869 年法が効力を有する。1907 年改正法第 2 条では新たに名誉棄損事件を対象とし、第 3 条では本制度の導入判断、導入の場合はその手続に関する自治体の権限について確認するとともに、1869 年法第 10 節廃止を宣言する。自治体が複数の調停機関を用いる場合、地域管轄が重複するよう配慮せねばならず（第 4 条）、司法大臣は常に実施状況について照会し、自治体に対して、この制度が適正に実施されるために必要な指導と教示を与えねばならない（第 5 条）。施行は公布の三か月後（第 6 条）、法律の執行を担当するのは司法省、内務省、財務省である（第 7 条）。

　第1条第1節では対象を（a）動産に係る金銭債権、（b）境界の決定およ
び土地利用、（c）建物の使用、（d）占有に関わる紛争の4つに分類したこと、
300グルデンという制限を撤廃したことが改正点である。司法省の説明によ
れば、特に農村部に配慮した規定であるという[38]。第2項では、調停の成立
要件に少なくとも2名の委員の出席を課す。第3項では、登記された不動産
の所有権移転に関する調停を行う委員は、土地登記所（Vermessungsamt）
に通知しなければならない。調停による登記変更のために、当事者の申請に
よって地積測量図（geometorische Pläne）作成のために専門家を呼び出す
ことができる。職権としなかったのは、費用をめぐって起こり得る紛争を避
けたかったからだと説明される。ただし、これもまた諸邦の立法では受け入
れられなくなる規定の一つであったという。

　さらに、調停への出頭強制はないが、意思表明を義務付けた。無断欠席の
罰金は自治体の救貧基金に充てられることとなった（第1条第2節）。

　1869年法の第8節は調停での合意内容が土地台帳に反映されるための条
件を確認して新8節となり、第9節は通貨の変更と物価変動を受けて上限
200クローネへの変更となった。

（3）　名誉棄損事件に対する調停前置の規定

　この制度は1907年改正法の最も大きな変更点であり、7つの規定が充て
られている。

　私訴原告と被告人が同一の調停区内に住所がある場合、調停委員による名
誉棄損事件（刑法487条・497条）の調停が可能である。その和解交渉が不
調に終わったとき、刑事手続が開始される。

　ただし、出版物犯罪と当事者が軍人・軍属（Militärperson, Landwehrperson,
Gendarmerieperson）の場合は除外される（第1節）和解交渉には、告発者
と被告発者が召喚される。当事者は、自分のかわりに代理人を出頭させるこ
とはできない。期日は、当事者が双方とも同意してはじめて延期できる。当

事者の一方が不出頭であった場合も、和解の試みは失敗に終わったとみなされる。和解の試みが失敗に終わり、または当事者の一方が期日に出頭しない場合、調停委員は三日以内に書面でそのことを証明しなければならない（第2節）。和解の試みに出頭せず、期日前に調停委員に欠席を届け出なかった当事者は、他の調停の場合と同様に罰金を支払わねばならない（第3節）。時効の進行期間に含まれず（第4節）、和解交渉は特別な台帳に記載される。当事者の氏名、申し立てまたは裁判所から回されてきた日、当事者の出頭の有無、和解の成立・不成立。調停の実施内容について調書を取ることは禁止される（第5節）。自治体調停が実施されなかったという事情は、公判の前に主張されねばならない。裁判が始まってしまえば、前置すべきだった調停をするよう、当事者の申し立てによっても、裁判所の職権によっても求めることはできない。しかも、被告人は、調停が行われなかったことを上訴理由にはできない（第6節）。紀律違反の委員に対する処分は、各諸邦に委ねられる（第7節）。

（4）　施行後の対応

1907 年改正法の成立に伴い、ウィーンおよび下オーストリア（1907年）[39]、フォアアルベルク（1909年）[40]、ケルンテン（1910年）[41]、沿海州のカルニオラ（クライン）（1912年）[42]、沿海州のゲルツおよびグラディスカ（1913年）[43]、シュタイアーマルク（1914年）[44]、ティロール（1914年）[45]でも諸邦別の法令を改正し、新制度を導入した。ザルツブルクでは自治体調停に第一次大戦後、共和国となってから 1926 年に導入されている。その他の諸邦すなわち上オーストリア、ボヘミア、モラヴィア、ガリツィア、ブコヴィナでは、少なくとも新制度は導入されなかった。ダルマティアでは、以前から調停委員に認証業務のみ任せるという、他とは異なった職務に充てていたため、司法省の側から改正を求めていなかった[46]。

1908 年、司法大臣クラインは職を辞する前の仕事として、自治体調停実

施状況の年次報告を高等裁判所に命じている。まず、改正法第5条（1907年2月27日）に基づき、区裁判所に対して、管区内で実施された調停について毎年1月15日までに実施状況の年次報告（Jahresausweis）提出を定めた。区裁判所は1月31日までに高等裁判所合議部に提出せねばならない。報告書には調停の実施について、司法への効果についての留意事項が記載されねばならない。留意事項がない場合には、報告（Vorlage des Ausweises）に限定することとされる。高等裁判所は報告を吟味し、必要な説明を加えたうえで、総合的な概要（裁判所構成法396条）とともに区裁判所の報告書を添えて2月15日までに司法省に提出することとされた[47]。

　導入を決めた自治体では、各種の新聞・雑誌記事に制度の開始を呼びかけることで、広報活動も実施している。

　1907年から1908年の新聞・雑誌記事には、事実としての開始を告げるのみならず、経済的であることを強調した広報も認めることができる。業界紙の一つ、『写真家新聞』（Österreichische Photographen-Zeitung）もその一つである。「住民、とりわけ業者のみなさんすぐにでも、民事事件上の紛争や名誉棄損事件について、調停委員の下で決着をつけることをお薦めする。なぜなら、経済的・簡易に権利を実現でき、裁判所の負担を軽減し、人間関係のこじれを回避し、自治体内に平和を呼ぶという、実際的な目的が達成されるからである。」「（ウィーン市長から写真家組合へのメッセージとして）収入印紙以外は無料（ｋｏｓｔｅｎｌｏｓ）」「裁判で時間とお金と気力を消耗したくない業者の皆さん，とりわけ小企業の皆さんにとってこの制度はお得です」[48]

4　施行後の利用者の姿を求めて──ウィーン市を中心に

（1）　調停機関の整備状況

　統計によれば、1908年から1913年の間に首都ウィーン市の人口は1,964,589

人から 2,132,523 人へと増加の一途をたどる。1857 年に城壁を取り除いて環
状道路にする大改造を経て、20 世紀初頭には、かつての城壁内を 1 区とし、
合計 21 区に分かれている[49]。

　首都だけあって、自治体調停利用者の実数もオーストリア諸邦で最も多
い。そのウィーン市については、時期は多少前後するが、区ごとに調停機関
が設けられた。そこで本稿でも、「区調停」という語を用いている。

　1907 年改正法に先駆け、ウィーン 1 区では 1905 年 1 月 1 日より新たな区
調停が試験的に導入され、1909 年以降、ウィーン市内各区 21、郊外 7 つ、
コアノイブルク、クレムス、ザンクト・ペルテン、ヴィーナー・ノイシュタッ
トに 49 の調停機関が設けられていたことになる[50]。

　ウィーンで早急にこの制度が整備されたのは、副市長にしてキリスト教社
会党員のポーザー（Josef Porzer, 1847-1914）の尽力による[51]。導入に際し
ては利害の一致を強調して社会民主党の議員を粘り強く説得し、施行後は、
自身も調停委員を務めながら、この制度の意義を強調する様子が再三報道さ
れる。没後は「自治体調停の父」とも称された[52]。

　1908 年に発行されたウィーン 1 区から 21 区の調停委員名簿[53]によれば、
9 区と 10 区は任期の開始が 1905 年、4 区が 1906 年、他は 1907 年、期限は
いずれも 1910 年とされている。調停委員は 4 区と 16 区のみ 7 名、その他は
定員 8 名が登録され、補充委員は 9 区と 20 区のみ 3 名、その他は定員の 4
名が確保されている。調停委員の役職・職業の内訳はパン屋や皮革製品職人
といった商工業者、教員、地方や中央の官吏にいたるまで様々ではある。家
主組合や職能団体では会長（Obmann ないし Vorsteher）という肩書も複数
認められた。1 区では上述の副市長ポーザーのほか、区長（Bezirksvorsteher）、
民生局委員（Armenrat）2 名、地域参事会員（Gemeinderat）、飲食店経営
者、区議会員（Bezirksrat）、年金生活者（Privatier）、補充委員には宿屋経
営、時計職人、区議会員、歯科技工士各 1 名ずつとなっている。区、地域、
民生局等の職員が調停委員に含まれる区が大半を占め、区長、区長代理、区

議会員だけで構成される区も 5 つ認められた。8 区のみ、行政職区長、区長代理その他区議会員がいずれも調停委員に含まれていない。調停委員の構成は家主（Hausbesitzer）眼鏡職人、帽子職人、商業省職員、聖職者団体、そして公証人とされている。9 区の調停委員には裁判所関係者（k. k. Ober=Landesgerichtsrat）、6 区には裁判所勤務の弁護士（Gerichtsadvokat）も含まれている。

　ごく大まかにではあるが、調停機関はどの区でも整えられていて、調停委員の構成は、多様な職種から用意されていた。年金生活者は 2 名しか認められなかったことから、閑職でもなかった。当該自治体関係者や各職能団体の長ないし役職者が多いことから、地域の名士や地域の公職者が中心となっていたことがわかる。利用者から見れば地域の「お偉方」、なかでも「お役所」仕事であった。同じ「お役所」仕事であっても、裁判所と調停委員との違いを利用者がどのように受け止めていたのかが、以下では問われよう。

（2）　民事調停

【1】統計資料より

　1907 年改正法の制度開始から 1913 年までを対象期間として調停の申し立て件数と内訳を示したのが表 2 である。民事調停件数は市全体で 1911 年に1635 件と落ち込んだ以外は 2000 件前後を維持する。境界紛争、地役権、建物利用、占有をめぐる紛争を合わせても申し立て件数の 1％程度、99％を占めるのは金銭をめぐる紛争と他の動産をめぐる紛争、そのうちでも 80％以上は金銭をめぐる紛争である。区別の件数や金額別の順位もウィーン市の統計で知ることができる。100 クローネまでの金額をめぐる調停が最も多い。区ごとでみると調停件数は年によって変わるが、1911 年までは、旧市街の 1区、商業地区として有名な 6 区、大学の建物が点在する 9 区、環状道路の外側で隣接し、労働者の住居が数多い 4 区と 10 区での申し立てが目立つ。1911 年以降は 2 区と 10 区に調停数が集中する[54]。2 区ドナウ運河を挟んで

ユダヤ人街があることでも知られる。

　調停成立の割合（表3）は1911年に13.7％となる以外は20％前後、調停の不成立と同程度、他の方法での和解よりわずかに低い割合である。これら三つを上回るのは「当事者の欠席」であり、3割程度である。

　では、自治体調停制度の改正によって区裁判所の扱う訴訟数は変化しただろうか。図2では区裁判所の少額事件と民事事件終局件数、図3と図4では区裁判所の終局区分の割合の推移を1904年から1913年にかけて示した。区裁判所の事物管轄は区調停の対象とする事件より若干広い。例えば金額につ

表2　ウィーン市における民事事件の区調停（Vergleichsversuche）件数の内訳―民事事件（1908-1913）

年	前年残	金銭	他の動産	境界紛争	地役権	建物利用	占有物	合計
1908	—	1681	222		1	15	11	1930
1909	5	1773	182	2	1	4	1	1968
1910	24	1604	281	—	—	4	11	1900
1911	29	1385	235	—	3	3	9	1635
1912	8	1793	255				7	2055
1913	6	1794	224	1	2	1	3	2025

Magistrats=Abteilung XXI für Statistik, *Statistisches Jahrbuch der Stadt Wien für das Jahr 1909* [*-1913*], Wien 1911 [*-1915*]. より筆者作成

表3　ウィーン市における区調停の終局区分―民事事件（1908-1913）

年	調停件数	調停委員による調停成立	区調停委員以外による和解	不調	一方当事者の欠席	訴訟取下	調の割合（％）
1908	1930	443	320	352	673	137	23.0
1909	1968	417	434	271	697	124	21.2
1910	1900	350	332	269	700	243	18.4
1911	1635	224	442	230	668	91	13.7
1912	2055	400	499	328	755	73	19.5
1913	2025	393	555	297	756	36	19.4

Magistrats=Abteilung XXI für Statistik, *Statistisches Jahrbuch der Stadt Wien für das Jahr 1909* [*-1913*], Wien 1911 [*-1915*]. より筆者作成

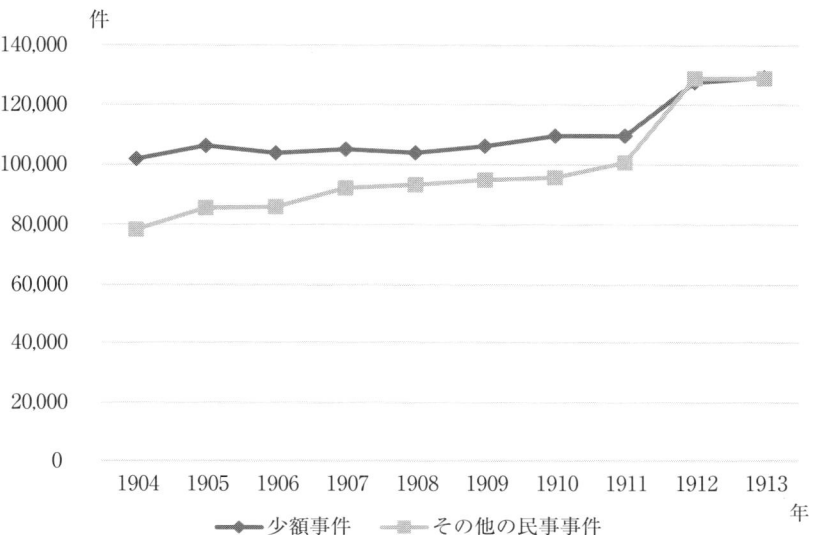

図2　ウィーン市における区裁判所における少額事件および民事事件の新受件数推移

Magistrats=Abteilung XXI für Statistik, *Statistisches Jahrbuch der Stadt Wien für das Jahr 1908 & 1913*, Wien 1908 & 1913 より筆者作成

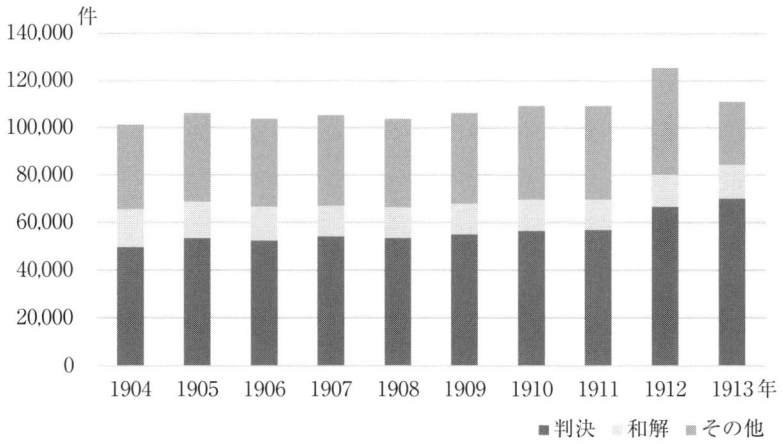

図3　ウィーン市区裁判所における少額事件訴訟に関する終局区分の推移
（1904-1913）

Magistrats=Abteilung XXI für Statistik, *Statistisches Jahrbuch der Stadt Wien für das Jahr 1908 & 1913*, Wien 1908 & 1913 より筆者作成

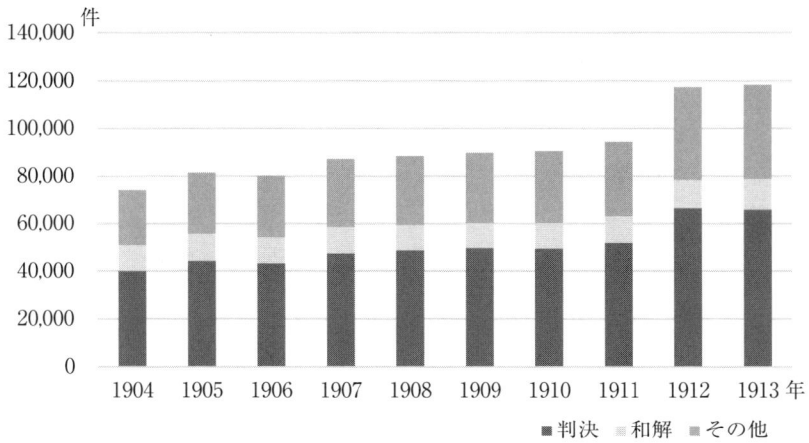

図4　ウィーン市区裁判所その他の民事事件に関する終局区分の推移 （1904-1913）

Magistrats=Abteilung XXI für Statistik, *Statistisches Jahrbuch der Stadt Wien für das Jahr 1908 & 1913*, Wien 1908 & 1913 より筆者作成

いても 1000 クローネまでが対象である。区調停は 600 クローネまでを対象とするため、対象範囲には若干のずれはある。その点をふまえた上でではあるが、区調停が開始される前後で新受件数も和解件数の割合に変化は特に認められなかった。後者は常に 17% から 18% 程度を維持する。

【2】新聞・雑誌に見る民事調停の事例

　カルニオラ州のゴッチェー（Gottschee，現スロヴェニア、コチェヴィエ）で発行された日刊紙の一つ『ゴッチャーボーテ』には、以下のような記事が掲載される。前提として，自治体調停のおかげで「農民たちは節約できた」と評価もしたうえで、自動車がまだ作付け前の畑を通り、畑の所有者に損害を与えたという事件を紹介する[55]。

　　　・・・調停委員は損害額を 24 クローネとしたが、実際には 2 クローネ程度だった！しかも自動車の所有者は、その畑を通らずには自分の

畑へ出ることができなかったし、自分の畑は他人に通行させてやっている。それを斟酌しない調停委員によってこのような搾取が横行し、自治体調停が評判を貶めることにならねばよいが！

　1911 年 10 月 8 日付の『労働新聞』では、7 人の子どもを抱えて住居を立ち退かされ、転居先を探して途方に暮れるウィーン在住、28 歳の労働者の窮状を伝える短い記事の中で、「区調停」という語も登場する。一家が立ち退く際に、家主に預けていったか差し押さえた家具があるらしい。これを家主が傷つけた件につき、区調停が実施されたと記されている。労働者が家具を引き取る際に、家主が損害賠償も併せて支払うという和解が成立したという。しかし、転居先が見つからないでは家具の引き取りも、支払いを受けることもできないではないか、と嘆いている。

　当事者は区調停自体を非難してはいない。むしろ費用のかからぬ区調停だからこそ、相手方から損害賠償の約束も取り付けることはできたのである。ただ、その程度のことでありがたく思うほどの余裕は、当事者にはない。経緯は定かでないが、そもそも「立ち退き」を猶予してもらうために調停を用いることはできなかったようである。

（3）　名誉棄損事件
【1】統計資料より

　名誉棄損事件については、当事者が当初から調停に向かう場合（表4 − 1）と、裁判所から調停前置を言い渡された場合（表4 − 2）とがある。

　当事者から調停を申し立てた件数は、裁判所から指示された件数の三分の一程度である。他の理由による終了には、当事者の取下げや欠席、調停委員からは管轄違い、時効等が含まれる。ひとたび調停が開始されれば、調停が成立する割合は 4 割から 5 割前後に上る。

　調停前置の指示があった場合、調停の開始件数は割合では前者とあまり変

表4－1 名誉棄損事件に関するウィーン市における区調停担当の利用状況（1908-1913）
ー当事者から直接に申立てた事件

年	前年残	新受	合計	調停不開始	調停開始	調停中に取止め	調	欠席原告	欠席被告	欠席双方	不調	年末残	開始後の調の割合（%）
1908	—	4,447	—	—	—	—	2,150	1,224	1,004	—	—	—	—
1909	48	5,055	5,103	—	4,446	306	2,376	539	502	365	1,096	50	53.4
1910	43	4,758	4,801	924	3,877	612	1,449	226	316	249	1,006	19	37.4
1911	19	4,208	4,227	800	3,427	193	1,578	127	273	273	902	36	46.0
1912	36	4,054	4,090	597	3,493	162	1,745	177	282	294	794	39	50.0
1913	39	4,108	4,147	570	3,577	178	1,662	189	296	396	832	24	46.5

Magistrats=Abteilung XXI für Statistik, *Statistisches Jahrbuch der Stadt Wien für das Jahr 1908 & 1913*, Wien 1908 & 1913 より筆者作成

表4－2 名誉棄損事件に関するウィーン市における区調停担当の利用状況（1908-1913）
ー裁判所から調停前置を命ぜられた事件

年	前年度残	新受	合計	調停不開始	調停開始	期日中・後の取止め数	調	欠席原告	欠席被告	欠席双方	不成立	次年度への繰越	開始後の調の割合（%）
1908	—	15,593	—	—	—	0	3,010	10,683	2,910	283	—	—	—
1909	243	15,463	15,705	1,169	12,799	263	1,914	3,804	1,623	3,892	2,377	242	15.0
1910	235	15,551	15,786	2,805	12,981	287	1,774	2,978	1,617	4,509	1,566	250	13.7
1911	262	14,809	15,071	4,010	11,061	305	1,640	2,757	1,550	3,188	1,347	274	14.8
1912	274	14,904	15,178	4,416	10,762	341	1,521	2,662	1,470	3,076	1,288	404	14.1
1913	412	15,544	15,956	4,069	11,887	304	1,655	2,555	1,519	4,100	1,207	547	13.9

Magistrats=Abteilung XXI für Statistik, *Statistisches Jahrbuch der Stadt Wien für das Jahr 1908 & 1913*, Wien 1908 & 1913 より筆者作成

わらない。しかし、開始件数に対する調停成立の割合は前者よりも大きく下がり、1909年が最高で15％である。調停自体が不首尾に終わる件数と調の件数の差は、期間を通じて100件から300件程度である。目立つのは当事者の欠席である。自治体調停で「興奮を静める」より、むしろ調停へ回されることを拒否し、欠席して裁判所に戻る当事者の方が多いようである。

　では、名誉棄損事件に自治体調停を拡大したことは、名誉棄損事件自体の減少には影響しているのだろうか。ウィーン市で名誉棄損事件の有罪判決を受けた人数の推移を確認したところ（図5）、1907年から1909年に1000人余り減少している。統計的にみれば少なくとも、施行当初の成果はあったようだ。しかし、その後は再び漸増する。

　前述の通り、欠席は調停の不調と同じ扱いを受け、事件は再び裁判所へ移送される。それを見越して欠席した当事者も少なからずいたはずである。この点につき、マイヤーが「最も重要な緩和」と先に指摘した点こそ、弁護士たちが、当事者欠席の場合も「調停の不調」とみなされるように政府草案を変更させたことであった。

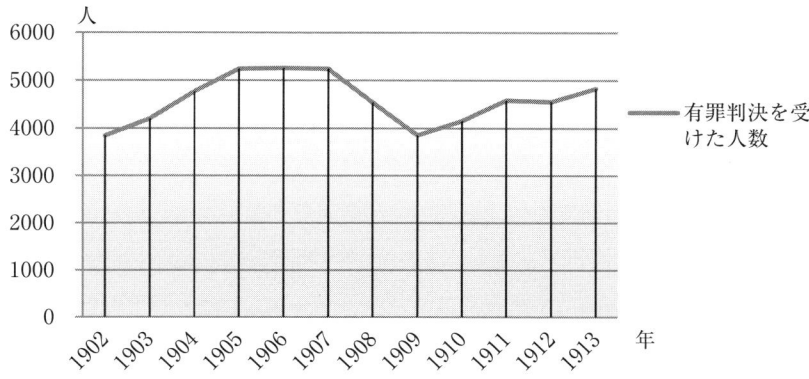

図5　ウィーン市で名誉棄損事件の有罪判決を受けた人数の推移（1902-1913年）

Magistrats=Abteilung XXI für Statistik, *Statistisches Jahrbuch der Stadt Wien für das Jahr 1909* [*-1913*], Wien 1911 [*-1915*] より筆者作成

　名誉棄損事件について以上を併せて考えると、自治体調停を冷却期間として活用する当事者よりもこの制度を活用したくない当事者、活用しても不満が残った挙句、区裁判所に頼る当事者の方が多かったことになる。

【2】新聞・雑誌記事に見る名誉棄損事件

　調停が非公開である以上、新聞記事に記載されるのは、有名人が関わる紛争が「自治体調停に持ち込まれた」という「入口」の話題か、名誉棄損事件の手続にのっとり「区裁判所から自治体調停へ戻された」か、調停が不調に終わって区裁判所での審理が開始された場合に限定される。

　1908 年には社会風刺を特徴とする『フィガロ』紙において、名誉棄損事件に関する自治体調停が話題となっている[56]。

　　　「ウィーンの自治体調停委員の活動は、きわめて奇妙な展開をみせている。彼らのもとで平穏な和解に向けられた名誉棄損の訴えが、決まって少しばかり増えて区裁判所に戻ってくる。なぜなら、当事者たちは自治体によって試みられた『和解の試み』によって、互いにいっそう対立が深まってしまうからだ」（1908 年 4 月 25 日付）

　1909 年当時、ウィーンの日刊紙の一つ『ノイエ・ツァイトゥング』（*Die Neue Zeitung*,1907-1934）には、「民衆の弁護人」（Volksanwalt）[57] と題した法律相談への回答欄がある。質問内容は明記されず、質問者だけに向けられた 5 行程度の回答である。掲載された限りでは無料で、さらに詳細な回答を知りたければ 1 クローネ払って新聞社から教えてもらう。相談は靴職人に対して「新しい靴を作る資格がない」と罵ったくらいでは名誉棄損事件として扱ってもらえない、という内容だったらしい。「名誉棄損として有罪になるとは考えられない」という回答だが、「自治体調停に申し立てることはできますよ」と指摘する[58]。

　君主制自体が終焉を迎えようとする 1918 年の新聞記事には、「弁護士が付いた当事者は最初から区裁判所に駆け込んでいる」（『帝国報知』）[59] と言い切って、この制度の改正を求めている。このほか、「自治体調停」をキーワードにして確認できた事件では、有名人である当事者が欠席したこと、自治体調停へ事件が移送されたこと、逆に区裁判所へ事件が戻されたことが大部分である。上述の『ノイエ・ツァイトゥング』の中に、委員に「あなたが言い過ぎたと思いますか」と諭され「いや、今でもひっぱたいてやりたい」と述べた、という発言を載せた記事が見つかった[60]。

（4）　オーストリア諸邦における区裁判所実務への影響

　1907 年改正法によって、全国の区裁判所から「無用の負担」はどの程度減らされたのだろうか。全国統計では従来の民事事件についてのみ件数の推移を確認することができた。それが図 6 である。

　1905 年から 1913 年の期間にオーストリア全域の区裁判所における少額事件とその他の民事事件新受数の推移を示した。少額事件は 1904 年から 1913 年の間で漸増する。改正自治体調停制度の導入から 1 年ほどして、少額事件の新受件数は低下する。しかし、反動で翌年には跳ね上がる。その他の民事事件は漸増を続ける。したがって、自治体調停の導入が区裁判所の新受件数の減少に貢献したとは、少なくとも長期的には考えにくい。

　次に、裁判所における和解件数への影響を検討するため、全国については、1910 年当時の終局区分数を表 5 で示した[61]。区裁判所で扱う民事事件には少額事件手続法対象事件とその他の民事事件（訴額または目的物の価値が 1000 クローネまで事件、占有妨害訴訟等）[62] とに分けられる。終局区分の「判決等」には本案判決のほか欠席判決、さらには決定や命令等、裁判所の職権による判断で紛争を終わらせた（打ち切った）ものをすべて含む。「その他」には取り下げ等、主に当事者側の終了事由が含まれる。

　少額事件では、すべての地区で「判決等」が和解を上回っていた。自治体

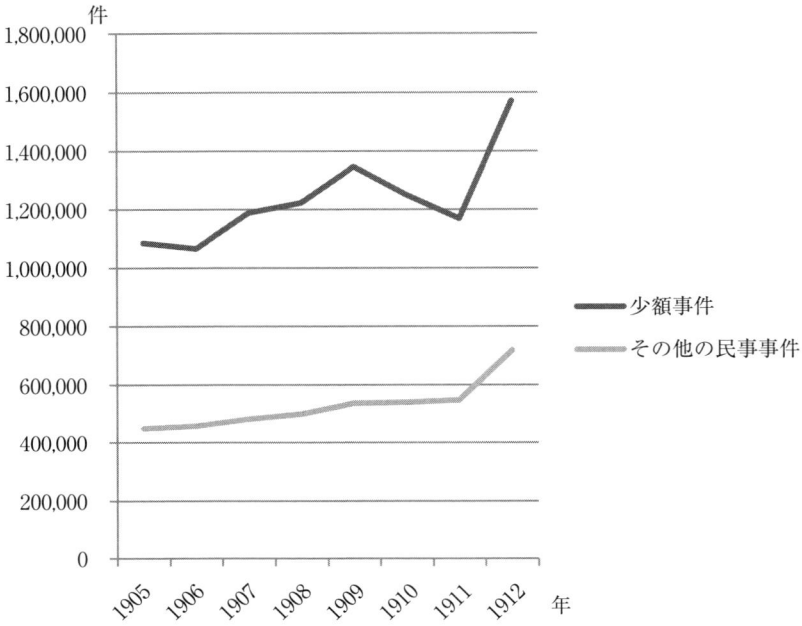

図6 全国の区裁判所における少額事件と民事事件における新受件数推移

K.K.Statistische Zentralkommission, *Tafelwerk zur österreichischen Justiz-Statistik. Ein Quellenwerk für Justizstatistische Forschungen.* Erster Jahrgang, 1910, Neue Folge österreichische Statistik, 6.Bd., Wien 1905–1913 より筆者作成

　調停の法改正をした諸邦では和解はいずれも三種類の中で最小値をとっている。法改正をしていない地域の中ではボヘミア、モラヴィア、シレジア、西ガリツィア、ダルマティアにおいて、和解数も判決数に迫っている。上オーストリアとザルツブルクでは和解件数は少ないが、総数自体が少ない。

　その他の民事事件では、和解件数は常に最小値を示す。ただし、東ガリツィア、ブコヴィナ、ダルマティアでは、判決、和解、その他の方法も大差ない。強いて最大値をとれば、判決ではなく「その他」となっている。

　自治体調停制度を改正した地域については、区裁判所の役割は和解よりも判決ないし裁定機関としての性格が前面に出ていたようである。しかし、南北の辺境地域、すなわちダルマティア、ガリツィア、ブコヴィナについては

説明しきれず、更なる検討を要する。

　帝国北部、とくにボヘミアやモラヴィア、ガリツィアのように、改正制度を完備しなかった地域の地方紙に自治体調停が報じられる場合、当然ながら他地域の報道の中に登場する割合が高い。しかも、多くは数行程度の事実である。

　例外的に、1912年9月26日、10月2日の『チェルノヴィッツ日報』[63]では「農民の治安判事」と題して改正自治体調停法の状況を詳細に伝えた後、この制度が農村にそぐわない、と論ずる。農民たちは、和解するなら「親戚、隣人の間で」解決している、そうでない場合は、せっかく裁判所へ行く

表5　区裁判所における終局区分

	少額事件			その他の民事事件		
	判決等	和解	その他	判決等	和解	その他
ウィーン	57,797	13,537	40,447	50,784	11,226	30,957
下オーストリア（ウィーン除く）	3,896	1,509	2,896	5,450	2,735	2,876
上オーストリア	3,304	564	2,598	3,267	1,320	1,577
ザルツブルク	830	172	524	1,541	450	604
シュタイアーマルク	9,637	3,178	6,477	10,592	4,774	5,127
ケルンテン	1,945	612	1,412	2,673	1,447	1,626
クライン	2,940	1,131	2,174	3,990	1,805	2,072
ティロール	4,635	1,392	3,638	6,285	3,332	4,036
フォアアルベルク	635	161	422	877	309	488
沿海州（トリエステ含む）	9,121	1,869	7,071	10,645	2,692	5,946
ボヘミア	50,041	44,809	5,232	44,604	14,601	27,808
モラヴィア	18,903	16,407	2,496	16,746	5,301	10,565
シュレジア	6,204	5,592	612	5,066	1,879	3,444
西ガリツィア	64,507	54,828	9,679	25,910	13,954	23,708
東ガリツィア	119,565	94,924	24,641	41,487	36,659	50,111
ブコヴィナ	37,209	32,680	4,529	8,329	7,291	9,632
ダルマティア	8,562	6,812	1,750	4,999	4,467	4,722

　　K.K.Statistische Zentralkommission, *Tafelwerk zur österreichischen Justiz-Statistik. Ein Quellenwerk für Justizstatistische Forschungen.* Erster Jahrgang, 1910, Neue Folge österreichische Statistik, 6.Bd., Wien 1913 より筆者作成

以上は「裁判所の権威ある判断」が欲しい、という。

おわりに

　統計によれば、市民の日常生活で起こる細々とした紛争や名誉棄損事件を自治体調停によって解決できた利用者も、毎年一定数は確かに存在していた。また、当時の一般的な新聞や雑誌記事をみれば、それなりに広報活動も実施されており、利用者にとって、決して近づきにくい制度ではなかったことがわかる。

　その一方で、統計資料やメディアを確認するうちに明らかになるのは、結局は裁判所へ赴く当事者の方がはるかに多かったということである。ことに、名誉棄損事件については、当初から弁護士と相談したうえでの行動も十分に考えられ、調停委員は裁判官より軽視された扱いを受けていたように推測される。

　ひとたび裁判所に出向けば、上述したガリツィアの新聞記事に書かれたように、何らかの裁判官の職権的な判断に大抵の当事者は期待したようである。司法関係者でなくとも多様な市民が集中するウィーンでの運用状況は、必ずしも地方と同じではない。それでも、基本的には裁判所の職権主義に頼るという点では類似した傾向が認められ、裁判所とその他の「お役所」や「お偉方」は依然として区別されていたことがうかがえる。それは訴訟は「社会悪」であるから、迅速に終了させるために裁判所が主導権をもって処理していかねばならないという民事訴訟法の起草者にして司法大臣のクラインの方針とも合致していた。[64]

　もっとも、全国的に見れば訴訟の終局区分の割合について地域差が大きいことや、マイヤーが「死せる法」と称するにいたる自治体調停制度の共和国時代の変遷、はては今日における評価など、今後の課題は依然として残されている。

＊本稿は日本学術振興会科学研究費助成事業研究課題（基盤研究 C「近代中・東欧地域における法的サービスに関する研究」）による成果の一部である。

〈注〉

1　首都ウィーンは下オーストリア州の中にあるが、首都として独自の地位を占め、市議会（Gemeinderat）が州議会（Landtag）を兼ねる。（オーストリア共和国憲法 108 条）

2　例えば、委員の任期は概ね 3 年だが、フォアアルベルクでは 5 年とする。Gesetz über die Gemeindevermittlungsämter vom 15. 09.1909（Gesetz- und Verordnungsblatt für Tirol und Vorarlberg, XXVIII. Stück, Nr. 158）, in der Fassung LGBl［＝ Landesgesetzblatt］. Nr. 105/1920 und Nr. 2/1930.

3　全域の制度については Josef Kaserer, *Handbuch der österreichischen Justizverwaltung*, Bd.1, Wien, 1882, 121-123.

4　このうち 1878 年に併合されたボスニア・ヘルツェゴビナには独自の自治制度が認められたため、本稿の対象外とする。

5　東日本大震災以降、筆者の周辺でも熊本地震後等の「震災 ADR」において、近隣トラブルの解決に弁護士が中立の立場で「あっせん人」となり、紛争当事者の双方の言い分をよく聞いて、話し合いがまとまるよう和解を仲介することが目指されてきた。（www.kumaben.or.jp/message/life/2016/08/adr2016830.html 最終確認 2018 年 8 月 31 日）

6　ADR 法の施行状況については「ADR 法に関する検討会報告書」法務省サイト参照（http://www.moj.go.jp/housei/adr/housei 09_00059.html 最終確認 2018 年 8 月 31 日）。2004 年 10 月には仲裁 ADR 法学会が設立され、学会誌『仲裁と ADR』（商事法務）も刊行されている（学会および機関誌については以下を参照 https://sites.google.com/site/arbitrationadrlaw/ 最終閲覧 2018 年 8 月 31 日）。最近の文献では例えば、山本和彦「ADR の将来」法の支配 178 号（2015 年）40 頁、山本和彦ほか「座談会　ADR 法 10 年―その成果と課題」NBL1092 号（2017 年）4 頁等。国際的な動向については多数の文献で言及されている。例えば鈴木優「アジア国際仲裁センターの最新動向と ADR 活性化に向けた取組み」『NBL』1130 号（2018）87-92 頁、工藤敏隆「ニュージーランドにおける金融 ADR」『慶

應法学』40 号（2018）111-136 頁。

7　代表的な成果物として川口由彦『調停の近代』（勁草書房、2011 年）のほか、本学会の林康史編『ネゴシエイション—交渉の法文化』（国際書院、2009 年）など。

8　Peter Mayr, *Rechtsschutzalternativen in der österreichischen Rechtsentwicklung*, Wien: Manz, 1995.

9　例えば Peter Mayr, " Die Entwicklung der Gemeindevermittlungsämter in Tirol " in: *Tiroler Heimat: Jahrbuch für Geschichte und Volkskunde* 51./52. Bd., 1987/1988, Innsbruck, 1989, 47-79, とくに 69; Peter Mayr, "Die Gemeindevermittlungsämter im Land Salzburg " in: *Mitteilungen der Gesellschaft für Salzburger Landeskunde*, Vol.133, 1993, 323-356 とくに 350; ders., Einleitung, in: ders. (Hg.) *Öffentliche Einrichtungen zur außergerichtlichen Vermittlung von Streitigkeiten*, Wien: Manz, 1999, 特に 8-9.

10　Peter Mayr, „Akutuelle Entwicklungen und Probleme bei den Rechtsschutzalternativen " in Reinhold Geimer/Rolf A.Schütze/Thomas Garber (Hg.), *Europa¨ische und internationale Dimension des Rechts—Festschrift für Daphne-Ariane Simotta*, Wien: LexisNexis, 2012, 376.

11　ANNO - Austrian Newspapers Online（http://anno.onb.ac.at/ 最終閲覧 2018 年 8 月 31 日）1907 年から 1918 年までの期間について「自治体調停」（単数）を検索語とすると、2018 年 8 月 31 日現在の雑誌・新聞記事 84 種類で 283 件が該当する。取り上げられた自治体調停の話題を確認したところ、期日の告知と調停委員の選任の合計で 206 件に上る。なお、このデータベース収録雑誌数は現在も更新中であることをおことわりしておく。

12　Gesetz vom 27. April 1873, über das Verfahren in geringfügigen Rechtssachen (Bagatellverfahren) RGBl [=Reichsgesetzblatt], 1873/66; Gesetz vom 1. August 1895, über das gerichtlicheVerfahren in bürgerlichen Rechtsstreitigkeiten, RGBl. 1895/113.

13　この呼び方とオーストリア民事訴訟法については以下に詳述される。Rudolf Wassermann, *Der soziale Zivilprozeß*, Neuwied und Darmstadt 1978（森勇訳『社会的民事訴訟—社会法治国家における民事訴訟の理論と実務』成文堂、1990 年）.

14　Allgemeine Gerichtsordnung, Justizgesetzsammlung (1780-1848), 1781/13.

15　Mayr, Anm. (8) 24.

16　RGBl. 1860/130.

17　Mayr, Anm.（8）97-105.

18　Mayr, Anm.（8）77-79.

19　RGBl. 1862/18.

20　Gesetz vom 21. September 1869, über die Erfordernisse der Executionsfähigkeit der vor Vertrauensmännern aus der Gemeinde abgeschlossenen Vergleiche und über die von denselben zu entrichtenden Gebühren. RGBl.1869/150.

21　"Artikel" も "Paragraph" も通例「条文」と訳されるが、後述する 1907 年改正法との関係で、後者を「節」とする。

22　Mayr, Anm.（8）167

23　Mayr, Anm.（8）163-164.

24　Peter Mayr,, „Die Entstehung des Vorarlberger Gemeindevermittlungsgesetzes von 1870 " Montfort, 42. Jg. 1990, 198-232; ders. „Die Vorarlberger Gemeindevermittlungsämter in der Monarchie", Montfort, 43 Jg. 1991, 33-59; ders., „ Die Weitereentwicklung der Vorarlberger Gemeindevermittlungsämter bis zur Gegenwart" Montfort, 44. Jg, 1992, 329-348

25　Mayr, Anm.（8）216.

26　Franz Klein, Pro futuro, Sonderausgabe aus „Juristische Blätter " aus den Jahren 1890 u. 1891, Wien 1891. フランツ・クラインの業績と先行研究については鈴木正裕『近代民事訴訟法史・オーストリア』（信山社、2016 年）のほか、拙稿「19 世紀後半オーストリア民事訴訟における口頭審理の導入と法曹たち」法制史研究 62（2011 年）1-34 頁参照。

27　Gesetz vom 1. August 1895, über die Ausübung der Gerichtsbarkeit und die Zuständigkeit der ordentlichen Gerichte in bürgerlichen Rechtssachen （Jurisdictionsnorm), RGBl. 1895/111.

28　制定当時の上限は 500 グルテンとされたが、後の部分改正で 1000 グルテンへ変更。

29　本制度の詳細については以下を参照。松本尚子「交渉の場としての調停」林康史編『ネゴシエイション─交渉の法文化』法文化叢書⑥（国際書院、2009 年）177-220 頁。松本尚子「ドイツ・プロイセン勧解人制度とフェッヒェルデの運用例」川口由彦編著『調停の近代』（勁草書房、2011 年）93-148 頁。

30　Klein, Anm（26）100-117.

31　Gesetz vom 8. März 1885, betreffend die Abänderung und Ergänzung der Gewerbeordnung, RGBl. 1885/22.

170

32　Franz Klein, "Rede in der Generaldebatte des Abgeordnetenhauses zum Beratungsgesetz der Zivilprozeßordnung (Stenographisches Protokoll. 14. November 1894)", in: ders., *Reden, Vorträge, Aufsäfze, Briefe*, Bd. 1, Wien, 1927, 49-50.

33　Peter Mayr, „Franz Klein und die Friedensgerichtsbarkeit " in: Herbert Hofmeister (Hg.), *Forschungsband Franz Klein (1854-1926)*—Leben und Wirken, Wien: Manz 1988, 133-155.

34　Herfried Michael Schober, *Die Gemeindevermiitlungsämter—Entwicklung, Zustand und mögliches Anwendungsfeld für Mediation*, Diplomarbeit, Graz,2003, 24.

35　Mayr, Anm. (8) 270-278.

36　Gesez vom 27. Februar 1907, womit Bestimmungen des Gesezes vom 21. September 1869, R.G.Bl. Nr150 (über die Erfordernisse der Exekutionsfähigkeit der vor Vertrauensmännern aus der Gemeinde abgeschlossenen Vergleicheund über die von denselben zu entrichtenden Gebühren), abgeändert und ergänzt werden, RGBl.1907/59.

37　1869条は条文（Paragraph）からのみ構成されたが、1907年改正法では、上位の条文"Artikel"を置いている。便宜上、本稿では1907年改正法のArtikelを「条」、Paragraphを「節」とした。

38　Alleruntertänigster Vortrag des treugehorsamsten Justizministers Alois Freiherrn von Spens-Boden, in: Mayr, Anm. (8) 454.

39　Gesetz vom 17. 9. 1907, gültig für das Erzherzogtum Österreich unter der Enns, über die Gemeindevermittlungsämter, LG. u. VBl. [= Verordnungsblatt] Nr. 124.

40　Gesetz vom 15. 9. 1909, LG. u. VBl. Nr. 158.

41　Gesetz vom 14. 7. 1910, LG. u. VBl. Nr. 35.

42　Gesetz vom 27. 9. 1911, LGBl. Nr. 45 in der Fasssung des Gesetzes vom 18. 5. 1914, LGBl. Nr. 20.

43　Gesetz vom 26. 2. 1913, LG. u. VBl. Nr. 11.

44　Gesetz vom 29.12. 1914, LG. u. VBl. Nr. 23.

45　Gesetz vom 14. 1. 1915, LG. u. VBl. Nr. 9.

46　以上につき Mayr, Anm. (8) 284-285.

47　以上につき *Neue Freie Presse*, Di. 24 Nov 1908.

48　*Österreichische Photographen-Zeitung*, 1908, 32.

49　ウィーン大改造については例えば、以下を参照。田口晃『ウィーンー都市の近代』（岩波書店、2008 年），山之内克子『ハプスブルクの文化革命』（講談社、2005 年）等。

50　K.K. Statistische Zentralkommission, *Statistik der Rechtspflege in den im Reichsrate vertretenen Königreichen und Ländern für das Jahr 1909*, Wien, 1911, II.

51　市長カール＝ルェーガーとともにウィーン市政を担ったポーザーの位置づけ、役割については以下に詳しい。John Boyer, *Culture and political crisis in Vienna ―Christian Socialism in Power, 1897-1918*, Chicago and London: University of Chicago Press, 1995.

52　*Neue Wiener Tagblatt* 6. August 1908; *Neue Freie Presse*10.November. 1911, *Reichspost*, 10.November. 1911,etc.

53　*Verzeichnis der Gemeinderäte, Stadträte und Bezirksräte der k.k. Reichshaupt= und Residenzstadt Wien, der gemeinderätlichen Ausschüsse, kommissionen, komitees, Delegierungen und der Gemeindevermittlungsämter*. Nach dem Stande vom Oktober 1908. Verlag des Gemeinderats-Präsidiums, 154-175.

54　Magistrats=Abteilung XXI für Statistik, *Statistisches Jahrbuch der Stadt Wien für das Jahr 1909* [-*1913*], Wien 1911 [-1915]

55　*Gottscheer Bote* 4. Mai 1914.

56　*Figaro*, 25. April 1908.

57　現在のオーストリア共和国で "Volksanwalt" といえば、1977 年に創設されたオンブズマンに相当する役職を意味する（https://volksanwaltschaft.gv.at/ueber-uns/geschichte　最終閲覧 2018 年 8 月 31 日）。

58　*Die Neue Zeitung*, 13. September 1909.

59　*Reichspost*, 14. August 1918.

60　*Die Neue Zeitung* 13. September 1909.

61　作表のもととなった統計書（K.K. Statistische Zentralkommission, *Tafelwerk zur österreichischen Justiz-Statistik. Ein Quellenwerk für Justizstatistische Forschungen*. Erster Jahrgang,1910, Neue Folge *österreichische Statistik*, 6.Bd., Wien 1905―1913）では、トリエステ、ゴリツィア、ロヴィンニョに分けてだされた値を、本稿では高等裁判所管区に合わせて「沿海州」として合計した。一方、ガリツィアも高等裁判所管区に合わせて東西で分けている。

62　Gesetz vom 1. August 1895, über die Ausübung der Gerichtsbarkeit und die Zuständigkeit der ordentlichen Gerichte in bürgerlichen Rechtssachen (Jurisdictionnorm) RGBl. 1895/111.

63　*Czernowitzer Tagblatt*, 26. September 1912, Oktober 1912.

64　Franz Klein, „Zeit= und Geistesströmungen im Prozesse", in ders. *Reden, Vorträge, Aufsätze, Briefe*, I, Wien: Manz 1927, 117-138.（クライン『訴訟における時代思潮』中野貞一郎訳、信山社、1989 年）。

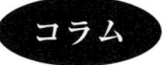

岡崎まゆみ報告ならびに上田理恵子報告への
コメント
日本近代法史の立場から

林　真　貴　子

　岡崎まゆみ報告と上田理恵子報告について、日本近代法史を研究してきた
立場からコメントする。両報告はいずれも、生の裁判史資料を収集・分析さ
れており、その丹念で綿密な実証研究に対して敬意を表したい。

1　近世東アジア（江戸時代、清朝、旧韓末朝鮮）の
　　「訴訟」の共通項

（1）　行政事務としての「裁判」手続

　岡崎報告を聞いて、西洋化以前の近世・初期近代の東アジア——具体的に
は滋賀秀三が論じた清朝と江戸時代後半の日本、そして岡崎報告の扱う朝鮮
王朝末期——の訴訟に共通する現象について考えた。それは、第一に、行政
と司法とが混然一体としており、行政事務の一つとして「裁判」手続が行わ
れていたこと、第二に、判決が確定せず、しばしば両当事者によって蒸し返
され再び訴訟提起がなされることなどにあらわれる「判決の確定力観念の不
存在」（滋賀秀三）、第三に、訴状における「請求の趣旨」の不記載、と整理

できよう。

　まず、第一の点について。これは岡崎報告で詳しく論じられた点であるが、行政と司法とが混然一体となっており、裁判手続は行政事務の一つとして行なわれていたと択えられるということである。近世日本については大平祐一が詳細に実証・論証している。行政と司法とが同一人物によって担われていたことに加えて、事案の判断において何か問題があれば常に、上司・上級機関に伺いを立てて回答を得ていたことも明らかになった（伺・指令型司法）。裁許と呼ばれた判決が出される場合にも、もちろん事案の判断においては先例に強く拘束されていたという[1]。

（2）「判決の確定力観念の不存在」

　第二に、旧韓末朝鮮において判決が確定せず、しばしば当事者によって蒸し返され再び訴訟提起がなされて裁判になるという点も、初期近代までの東アジアに共通する現象のように思われる。滋賀秀三そして寺田浩明によって、清朝の司法手続では裁定（判決）が出されると、当事者双方から、その裁定を受諾し遵守する旨の誓約書を提出させるということが明らかにされている[2]。法廷が開かれ口頭弁論が行われると、官の側からなんらかの「諭」と呼ばれる判断文書が出され、特に「「諭」を以て実質的な裁定を与えたときには、それに対応して当事者から裁定を受諾し遵守する旨の「甘結」すなわち誓約書を入れさせるのを常とした[3]」のである。日本の江戸時代にも、遵依結状と呼ばれるこの証文と類似する文書があり、奉行所は裁許（判決）を出すと、裁許に従う旨の誓約をさせる裁許請証文の提出を両当事者に求めていた。

　ここで、判決に確定力がないという場合には二つの含意があるように思われる。一つは、遵依結状や裁許請証文のような書面の提出を当事者に要求しなければならないということそれ自体が判決に確定力がないことを示唆していると考えられる。もう一つは、そうした判決遵守の誓約書まで提出したに

もかかわらず、全く同じ当事者が同種の請求を再び法廷に持ち込み受理されるということである。川島翔報告および神野潔報告によって論じられた点でもあるが、前近代においてはむしろ、判決に確定力のないことの方が通常のように考えられていたようである。そうであるとすると、判決が確定しないことの理由を、岡崎報告のように、執行制度の不整備と控訴制限がないことによるとすることの意味を改めて問う必要があろう。近世日本の民事訴訟の終了についての研究では、訴訟手続と連続して執行手続が行なわれており、訴訟の終了は判決ではなく、「当事者の意思」によるものであったことが明らかにされている。岡崎報告では、朝鮮王朝末期において訴訟が繰り返される理由について、当事者による「政治利用」の意図があった、とする。報告と質疑応答を通じて、朝鮮王朝末期には勝訴判決を得ることが、当事者にとって、ある種の社会的権威を得るための重要な手段であったと考えられていたことが示された。ただし、結果として墓地の権利を得ていたのならば、「政治利用」という側面を強調することは難しいのではないか。むしろ判決が確定しないことの理由を更に分節化して検討し、いくつかの類型を提示するべきではないか思われた。

　日本では、訴え却下の制度としての側面もある「目安糺」と呼ばれる手続が1877（明治10）年まで続き、これによって訴訟提起が困難になっていた。鈴木正裕が詳しく論じている点であるが、1877年までは訴状を出しても受理されないという状態が頻出していた[4]。官の側からいえば、いつでも理由なしに（より正確には、形式的な理由で）訴えの却下ができるので、訴訟を蒸し返されても困らない、ということになる。この判決が確定しないという現象についても、訴状の形式および訴状却下の点からも考察することができよう。岡崎報告では、訴訟が蒸し返される・繰り返されるという現象が、近代化後10年程度の大韓帝国期になくなったということであるが、その理由とプロセスとを明らかにしていくことも重要であると思われた。

（3）　訴状における「請求の趣旨」の不記載

　第三に、訴状に請求の趣旨が明確に書かれてはいない、という点について。請願と訴訟が未分離の状況では、訴状には、困っていること・揉めている事柄について当事者から見た事実関係は書かれるが、現代の我々が訴状に記載されているべきと考えるような請求の趣旨が明確に書かれることはほとんどない、という特徴を滋賀秀三が明らかにしている。日本の江戸時代には、「出入型」の訴状と「願型」の訴状があり、後者の場合には相手方の氏名が冒頭に記されないなどの違いがあるものの、「訴願と民事・刑事の訴状との間に本質的な差異は見られなかった」、という[5]。このように、当事者が自らの請求内容を明確にし、請求の根拠となる法や慣習に照らして訴えるという形式となっておらず、請求内容を明確にしない場合があることも、東アジア近世の訴訟の特徴の一つであるように思われる。こうした訴えの形式は、調停での訴えと共通性を有するといえるのではないだろうか。このように請求の趣旨を明確にしない点は、ヨーロッパの訴訟と近世東アジアの訴訟との違いであると同時に、訴訟と調停との違いであるといえよう。

2　調停の制度化とその利用の形態

（1）　ヨーロッパにおける調停の制度化

　調停が初期近代ヨーロッパにおいて、主要な紛争解決制度の一つとして制度化されていったのだろうということは川口由彦編『調停の近代』所収の諸論文により示されているが[6]、上田理恵子報告もそうした議論の系の一つに属すると考えられよう。上田報告は、オーストリア・ライタ川以西において調停の導入が検討され始めたのが 1862 年頃で、実際には 1869 年に立法化されたということを明らかにした。松本尚子の研究とも呼応するが、上田報告はゲマインデのレベルにおける紛争解決にも着目したことにより、いわゆる判決手続を中心とした紛争解決が司法全体の頂上部に過ぎず、その下には広

汎に重層的に、多様な紛争解決を保障する制度があったということを具体的に解明したのである。このような、非法専門家が介在して当事者の合意形成を追求する形の紛争解決制度、すなわち、非法律的合意調達のための制度が19世紀には多様に存在していたということが明らかにされつつある[7]。上田報告は、そうした非法律的な合意調達の制度は必ずしも積極的に利用されていたわけではなく、ウィーン市においては調停開始事件の15%前後しか調停が成立しておらず、調停は開始されるものの、ほとんどが「他の理由」なるもので終結しているということを明らかにした。それでもなお、自治体調停が現在まで制度として存続しているということは、自治体調停の利用のしやすさや、利用率といった側面から制度を捉えるだけでは不十分であり、そうした非法律的な自治体内部の紛争解決制度が存在するべきだと考えられているからこそ、制度が残っていると考えられるのではないか。このことは、趣旨説明で言及されたマルティン・ディンゲスの「司法利用」にも通じると思われる。

（2）　近代日本における調停の非制度化

　さて、初期近代・近代ヨーロッパと比較した場合、近代日本は、調停制度を含めて裁判所内外に様々な紛争解決制度を創設してこなかったといえるのではないか。図表の（a）の期間は、裁判所内に裁判外紛争解決制度（司法調停）が設置されていなかった期間であり、（b）は行政機関における調停制度や民間調停が制度化されていなかった期間を示している。近代日本の国家は、司法調停の制度化とその利用に積極的だったとは言い難いのではないか。それは単に偶然、裁判外紛争解決の制度がなかったというのではない。1875（明治8）年から1890（明治23）年にかけて裁判所内に設置されていた勧解が非常によく利用されていたにもかかわらず[8]、1890年に初めて近代的な民事訴訟法が導入された時に、帝国議会に上程される予定であった勧解委員規則草案──プロイセンの勧解人条例の継受であったにも関わらず──

が、結局成立しなかったこと等から、調停の制度化は選択的に避けられたと考えられる。さらに1910年代に弁護士で国会議員となった者たちにより紛議仲裁法案、勧解法案などが帝国議会に上程されても、成立に至ることはなかった。帝国議会では、裁判所内における調停等の制度化に強い反対意見が出さた。その後漸く1922（大正11）年には借地借家調停法が制定施行され、さらに他の調停制度も導入されるものの、これらの制度にはいずれも巧妙な利用阻止の仕掛けがある。借地借家調停は東京、大阪など六大都市部でのみ施行され、1938（昭和13）年になるまで全面的な施行はなされなかったのである。小作調停は地方裁判所に設置されていて、区裁判所での申立ては両当事者の合意がない限りできなかった。ここで詳細に論じることはできないが、1942（昭和17）年に制定施行された戦時民事特別法により金銭債務臨時調停法の規定が準用されて、強制調停が行われるようになり、特に敗戦後の混乱期に調停は非常によく利用されるようになったと整理できるのである[9]。1930年代末までは司法調停でさえも国家によって積極的な位置づけを与えられることはなかったのである。

　自治体調停を含めて民間の調停が、日本で法制化されることは2007年のADR法まではなく、さらに行政調停も公害等調整委員会が積極的に活動する1970年代まで機能していなかった。日本の国家・司法省・裁判所はいずれも、調停制度の創設にもその利用の促進にも積極的ではなかったのである。裁判所内裁判外紛争処理制度としての調停は、明治初期の経済的社会的混乱期の15年間と、1930年代末から敗戦直後の戦時体制期に積極的に利用され、その後、戦後になって改めて制度化されたのである。このことは、日本では人々の自主的紛争解決を支援するような制度の構築がなかったと整理できよう。

　岡崎報告・上田報告に触発されて、近代日本の裁判外紛争解決制度の歴史を素描すると、次のようになる。江戸時代の訴訟の在り方（司法と行政の未分離、判決確定力観念の不存在、請求原因の未記載）が西洋法を継受する過

程で改められ、西洋近代型の裁判（判決手続）を厳格に実現しようとした明治前期に、江戸時代から続く紛争解決方法を温存し、日常の紛争を処理するために勧解（1875-1890 年）が制度化されたが、西洋近代を模範とした法典・裁判制度が成立した 1891 年以降には廃止された。次いで、民法や商法などの実体法が実際に当事者に使用され、訴訟提起がなされるようになると、非常に限定的に調停制度の施行を認める時期（1922-1931 年）が到来する。さらに調停制度が重用される戦時期（1937-1942 年）を迎え、とくに 1942 年以降に日本の民事裁判は、調停中心の紛争解決をするようになるのである。こうしてみると、近代日本の裁判外紛争解決制度は上田報告が明にしたような、オーストリア・ライタ川以西における自治体調停の整備過程とは全く異なるプロセスを歩んだことがわかる。19 世紀のハプスブルクの自治体の制度が帝国最末期の自治体制に引き継がれ、1850 年代にウィーンの３月革命、自由の気分、ハンガリー独立戦争等が抑圧されていくなかでも、行政区分が押し付けられる時期と社会的に安定した自治体の制度を創っていく時期とが重なり、裁判所制度・訴訟制度の整備過程において、逆に自治体調停が制度化されていった。自治体の利用によって社会の安定化が図られていたのとは

図表

日本の裁判所内外における紛争解決

		1742–1868 江戸時代後半	1875–1890 明治	1891–1921 明治ー大正	1922–1945 大正ー昭和	1946– 昭和	1951– 昭和ー	1970–	1980–	1990– 平成ー	2000–	2007–
司法	裁判	奉行所での裁判(裁許)	裁判所での裁判									
	調停	奉行所での裁判(調停)	裁判所での勧解	a	借地借家・小作・商事・金銭債務臨時調停法 鉱業法中の調停規定・人事調停法など各種調停法	民事調停法 ————————————————————					家事事件手続法	
						家事審判法 ————————————————————						労働審判手続
行政	調停	奉行所での裁判(裁許)			(労働争議調停法)	労働委員会 土地調整委員会 建設工事紛争審査会	公害等調整委員会 ———————————————— 国税不服審判所				金融トラブル連絡調整協議会	
		奉行所内外での内済										
民間		町村内での内済	b		(海運集会所)		日本商事仲裁協会 交通事故紛争処理センター 弁護士会仲裁センター		日本知的財産仲裁センター 住宅紛争審査会 スポーツ仲裁機構 PLセンター		法専門職ADR 金融ADR 医療ADR 国民生活センター	ADR法施行
					農村負債整理組合法							
		町村内部での自主的内済	町村内部での非制度的調停									

※本表は、最高裁判所事務総局『わが国における調停制度の沿革昭和四七年一月』（1972 年）、日本弁護士連合法 ADR センター編『紛争解決としての ADR』（弘文堂、2010 年）、山本和彦・山田文『ADR 仲裁法第 2 版』（日本評論社、2015 年）から作図した。

対照的に、日本の調停は、自治的団体（日本の場合はムラ）とは切り離されて制度化されていったことは明らかである。ただし、上田報告は「自治体」が厳密に何を指しどのような意味を持っていたのかをさらに明確にするべきである。オーストリアにおける「自治体」と日本のムラや郡府県などの団体との位相が明らかにされると、両者の比較はさらに実りあるものとなるであろう。

〈注〉

1 大平祐一『近世日本の訴訟と法』（創文社、2013 年）11-83 頁。司法の「行政官兼務方式」について、服藤弘司『刑事法と民事法』（創文社、1983 年）111 頁。

2 滋賀秀三『清代中国の法と裁判』（創文社、1984 年）145-262 頁、滋賀秀三『続・清代中国の法と裁判』（創文社、2009 年）170-202 頁、寺田浩明「中国清代民事訴訟と「法の構築」--『淡新档案』の一事例を素材にして」『法社会学』58 号（2003 年）56-78 頁。そのほか、寺田浩明『中国法制史』（東京大学出版会、2018 年）参照。

3 滋賀・前掲注（2）『清代中国の法と裁判』161-162 頁。近世日本については、大平・前掲注（1）『近世日本の訴訟と法』206-232 頁、神保文夫「西欧近代法受容の前提」石井三記・寺田浩明・西川洋一・水村彪編『近代法の再定位』（創文社、2001 年）164-166 頁など参照。報告者による李朝期の研究として、岡崎まゆみ「明および李朝における『偽造印信歴日等』条の比較」『法史学研究会会報』17 号（2012 年）128-140 頁参照。

4 鈴木正裕『近代民事訴訟法史・日本』（有斐閣、2004 年）1-34 頁、江戸時代の目安糺については、石井良助『近世民事訴訟法史』（創文社、1984 年）31-49 頁。そのほか明治期の訴訟件数について、林屋礼二・菅原郁夫・林真貴子『統計から見た明治期の民事裁判』（信山社出版、2005 年）。

5 大平・前掲注（1）『近世日本の訴訟と法』386 頁。訴願手続の内容とその変化について、坂本忠久『近世都市社会の「訴訟」と行政』（創文社、2007 年）12-68 頁。

6 川口由彦編著『調停の近代』（勁草書房、2011 年）所収の石井三記「フランスにおける治安判事の誕生と勧解調停制度」59-91 頁、松本尚子「ドイツ・プロイセン勧解人制度とフェッヒェルデの運用例」93-148 頁。

7　その担い手については、上田理恵子「在野法曹と非弁護士の間―オーストリア司法省文書にみる公的代理業―」三阪佳弘編著『「前段の司法」とその担い手をめぐる比較法史研究』（大阪大学出版会、2019 年）199-240 頁で詳しく論じられている。

8　林真貴子「勧解制度消滅の経緯とその論理〔含 勧解委員規則〕」『阪大法学』46 巻 1 号（1996 年）141-180 頁、林真貴子「明治期日本・勧解制度にあらわれた紛争解決の特徴」（川口・前掲注（6）所収、149-197 頁）など参照。そのほか勧解制度については、勝田有恒「紛争処理法制継受の一断面――勧解制度が意味するもの――」『国際比較法制研究①』（ミネルヴァ書房、1990 年）、丹羽邦男「明治政府勧解制度の経済史上の役割」神奈川大学『商経論叢』30 巻 1 号（1994 年）、さらに、山崎佐『日本調停制度の歴史』（日本調停協会連合会、1957 年）、江藤价泰「民事訴訟における職権主義に対する史的一考察」渡辺洋三・利谷信義編『現代日本の法思想』（日本評論社、1972〔1968〕年）所収、江藤价泰「調停制度の機能と歴史」『日本の裁判』（日本評論社、1975 年）、など参照。

　勧解制度とは、紛争当事者のどちらか一方の申し立てにより、裁判所で裁判官によって行われる紛争解決制度であり、現在の民事紛争解決手続の分類に従えば、調停制度に一番近いと考えられる。勧解は、1875（明治 8）年 12 月から全国の裁判支庁最下級裁判所で行われることになり、その後 15 年間にわたって、当時の全民事紛争の約 8 割に及ぶ事件を処理してきたが、1891（明治 24）年の民事訴訟法の施行によって消滅した。前掲諸論文によって、日本の勧解制度はフランスの conciliation（勧解）を「換骨奪胎的継受」したものであることが明らかにされた。

9　以上の点については、林真貴子「歴史からみた日本の ADR の諸相：1930 年代の金銭債務臨時調停を中心に」『仲裁と ADR』10 号（2015 年）林真貴子「借地借家調停法の成立と施行地区限定の意味」『近畿大学法学』65 巻 3 = 4 号（2018 年）17-42 頁参照。

明治民事訴訟法の「使い方」：
手続の手引・書式集・素人向け手引の検討

水 野 浩 二

1　明治民訴法への解釈：
「実務向け文献」という研究対象

　いわゆる明治民事訴訟法は 1891 年（明治 24 年）に施行され、1926 年（大正 15 年）に判決手続が全面改正されるまで（施行は 1929 年（昭和 4 年））、わが国における近代的民事訴訟継受の基盤となった法典である。近代的な民事訴訟手続は、法文レベルでは明治民訴法により「ドイツ民事訴訟法典（CPO・1879 年施行）の直訳」として継受されたものの、ローマ・カノン法手続以来の数百年にわたる法伝統という基盤をおよそ欠いた当時のわが国において、実務レベルで多くの問題を引き起こすことになった。当時、民訴法については厳密な意味での研究者はほぼ存在しなかったから[1]、問題への対処を担ったのは実務法曹——立法に関与するエリートから法廷で日々活動する者たちに至るまで——であった。極めて急速な継受というハードな状況の下で実務法曹たちは、日々向き合うケースが引き起こす個々の手続上の問題に対し、妥当と思われる解決策を積み重ねることによって、近代的な民事訴訟手続をわが国に少しずつ定着させていったのである[2]。

その過程で、明治民訴法について実務での適用に即した様々な解釈が徐々に蓄積してゆく。判例・裁判例や法曹会決議・司法省回答などオフィシャルかつ有権的な解釈は判例集や回答集に、そして学説は教科書や受験対策本[3]という文献類型に化体されて伝播していった。しかし明治民訴法についてなされた解釈は、判例や学説だけではなかった。実際に手続を行うさいに必要なテクニカルな注意や戦術的配慮、そして提出すべき書面の書式が、明治民訴法への解釈として大量に生み出されたのである。

　一般に法解釈としては判例や学説が想起され、解釈論上のいわゆる論点が研究対象とされてきた。しかし、日々の実務で必要とされる実用の知識が実務法曹や当事者たる素人に与えた影響は、判例や学説に劣るものでは決してないと解される。これら実用的な解釈を化体した文献類型を、以下本稿では「実務向け文献」と呼び、その特徴について素描を試みることにしたい。「実務向け文献」の検討に当っては、叙述内容とならんで文献類型自体や叙述プランも、明治民訴法を利用者が「使う」ためにいかなる点が問題になったのかを示すものとして、検討されるべきだろう。

　「実務向け文献」は、法典や学説を簡便・単純化して分かりやすくしたもの程度にみなされたのか、これまで検討対象にされてこなかったといってよい[4]。明治民訴法期と同時代のドイツでもほぼ同様の文献類型が存在し[5]、その影響下にわが国の「実務向け文献」も成立したと思われる[6]。本稿末尾に掲載するリストは本研究において水野が作成したものであるが、現時点では網羅性を備えたものでは勿論なく、タイトルの全容はなお精査を要する[7]。

2　「実務向け文献」の類型

「実務向け文献」の大半は、弁護士・法学士・私学卒業生・裁判所書記・代書人が、弁護士や当事者本人を対象として執筆したものであり、当事者サ

イドに必要な内容に限定されている。多くのタイトルを世に送り出した著者
も少なくない[8]。以下「実務向け文献」の類型を、もっとも重点を置いてい
る内容に着眼して、（1）手続の手引、（2）民訴法典のコンメンタール、（3）
書式集、（4）素人向け手引の四つに分類する。各々のタイトルには複数の要
素が混在していることが少なくなく、リストでの区分はあくまで便宜的なも
のである。

（1）　手続の手引

　法典の内容を実際の訴訟手続において問題になるかたちに、わかりやすく
再構成したものである。明治民訴法の体系を、実際の紛争解決の際に採るべ
き手続の順序へと大きく組み替えており、最初に和解手続や督促手続を扱
う、区裁手続に即して判決手続を解説し地裁手続はごく簡略に留める[9]など
の工夫がみられる。

　判決手続は訴状作成から判決にいたる時系列にそって叙述され、一の仮設
事例を軸にしたタイトルも存在する。関連する書面の作成方が具体的に例示
されることが多く、口頭弁論でのやりとりをヴィヴィッドに例示するタイト
ルもある。印紙貼用などテクニカルな説明に注意が払われる一方、制度の説
明は法文のパラフレーズがほとんどで、学説や判例への言及は見られず、多
くの場合訴訟戦術にも関心は向わない。

　大半のタイトルは、裁判所関係者により明治民訴法施行直後に出されたも
のである[10]。新法に通じた者がごく限られた状況の下、裁判官・弁護士が新
しい手続に慣れるために、手続の手引という文献類型が非常に有用であった
ことは容易に想像できる。

（2）　民訴法典のコンメンタール

　法典の各条文に、あるいは法典の順序に従って、解説と判例・法曹会決議・
学説などを簡潔に紹介する文献類型である。明治民訴法施行後しばらくの間

に多くのタイトルが出版されているが、これらの多くは今日のコンメンタールとは質量ともに全く異なる。条文の紹介がメインで解説・判例は少なく、解説は文面こそややくだけたものにしてあるが、その内容は条文のパラフレーズであることが多い。条文以外の内容が申し訳程度など、明治民訴法施行に便乗したかに見えるタイトルも散見される。書式を紹介するタイトルも少なくない。この程度の内容でも、旧世代の実務法曹はもちろん明治民訴法にある程度通じた者にとっても、大部な新法の簡易なガイドブックとして、それなりに有益であったと思われる。

　大正後期になると、今日のコンメンタールにかなり近づいている観がある。法典の順序をベースにしながら、細分化された論点ごとにそれなりに詳細な解説、学説、多数の判例、書式をまとめて紹介する。稠密な叙述は相当以上の前提知識を読者に要求しており、実務の蓄積と同時に、受け手たる実務法曹の状況の変化が反映されている。

（3）　書式集

　明治民訴法は口頭主義を採用した（103条）とはいえ、訴状をはじめとする書面には手続の各所で重要な役割が与えられていた。書式を集めた文献が明治民訴法施行と同時に多く現われ、その後もコンスタントに出版されていることは、その実務上の不可欠さを示す。文献類型としては以下のように細分化される。

【1】民訴手続のみ（中心）の書式集　書式を示すにとどまるタイトルと、それなり以上の解説を付するタイトルがある。後者は手続の手引に近似する。当事者が提出する書式のみを扱うタイトルが圧倒的に多い。裁判所が作成する書式（のみ）を扱うタイトルはわずかであり、その中には修習用の教材として編まれたタイトルが含まれる。とりわけ有名なのは齋藤常三郎『註釈訴訟記録』（1917年）であろう[11]。

【2】あらゆる書式を扱う書式集　役所への申請書や契約書などが主たる対

象であるが、民訴手続の書式も取り上げられている。網羅的に多数の事例の書式を示し、ほとんど解説を伴わない叙述スタイルが大半を占める。

　書式集の隆盛は、民訴手続をはじめ近代法一般の浸透にともない、公的な届出や契約書など書面の重要性が高まったことを反映している。それに加え、実務法曹でも近代法の知識が不十分な者が少なくなかった当時の状況に鑑みれば、書式集には別の重要性があったと考えられる。当事者や弁護士から提出される書面——準備書面など手続上の書面と、契約書などの書証——にそれなりの内容が整理された形で書いてあれば、大半を占める定型的事例はさしたる支障なく処理できるであろう（後述4（3）【2】を参照）。書式集は、当事者本人や弁護士の知識不足をカバーするための重要なツールたり得たと思われるのである。

（4）　素人向け手引

　以上の類型と異なり、法知識を持たない素人を主たる対象にしたと思われるタイトルが多数存在し、素人向け手引と呼んでおきたい[12]。文献類型としては民事訴訟の実用書、書式集、紛争内容ごとの実用書（契約・債権回収・賃貸借等）に分けることができる。

　民事訴訟の実用書としては、手続の手引と民訴法典の簡易なコンメンタールが見られる。素人が読者なので、説明はかみ砕いた平易なものであり、粗製濫造というべきものも含まれる。書式集では、今日における書式の重要性を強調し、本書のアドバイスによって簡単な書面なら自分で作れると謳われる。紛争内容ごとの実用書では民訴手続そのものは従たる扱いであるが、契約締結の際の注意点や後日のための証拠（特に書面）の確保など、実用的な予防法学を多く取り上げる[13]。

　素人向け手引の顕著な特徴として、戦術的・きわどいアドバイスが挙げられる。手続の濫用ともいえる訴訟戦術や、契約締結に際して相手方を「出し抜く」ようなテクニックを詳細に紹介するタイトルが少なくない。

188

素人向け手引が当時多数出版されていた背景としては、明治民訴法が本人訴訟を無制限に認めていたこと、そして実務法曹へのアクセスが経済的・地理的要因ゆえにそれほど容易でなかったことが想定される。しかし同時期のドイツでは実務法曹の利用が古くから根付き、地裁以上では弁護士強制が採用されていた（CPO74条）にもかかわらず、素人向け手引が多数出回っていた。素人向け手引への需要は、わが国固有の条件に必ずしも回収されない事象として検討されるべきであろう。

3　「実務向け文献」の内容

「実務向け文献」の叙述の内容は、大要以下の三つに整理できる。

【1】条文・学説のパラフレーズ　特に明治民訴法施行直後の時期においては、新法に関する知識への需要はきわめて大きかった。当時においては条文を「平易に言い換える」だけでも、近代法の知識に乏しい者にとっては理解が容易になる効果は十分にあったろう[14]。

【2】条文・学説の、実際の使用に合うかたちへの再構成　叙述の構成を紛争解決の時系列に合わせたものにする、具体例の提示や書式などテクニカルな部分を丁寧に取り上げる、訴訟行為の実際を具体的に示すなど、条文や学説を実際に使用する場面に引き直した内容である。法典や教科書の体系的な叙述では取り上げられなかったり、具体的にイメージしにくかったりする部分を補うという点で有用性が高かったと思われる[15]。

【3】条文・学説の、実務上の「裏技」　条文・学説の盲点や想定外、場合によっては脱法的な用法などである。いわゆる訴訟戦術や、予防法学の一部はこれに該当する。こうした内容は法の「使い方」としては濫用・逸脱ではあるが、人々が積極的に法を使おうとしていたことの表れともいえる。

【1】に重点を置いた「実務向け文献」は数多く、教科書よりも平易・簡便な解説への需要の多さを示している。【2】や【3】に富んだタイトルは、

当時の実務の理想像あるいは実態を映し出す史料として、文献類型・内容ともに興味深いものである。

　近代的法典をその基盤たる法伝統抜きに、しかも急ぎ継受せざるを得なかった当時のわが国においては、舶来の条文や学説は文字通り権威であり、形式的・表面的に受け容れられる可能性は小さくなく、実務レベルで問題が生じていた[16]。「実務向け文献」はこういう事態の回避に役立つはずの文献類型であるが、著者たち自身の民事訴訟法理解が同じ問題を抱えていた場合、「実務向け文献」の普及がむしろ問題を大きくした可能性も否定できない。

4　「実務向け文献」の自己認識：
序文・序論の検討

　ここまで「実務向け文献」という文献類型のあらましを述べてきたが、以下ではその叙述のスタンスをより具体的に明らかにするために、「実務向け文献」の序文・序論を検討したい。特に序文は大抵のタイトルに付されており、執筆の意図や想定する読者像がかなり明確に記されている[17]。

（1）　民訴法（典）の理解の難しさ
【1】民訴法（典）自体の問題　1891 年（明治 24 年）に施行された明治民訴法について、その大部さ（全 805 条）、従前の手続からの変動の大きさ、規定の不備や疑義などゆえに、理解が難しいものという認識が示されることが多い[18]。

　脇屋雄六『民事訴訟法文例』（1891 年）自序は、「法権の及ぶところ、特り我国民に止まさらるの目的を以て改良を加えられたる者なれば、従前曾て見ざりしところの規定亦尠しとせず。彼の疎雑なる訴答文例［明治民訴法施行までの民事訴訟の規則。1873 〜 90 年］、其他単行の民事訴訟手続法の

比にあらざるなり」という。堀田康人（代言人）『民事訴訟法実例　前編』（1891年）緒言も明治民訴法について、世の人びとは徒に法文の渋難さを非難し、妄りに法条の浩瀚さに圧倒され詳細な研究をせず、流派の相違・手続の新奇さ・業務の多忙さゆえに考究の不便を感ずることがある、と指摘する。唐沢長十（弁護士）『大審院判例法曹会決議諸法令対照　実用民事訴訟法典』（1897年）の緒言（高橋篤行）は、民訴法は法文不備、随って疑義百出、判例と法曹会決議がなければ活用することができないものが多いという[19]。

【2】実体法に比べ研究に遅れ　「訴訟法の研究は、他の法律諸学科に比し頗（すこぶ）る困難なるを以て、或は半途にして之が研究を抛（なげう）ち、或は専門の士に托」す者が多い（行森竜太（法学士）、後藤本馬『改正民事訴訟法釈義』（1900年）自序）。このように手続法としての民訴法を実体法と対置させ、民訴法についての検討が遅れていることを批判する指摘が散見される[20]。佐伯兼次郎『民事訴訟法通義（法典釈義全書4）』（1909年）序も、「抑（そもそ）も民事訴訟法の規定たる、彼の民法商法等の実体法の如く個人間に於ける私権関係を定むるものと異なり、単に其実体法を運用するの手続法たるに過ぎざれば、其内容も亦無味乾燥にして、研究者に対して快感を与うること尠なし。随て従来人多くは其研究を嘻いず」と述べ、実体法と比較して民訴法の研究が遅れていることを指摘する。河合廉一（判事）他『民事訴訟法要義全』（1911年）序（花井卓蔵）も、最善最美の実体法もそれを運用する手続法がなければ死文徒法に過ぎないとしたうえで、「主法［民商法］名篇多く、助法［民訴法］佳作なし」。同書の自序も、「近時研法の士、動（やや）もすれば実体法のみに偏執するに反し、其手続法たる訴訟法の研究を等閑に付するの傾向あるは何ぞや。之れ吾人の竊（ひそ）かに痛嘆に堪えざるところなり」と述べている[21]。

（2）　学理ではなく実務を重視

【1】法典の運用に必要な知識を示す必要　樋山広業（判事）『文例続篇

民事訴訟手続』（1891年）緒言は、著者と出版社主人とのやりとりを紹介する[22]。弊社が先に出版した民事訴訟文例は「如何なる場合に提出すべきや、此申出は如何なる時に為すべきや、此請求は何時為すや、未だ以て其手続を欠く」。そういう情報は各文例の前に関連法文を記載すれば十分だろう、と筆者が述べると、それだけでは「実地此より是に移り、又彼斯く答うれば我れは云々を陳述せん、又我の求むるは斯く々々なれば彼れ拒むに云々を以てせん等、訴訟を為すの手続に至りては、甚だ遺憾なしとせず」。単なる条文のパラフレーズに止まらず、実際の手続の順序に従って内容を再構成して叙述するタイトルが少なからずみられるのは、実用を考慮したものであった。

　民訴法の運用における書式の重要性もしばしば強調される。脇屋雄六『民事訴訟法文例』（1891年）自序は、民訴法の公布以来注釈や講義の書が多数出版されたが、「然りと雖も、今世に流布するところのものは皆、其法文を釈明したるものに止り、之が実際の適用を容易ならしむるに便益あるところの、文式を示したるものは実に稀なり。之れ此完備の法典に従て権義を保衛するの道を践まんと欲する者の為めに、一の要具を闕くものと謂うべし」。加藤誠一郎・浅野晴三郎『民事訴訟手続文例』（1903年）序文（岸本辰雄）は、実務法曹はみな一定の学識と資格を有し、法律の理論には通じているが、「手続書式の如きは寧ろ之を末技と為し、所謂事務員に一任して重要視せざるの傾向を有す。焉ぞ知らんや、諸般の書類は法律の活動を誘起する最初の伝令にして、往々手続全部の運命を支配するものあることを」と強調する。

　それゆえ、「実務向け文献」では学説の詳細はあまり重視されない。「複雑なる議論を去て」、実際の便宜上自然に生じた慣例は努めて網羅したが、「学者の論争絶えざる難案に付ては、却て之が論議を避け、只実際に行わるる学説のみを掲ぐるに止めたり」[23]。

【2】実体法との相違──実務を考慮した解釈の必要性　実務知識の提供に単なる実用を超えた、より積極的な位置づけを与えるタイトルも少なくな

い。民訴法を実体法と対置したうえで、民訴法の解釈のためには実務の運用を知っている必要がある、と主張するのである。

　明治民訴法の起草に携わった三坂繁人（東京控訴院評定官）の『民事訴訟法釈要　上巻』（1890年）前注意は、民訴法の立法目的はもっぱら訴訟人の便益を計るものであり、民法のように正理に基づくものとは主義が甚だ異なる。従って、その法律の理由を解するにあたって、単に正理のみに依って論ずることはできない。「然らば則ち法律の理由を究むるも、実際の手続を知らざるときは毫も其用を為さざる可く、且法文を視るときは容易に其文意を解し得可きも、実際上に於ては如何に之を取扱うか、其手続上に付き疑なき能わず」。齋藤常三郎『註釈訴訟記録　第一審』（1917年）の雉本朗造による序も、民訴法の学習の際に所説を具象化し体験することが難しいことが、民訴法学講習の難しさの主因である。本書を手にして「賛頌措くこと克わず、僅かに『是あるかな』『是あるかな』を連称するのみなり」と絶賛する[24]。

　奥野綱城（裁判所書記）『実用民事訴訟手続』（1891年）序文（磯部四郎）も、学理を主とする理法（民・商・刑法）と実施の手続を規定する実法（訴訟法）を対比したうえで、学理よりもその実施のほうがより重要であり、学者が実体法の研究に偏り、訴訟法を研究するにしても学理に傾きがちなことを厳しく批判した。「学者理法の実法と相待つを、鳥の双翼、車の両輪の効用に喩う。然れども、実は寧ろ理よりも重し。何となれば理法の寛厳過不及は、実法を以て之を調和するを得べければなり。故に理法の研究最も慎まざるべからず。…［民事訴訟法について］実を説くに高尚の空理を以てするは誤れり。特に異しむ、世の好事者は訴訟法を講述するに妄りに理窟勃萃を以てし、人をして愈々津頭に迷惑せしむ」。川瀬重治（宮崎地裁構内代書人）が『民事訴訟法書式正解』自序の冒頭、「浅学短才の身を顧みることなく、一般法学者の常に難解とせる民事訴訟法中、其書式を網羅し、以て之を世に公にするの壮挙が、余りに著者の心底を振動せしめて止まざることを覚う」

と記した一文には、実務法曹としての矜持を見て取ることもできよう。

　【3】「下敷き」としての実務経験　筆者自身の裁判所での実務経験を下敷きにした、実際に用いられている書式を掲載したことを明記するタイトルは少なくない。これは上記のような「実務向け文献」のスタンスからして当然であろう。

　かなり後の時期になっても、裁判所の間で書式の慣例に差異が存在することが指摘されている[25]。このことについて前田直之助（大審院判事）『修習訴訟記録』（1923年）備考では、訴訟手続は総てに一定の型があり、違反してはいけないなどというのは大間違い、意味が通じればよい。ただ便宜上裁判所の用紙には不動文字が印刷してあり、全国同型なので自然同一になるだけのことである。従来の慣例で多少異なる場合もあるが、それも何かの拍子に過ぎない。本書で必ずしも方式を画一的にしないのは、方式は決して窮屈なものでなく、かつ成るべく実際どおりの手本を示すためである、と強調している。

（3）　素人でも理解できるように

　【1】通常の教科書の難しさ　特に素人向け手引において、簡潔平易な叙述を心がけたことが一様に強調されている[26]。日本法律研究会編『民事人事訴訟手続大全』（1920年）序では、帝国図書館（いまの国会図書館の前身。上野にあった）の喫煙室で三人の書生さんが議論しているという設定で、法律の門外漢が「僕はあの専門家と称する学者の書いた法律書を読むと、頭が痛くなって了う。文章が乾燥無味と云おうか、堅ッ苦しいと云おうか、何が何やら僕等門外漢には殆んど解らない。イヤ解らんのではない、解り易い事柄を妙な熟語を使って態々解りにくく書くから、自分だけ呑込めても他人の我々には解らんのだ。哲学者と法律家は解り切った日常茶飯事を説明するにも、成べく素人に解りにくく書くようにするのが偉いのだと、外国の一批評家が皮肉を云ったが、成程それに違いない」というと、（おそらく）法学部

生が「然り然り、僕等も大<ruby>おお<rt></rt></ruby>いにその感がある。講義の旨い先生だと一時間かかる筆記も二十分位で要領を得て了うけれど、廻りクドイ説明をして事を六ヶ敷<ruby>し<rt></rt></ruby>く考えさせられる先生ばかり多いから閉口する」と応じている。

【2】素人でも「自分でできる」[27]　広島地裁所長・田丸税稔の『民事訴訟独案内　付諸書式』（1902 年）自序は、わが民訴法は主として本人自ら訴訟をなすべしという本人訴訟主義を採用しているのに、実際には本人訴訟はごく少ない。訴訟の中には複雑で容易に勝敗が分からないものと、簡単なため裁判という形式をとるだけで目的を達し得るものがある。前者は法律専門家の知識を必要とするが、後者は訴訟手続の一斑を知っているだけで誰でも容易に行うことができる。訴訟手続に不案内なためにするべき訴訟をせず、権利主張がされないままになっているのは遺憾なので、素人のために指南書を著す、と宣言する。岩崎徂堂（中央・日本両大学法学士）『活きた証文有効な手形　権利の主張』（1913 年）緒言も、契約方法や証文の作り方に問題が多くみられると指摘した上で、さらばといって一々弁護士その他法律家を煩わし、あるいは実際家のところへ行って、どう契約しどう証文の遣り取りをすべきか尋ねるというのでは不便極まりない。本書を読めば有効な契約、活きた文字に倣って証文を作ることができ、損害予防と権利実行ができる。「若<ruby>も<rt></rt></ruby>し此外に実際問題に対して分らぬ所あらば、乞う一々諸氏の質問に答えるとしよう」と、読者の質問にも対応する旨謳っている[28]。

　当時の『法律新聞』には、本人訴訟はもとより契約締結などの法律事務を素人が生半可な知識で行うことがおおく、紛争の原因になるばかりか紛争解決が困難になっているとして、弁護士の利用を強く促す主張が多く見られる。現場の裁判官にも、本人訴訟に批判的な声は少なくなかった[29]。素人向け手引の多くが弁護士や裁判官によって書かれていることとの関係をどう理解すべきかは、手続における職権介入のあり方と合わせ、今後検討されるべき問題だろう。

（4）　実用知識としての（民訴）法

【1】今日の日常生活に法知識は不可欠　一般人の日常生活に近代法がどの程度浸透していたのかを論ずることは容易でないが、「実務向け文献」の中には、法知識の不可欠さを分りやすく説く叙述が見られる[30]。佐伯兼次郎『民事訴訟法通義（法典釈義全書4）』（1909年）序は「我国憲法既に実施せられてより茲に二十年、其間吾人の社会的共同生存の規矩準縄たるべき諸般の法規は、日を以て公布実施せられ、吾人法治国の人民は、此等法規の大体にだも通暁せざるに於ては、其享有すべき権利を安固にし、以て枕を高うして安眠すること能わざるに至れり」としており、近代法が近代化の象徴となっていたことが窺われる。

　『裁判必勝法　貸借者心得』（1902年）序文は、「●見よ見よ　金に関係ある人は　●急ぎ見よ　金の大切なる人は」と大見出しを掲げる。民事裁判に勝訴したいならば、本書を座右の参謀顧問とし「百訴百勝の秘法」を解得せよ。機先を制するのみならず、相手を「我軍門に降伏謝罪せしむるは易々たるのみ。豈に快ならずや」とセンセーショナルに呼びかける。続く本論がごく安直な内容であることは措くとしても、キャッチーな売り文句は一般人にとっても民事訴訟が決して遠い世界の話でなくなっていたことをよく示している。素人向け手引の中には、出版社の大衆向け実用書シリーズ企画の一冊として刊行されたタイトルも少なくなかった。

【2】民事訴訟──駆引きや証拠により結果に大きな相違　民事訴訟プロパーの点では、手続についての知識を駆使した戦術や、証明のやり方が訴訟の結果に大きく影響することが強調される[31]。福井淳編『原被必携裁判勝利手続　付口頭弁論法』（1894年）緒言は、訴訟は身の浮沈、家の興廃に関するものであり、決して忽にしてはならない。訴訟手続をよく知ることが必要、とした上で「蓋し訴訟は曲者必ず敗訴し、直者必ず勝つ可き者にあらず。能く其手続を悉知し、実地に臨み機に応じ変に処し、進退駆引を誤らざれば、敗訴すべき事件も勝つの幸あり。之に反して此等の事に疎き者は、勝

196

つ可き訴訟も敗訴に皈するの患あるべし」。本書では正しい事件は固より、正しくない事件でも勝つことができる方法手段を示そうとしたものである、と続けている。

　以上本稿では、これまで全くといってよいほど顧みられてこなかった「実務向け文献」の研究序説として、文献類型としての基本的特徴を明らかにすることに努めた。法典の解釈としてはふつう判例や学説が想起されるが、法典の運用に際しての実用の知識、そしてそれを伝えるメディアの形態もあわせて考えることで、人々が法典をいかに「使って」いたのかを、立体的に把握することが可能になる。今後の研究の進展に期待したい。

　＊本稿は、文部科学省科学研究費・基盤Ｃ「民事訴訟における職権介入の虚像と実像——実務のまなざしから出発する法史学への試み」（研究代表者・水野浩二）の助成による研究成果の一部である。本稿の原型をもとにした報告（法制史学会東京部会第273回例会（2018年12月））に対して、コメンテーターならびに参加者諸兄姉から多くの貴重なご指摘を受け、複数の修正を行うことができたことに深く感謝する。

「実務向け文献」リスト

（1）　手続の手引

三坂繁人『民事訴訟法釈要　上中下巻』（金港堂、1890）

沢井重蔵『民事訴訟実用』（博聞社、1891）

奥野綱城『実用民事訴訟手続』（同盟書房、1891）

樋山広業『文例続篇　民事訴訟手続』（岡島宝文館、1891）

マ井エル・高木豊三訳補『民事訴訟法実習』（時習社、1892）

井関源八郎「民事訴訟手続」（『法律案内』3～13号（1904～05）所収。但し未完）

後藤本馬『訴訟並執行書式手続全書』（大学館、1905）

（2）　法典のコンメンタール

保科規矩雄『民事訴訟法問答正解』（東雲堂、1890）

樋山広業『民事訴訟手続　訴答書式』（図書出版会社、1891）

後藤本馬『日本民事訴訟法実地問答集』（法律書院、1891）

齋藤孝治・緩鹿実彰『民事訴訟提要』（明法堂、1891）

村上誠太郎『民事訴訟登記実用』（有斐堂、1891）

横尾炳『民事訴訟法問答全集』（郁文堂、1893）

青山幾之助『民事訴訟法実用』（東華堂、1897）

唐沢長十『大審院判例法曹会決議諸法令対照　実用民事訴訟法典』（法典実習会、
　　1897）

増島六一郎『民事訴訟法例解集』（裁判粋誌社、1898）

三輪富十『民事訴訟法正解　実例参照』（榊原文盛堂、1900）

行森竜太、後藤本馬『改正民事訴訟法釈義』（嵩山堂、1900）

佐伯兼次郎『民事訴訟法通義（法典釈義全書 4)』（清水書店、1909）

河合廉一他『民事訴訟法要義全』（法令研究会、1910）

自治館編集局編『民事訴訟法解義』（自治館、1917）

田山卓爾『実例民事訴訟手続総攬』（有斐閣、1919）

二宮丘一『実際的民事訴訟執行手続詳解』（大阪屋号書店、1925）

二宮丘一『改訂実際的民事訴訟執行手続詳解』（1929）

水本信夫『新民事訴訟実例書式手続総攬』（大同書院、1930）

（3）　書式集

『民事訴訟法書式』（司法省、1890）

甲府地方裁判所書記課『法廷必携民事訴訟文例』（内藤伝右衛門、1891）

高橋節夫編『民事訴訟法用式』（小島忠国、1891）

脇屋雄六『民事訴訟法文例』（三木半兵衛、1891）

土居徹『民事訴訟文例』（岡島宝文館、1891）

高野義一編『民刑訴訟手続文案書』（高野義一、1891）

福井淳『鼇頭諸規則　現行書式全書』（弘業館、1892）

相原稲造編『鼇頭法規　実例民事訴訟法』（金桜堂、1894）

樋山広業『民法及戸籍法関係　裁判所申請例式全　付民事訴訟手続書式』（日本攻
　　法会、1899）

増島六一郎『法律立案雛形集　第一集、第二集』（裁判粋誌社、1901）

加藤誠一郎・浅野晴三郎『民事訴訟手続文例』（法政館、1903）

自治館編輯局『書式大全　全』（自治館、1907）

肥田健吉編『実例民事訴訟法』（金桜堂、1907）

明治大学出版部編『証書文例詳解』（明治大学出版部、1911）

田淵田『民事人事訴訟書式全書』（田淵田、1913）

川瀬重治『民事訴訟法書式正解』（代書人研究会、1915）

齋藤常三郎『註釈訴訟記録　第一審第二審』（弘文堂、1917・24）

田上博通『代書大博士　竜之巻』（大日本代書業講習会、1917）

自治館編輯局『書式大全（修正増補）』（自治館、1920）

法律研究会編『改正願届書式手続全書　附諸税法及諸手数料提要』（国益社、1921）

前田直之助『修習訴訟記録第一審（土地所有権確認事件）』（巌松堂書店、1922）

法典研究会編『諸願届書式全書　法律対照』（立川文明堂、1922）

前田直之助『修習民事訴訟記録』（巌松堂書店、1923）

中村秀雄他編『書式総攬　第一輯（民事訴訟法、競売法）』（清水書店、1924）

自治館編輯局『最新改訂書式大全』（自治館、1924）

岩崎高敏『学説判例決議実例　書式一切と其手続詳解』（盛林堂、1924）

尾高武治『民事商事に關するあらゆる種類の訴と其裁判　上中下』（清水書店、
　　1924 〜 25）

平尾廉平編『訴状一定の申立文例と大審院判例』（大同書院、1927）

自治館編輯局『書式大全』（改版）（自治館、1929）

（4）　素人向け手引

福井淳『民事訴訟法註釈』（図書出版会社叢書）（図書出版会社、1890）

堀田康人『民事訴訟法実例　前編後編』（精理館、1891）

後藤本馬『国民必携民事訴訟書式案内』（法律書院、1891）

宮川大寿『日本民事訴訟法註釈（日本法典全書第六編）』（博文館、1891）

岩井正次郎『民事訴訟法註釈』（大川屋、1893）

福井淳編『原被必携裁判勝利手続　付口頭弁論法』（此村黎光堂、1894）

佐瀬鷹雄『実地経験裁判勝利秘法』（田中宋栄堂、1894）

後藤本馬『現行法典貸借者必携』（青木嵩山堂、1895）

殿木三郎『民刑訴訟必携全』（1895）

北谷岩吉編『裁判勝利法 貸金者心得』（法令館、1900）

樋山広業『談判勝利裁判全捷貸借心得』（武内教育書房、1901）

田丸税稔『民事訴訟独案内 付諸書式』（浜本明昇堂、1902）

後藤本馬『民事刑事裁判勝利法大全 一名訴訟之秘密』（嵩山堂、1902）

『裁判必勝法 貸借者心得』（益世館、1902）

金井太郎『新訂再版民事要解書式集』（文竜館、1903）

萩原定一郎『民間必携訴訟勝利法』（日本館、1903、1910、1913）

岩崎勝三郎『債務者の顧問』（丸山舎書籍部、1905）

山本光行『民事刑事人事 訴訟書式手続』（訂正14版）（松陽堂、1905）

後藤本馬『実業家法律顧問』（光世館、1906）

林儀一郎『改正民事訴訟法釈義』（新撰百科全書34）（修学堂、1908）

佐藤貞雄『民事訴訟法 自問自答（法典須知3）』（矢島誠進堂、1910）

四元内治『自修顧問法律教師』（帝国法律学会出版局、1911）

渡部万蔵『人一代の法律』（公文書院、1912）

金子亀次郎・禱苗代『書式詳説 訴訟の顧問』（大学館、1912）

岩崎祖堂『活きた証文有効な手形 権利の主張』（嵩山堂、1913）

木俣亮『訴訟非訟事件実用手続提要』（帝国法政学会、1913）

帝国法典研究会編『人事物件法律顧問』（春江堂、1914）

遠藤恵『民事訴訟の相談相手』（公文書院、1914）

佐藤修堂『債権物権訴訟必勝法』（山田書店、1916）

横塚泰助ほか『六法詳解法律全書』（帝国教育学会、1917）

足立重次郎編『代書手引』（代書手引発行所、1917）

日本法律研究会『証文の書方』（三光社、1919）

岩崎祖堂『活た書式と手続』（朝野書店、1919）

日本法律研究会編『民事人事訴訟手続大全』（三光社、1920）

松倉慶三郎『法律研究法律と生活 総論ノ部』（法律研究会、1921）

堀江新太郎『自身で完全に書ける金銭、土地、建物、貸借、売買、譲渡、登記、訴
    訟、執行、諸証書及願書の書方』（広文堂書店、1922）

岩崎勝三郎『貸家貸地立退き明渡し即決策』（広文堂書店、1922）

岩崎勝三郎『売掛代金完収策付停滞諸貸金復活法』（広文堂書店、1923）

日本法律研究会編『間違ひのない証文の書き方』（進文館、1924）

五鬼上堅磐校閲『民事人事訴訟手続便覧』（石渡正文堂、1924）

沼田照義・犀川長作『債権者の顧問』（広文堂、1927）

瀬木辰夫『書式手続総覧（大日本百科全集）』（誠文堂、1928）

渡正監『民事紛争と其解決』（大学書房、1929）

牧野孝『自分デ出来ル　訴ト其裁判』（牧野書店、1930）

〈注〉

1　鈴木正裕「民事訴訟法の学説史」『ジュリスト』971号（1991年）。後注（21）も参照。

2　水野浩二「葛藤する法廷――『法律新聞』の描いた裁判官・民事訴訟・そして近代日本（1）〜（3・完）」『北大法学論集』67巻4〜6号（2016〜17年）で詳細に論じた。

3　判検事登用試験・弁護士試験、大学の期末試験、さらには裁判所書記・普通文官試験などの受験を念頭においた文献類型であり、かなりのタイトル数に上る。内容は教科書・講義録のダイジェストとみられ、知識整理のために図解・箇条書きなどの工夫を行い、論点ごとに必要な知識をまとめ、暗記・確認するのに非常に有用なつくりにされている。条文・教科書の内容を暗記のために単純化したその叙述内容は、将来の実務法曹たちの（民訴）法認識に無視できない影響を及ぼしたと思われるが、実務そのものを念頭に置いた内容はほとんど見られず、高等教育や「試験文化」の広がりと結びついて発展した文献類型として、本稿の検討対象からは除外する。この点に関連して、小石川裕介氏（後藤・安田記念東京都市研究所研究員）の指摘に感謝する。

4　西村捨也編著『明治時代法律書解題』（酒井書店、1968年）は、法律書の出版形態について概説を与えており貴重であるが（289頁以下）、啓蒙的な通俗書・受験用参考書についてはその社会・教育的な重要性を認めつつも（凡例3頁、290頁）、採録対象から外している。

5　水野のドイツでの調査により、近代ドイツにかなりの質量の「実務向け文献」が存在したことが判明している。中世後期の訴訟法書、近世ドイツの実務法学の系譜上に位置づけられると思われるが、基礎的な書誌情報以上の研究はあまり進展していない。Knut Wolfgang Nörr, Die Literatur zum gemeinen Zivilprozess. in: Helmut Coing (hrsg.), Handbuch der Quellen und Literatur der neueren europäischen Privatrechtsgeschichte. Bd. 1. Mittelalter (1100-1500). München 1973, Jan Schröder, Wissenschaftstheorie und Lehre der "praktischen

Jurisprudenz" auf deutschen Universitäten an der Wende zum 19. Jahrhundert. Ius Commune Sonderhefte 11. Frankfurt am Main 1979. 水野浩二「西洋中世における訴権の訴訟上の意義——『訴権を軸とする文献』についての一考察（1）」37-61 頁、「同（5）」114-118 頁（『法学協会雑誌』122 巻 5、12 号（2005 年））。

6　但し、モデルとしたタイトルが明示される例はわずかである。評判が高かったタイトルとして、Hermann Meyer, Anleitung zur Prozesspraxis nach der Civilprozessordnung vom 30. Januar 1877 in Beispielen an Rechtsfällen. 1. Aufl. 1877-78, 2. Aufl. 1888. がある。三坂繁人『民事訴訟法釈要　上巻』（1890 年）前注意は、「独乙国法律取調委員控訴院評定官『マイエル』氏」の著書が詳らかに例を挙げ、法廷内外の取り扱いなどを眼前に見るがごとく説いており、自著のモデルとしたことを述べる。同書第二版の翻訳をベースとしたマ井エル・高木豊三訳補『民事訴訟法実習』（1892 年）例言も、実務家への有益さゆえに訳述を勧める者が多かったとしている（参考、鈴木正裕『近代民事訴訟法史・日本2』（有斐閣、2006 年）188 頁以下）。齋藤常三郎『註釈訴訟記録　第一審』（1917 年）例言は、齋藤十一郎（大阪控訴院長）と雉本朗造（京大教授）から Friedrich Stein, Aktenstücke zur Zivilprocess.（正式には Aktenstücke zur Einführung in das Prozessrecht. Civilprozess）を勧められ、それに倣って同書を著したとする。他方、特に書式集については、前近代のわが国で広範な発展をみた往来物の系譜も示唆されている（八鍬友広「往来物のテクスト学」辻本雅史編『知の伝達メディアの歴史研究』（思文閣出版、2010 年）、同「明治期の往来物に関する研究——書式文例集の展開」『東北大教育学研究科研究年報』62 巻 1 号（2013 年）1-15 頁など。この点について、松園潤一朗氏（一橋大准教授）の指摘に感謝する）。日独双方の影響のいかんと相互関係、並びに明治民訴法施行までの時期に刊行されていた「実務向け文献」からの影響は興味深いテーマであるが、本稿の検討対象からは除外せざるを得ない。

7　タイトルの検索は、主に以下の方法で行った。（1）ネットによる蔵書検索…北大、中大、明大、法大、国会図書館など　（2）信山社編集部編『民事訴訟法文献立法資料総目録　戦前編』（日本立法資料全集別巻 349）（信山社、2005 年）の、「文献目録・個別各図書館別」（3）現地調査…東大法学部図書室、法務図書館など。管見の限り、「実務向け文献」が大学や法務図書館で意識的に収集されたとは考えにくく、国会図書館のデジタルコレクションがもっとも有益であった。裁判所の内部資料として、裁判所のみに所蔵されているタイトルが存在する可能性

は否定できないが（『民事訴訟法書式』（1890年）は一例）、部外者にはアクセス・収集は困難と思われる。

　タイトルの書誌情報については、紙幅の関係で出版社名の表記は末尾掲載リストに譲る。また文献類型そのものを検討対象とする本稿ではタイトル名も重要な情報であるため、2回目以降の言及の際も略記せずその都度表記した。この点、本叢書指定の書式と異なることにつき了解されたい。

8　以下著者に付した肩書きは、原則としてタイトル中の記載に従った。なお、かなりのタイトルで著名な弁護士、裁判所の上司、政治家が「校閲者」として挙げられている。「校閲者」は序文を寄せたり揮毫したりしているが、「箔付け」を超えて内容について実質的な校閲まで行ったか否かは判然としない。また、ほぼ同一内容の著作がタイトル名・著者名・版元を変えて、複数回出版された例が散見される。

9　明治民訴法期において、地裁よりも区裁のほうが事件数は圧倒的に多かった。林屋礼二ほか『統計から見た明治期の民事裁判』（信山社、2005年）『統計から見た大正・昭和戦前期の民事裁判』（慈学社、2011年）の例えば［2－4－1］［2－4－6］を参照。

10　三坂繁人（『民事訴訟法釈要』）は法律取調委員会の報告委員として、明治民訴法の起草に関与していた。高木豊三（『民事訴訟法実習』）は福島地裁所長として明治民訴法施行を前にドイツ書を用いた講習会をおこない、『日独民事訴訟法対比』（1892年）も刊行している（鈴木正裕『近代民事訴訟法史・日本』（有斐閣、2004年）232-233頁、鈴木・前掲注（6）186-187頁）。沢井重蔵（『民事訴訟実用』）は司法官試補、奥野綱城（『実用民事訴訟手続』）は裁判所書記であり、判事の樋山広業（『文例続篇　民事訴訟手続』）は複数の「実務向け文献」を著している。

11　同書は裁判官にかなり読まれたといわれるが、各書式について詳細な学説（ドイツを含む）・判例の紹介を行いつつ、自らの議論を展開する学問的にハイレベルなものであり、書式集はもとより「実務向け文献」全体の中でも例外的な存在といえる。齋藤は1878年（明治11年）生まれ、1903年京都帝大法科大学卒、司法官試補。大阪地裁判事を経て1914年（大正3年）大阪控訴院判事、1919年神戸高商教授。参照、斎藤秀夫ほか『逸話で語る民訴学者の面影』（第一法規、1997年）42頁以下。

12　もちろん、タイトルの中には実務法曹向けか素人向けか截然と区別できないものも少なくなく、区別はあくまで相対的なものにとどまる。

13　紛争内容ごとの実用書として、実体法的内容を中心とし民事訴訟手続は直接扱わないタイトルは相当多数存在するが、本稿では検討対象とせず、リストにも掲載していない。

14　鈴木・前掲注（10）231-233 頁。原嘉道（1893 年（明治 26 年）無試験免許代言人。のち法相、東京弁護士会長、第一東京弁護士会長）は後年述懐して、自分が弁護士になった当時は明治民訴法施行後わずか二年余しかたっておらず、裁判官も弁護士も訴訟手続に熟通しないほうがむしろ普通だった。「従来民事訴訟法に付て何等の智識のなかったものでも、事件を処理する度毎に必要の条文を精読し、一二の註釈書でも読んで置けば、敢て甚しき不都合は感じなかったのである」（「民事訴訟法雑感」『法曹会雑誌』8 巻 12 号（1930 年））。「実務向け文献」には多数のルビを付したタイトルも一定数存在し、理解が容易になるよう工夫した例（第 一 審、管轄、債権者、抗 弁、 立 証、正本、謄本など）もある。

15　司法官試補として実務修習を受けてから職務に就く判検事はともかく、試験合格後の修習制度が存在せずいきなり職務に従事することになっていた弁護士にとっては、この種の情報は特に有益だったろう。『法律新聞』（1903 年 1 月 12 日付）「初舞台の記　新米代言」は、「法廷デビュー」当日の弁護士の戸惑いをヴィヴィッドに伝える。岩松三郎『ある裁判官の歩み』（日本評論社、1967 年）34 頁も、任官当時（1919 司法官試補）の弁護士は一般に勉強が足りなかった。「法廷へ出てきても訴訟法もよく知らないですよ。どうやっていいかわからないんだ。『こうやるんだよ。』と教えてやって、相手の弁護士から、『別に裁判長の忌避を申し立てるんじゃありませんけれども、そう相手方に教えないでもいいでしょう。』といわれたことがありましたよ」。大正期になっても、本人訴訟の当事者本人や弁護士の知識が十分とは言えない事例が見られたことについては、水野・前掲注（2）にて具体的に論じた。

16　この点について重要な指摘をしたのが、中野貞一郎「手続法の継受と実務の継受」同『民事手続の現在問題』（判例タイムズ社、1989 年）である。原嘉道『弁護士生活の回顧』（法律新報社、1935 年）は各所で、当事者主義や口頭主義の理解が形式的に過ぎたことを実例を挙げて批判している。この論点については、別稿で詳細に論じたい。

17　参考、西村・前掲注（4）294 頁。序文には本編とは区別して頁数が振られていることが大半である。序文の分量は少なく同定が容易であることもあり、以下の史料引用では頁数は示さない。史料引用にあたっては、多くの場合国会図書館デジタルコレクションで参看可能であることと読みやすさに鑑み、いずれも新か

な新漢字、カナ書きはひらがなになおし、適宜句読点・ふりがなを補った。〔　〕内は水野が補った説明である。

18　以下紹介するほか、例えば奥野綱城『実用民事訴訟手続』（1891 年）、後藤本馬『日本民事訴訟法実地問答集』（1891 年）、岩井正次郎『民事訴訟法註釈』（1893 年）。

19　この認識は一般的だったと見え、1895 年（明治 28 年）12 月に民事訴訟法調査委員会が司法省に設置され、明治民訴法施行からたった 5 年で改正に動き始めている。その理由として、施行後の経験上いろいろ不都合な点が見つかったこと、法文の表現が理解しづらいことなどが挙げられた（鈴木・前掲注（10）231-235頁）。

20　以下紹介するほか、宮川大寿『日本民事訴訟法註釈（日本法典全書第六編）』（1891 年）。

21　三ヶ月章「民事訴訟の理論と実務――理論家の立場から」同『民事訴訟法研究第九巻』（有斐閣、1984 年。初出は 1983 年）30 頁以下は、明治民訴法下において民事訴訟の講述が長い間実務家に委ねられ理論家の出現が遅れたこと、実体法学者が訴訟法学について「実務家に任せておけばよい」と低く見る傾向があったことを指摘する。理論家たる民訴学者と呼べるのは加藤正治（1900 年（明治 33年）東大助教授）・雉本朗造（1904 年（明治 37 年）京大助教授）が始まりで実体法学に比べ立ち遅れ、戦前をつうじて研究者の数は僅少にとどまることとなった。但し、民訴法の講述に携わっていた実務家のレベルが決して低くなかったことには留意が必要である（鈴木・前掲注（6）183 頁）。

22　他に例えば沢井重蔵『民事訴訟実用』（1891 年）、川瀬重治『民事訴訟法書式正解』（1915 年）。

23　後藤本馬『国民必携民事訴訟書式案内』（1891 年）、田山卓爾『実例民事訴訟手続総攬』（1919 年）。

24　他に例えば、後藤本馬『国民必携民事訴訟書式案内』（1891 年）。自治館編輯局『書式大全』（1907、1920、1929 年）凡例は、本書は専ら実用のために編集されているが、法律研究の場合にも参看されることを希望する。その法律を実際に適用している感覚が得られ、法文の意義・適用を解するに多大の便があるから、としている。

25　田淵田『民事人事訴訟書式全書』（1913 年）は、書式は現時各裁判所で行う実例に従ったものなので、各裁判所に共通するはずであるが、自ずから慣例の異なるものがあるとする。

26 本文紹介のほか例えば、沢井重蔵『民事訴訟実用』（1891 年）、後藤本馬『現行
　法典貸借者必携』（1895 年）自序。

27　下記紹介のほか、例えば日本法律研究会編『民事人事訴訟手続大全』（1920年）
　表紙。

28　本文末尾に、「本書の読者にして本書に関する疑問、并に其他の実際問題に対
　して質問鑑定を求むる場合に於ては、著者は無報酬を以て親切町嚀にお答を致そ
　う。其際は質問の事実を詳細明瞭に認めて、返信料を添えて直接左記宛にて送付
　さるるが宜しい」として、著者の住所を掲げている。
　　この記載をどこまで真摯に受け止められるかはともかく、当時の法曹メディア
　には読者から寄せられた法律上の質問に回答するコーナーを設けているものがあ
　り、それを一書にまとめた書物も存在した。本稿では立入れないが、法学識への
　アクセス・伝播のチャンネルの一つとして注目される。例えば『法律案内』（1904
　年（明治 37 年）～）1 号（1904 年 11 月 10 日付）では会員（会費月 10 銭）は法
　律に関する質問ができ、紙上で精密に回答されるとしていた。

29　水野・前掲注（2）「（1）」37 頁以下、「（3・完）」50 頁以下。

30　以下紹介するほか、例えば福井淳『鼇頭諸規則　現行書式全書』（1892 年）自
　序、後藤本馬『実業家法律顧問』（1906 年）緒言、自治館編輯局『書式大全』
　（1907、1920、1929 年）梅謙次郎序、岩崎徂堂『活きた証文有効な手形　権利の
　主張』（1913 年）総説、日本法律研究会『証文の書方』（1919 年）序。

31　以下紹介するほか、例えば佐瀬鷹雄『実地経験裁判勝利秘法』（1894年）緒言、
　三輪富十『民事訴訟法正解　実例参照』（1900 年）3 頁、行森竜太・後藤本馬『改
　正民事訴訟法釈義』（1900 年）自序、後藤本馬『民事刑事裁判勝利法大全　一名
　訴訟之秘密』（1902 年）、萩原定一郎『民間必携訴訟勝利法』（1903 年）自序、日
　本法律研究会編『民事人事訴訟手続大全』（1920 年）表紙・序。詳細には別稿を
　用意している。

第7章

ジャック・ヴェルジェスの司法戦略とミシェル・フーコーの哲学について

西 迫 大 祐

はじめに

　近年「コーズ・ローヤリング（cause lawyering）」という、依頼人の利益よりも弁護人の「大義（cause）」を優先する訴訟形態に注目が集まっており[1]、この関心の高まりは、「大義のための訴訟」を歴史的に再検証するという新しい研究領域を作り出しつつある。その一つの例として、ネルソン・マンデラによるリヴォニア裁判の研究をあげることができる[2]。マンデラ自身、裁判を「審判を受ける場としてではなく、信念を世に広く知らせる場として」利用したと述べ、傍聴席から裁判を受けるなどの方法を駆使したように、法廷を反アパルトヘイトへの闘争の場として戦略的に使っていた。

　本稿では、ジャック・ヴェルジェスとミシェル・フーコーによる「自由弁護運動（le réseau Défense libre）」をとりあげる。この運動はヴェルジェスとフーコーが中心となって1980年に創設された。1984年にフーコーが死去することで、この運動は消滅してしまうものの、「コーズ・ローヤリング」への関心からいま、再び取り上げる意義があると思われる。

　本稿は、この「自由弁護運動」がいかなる運動の集合によってつくられ、

何を目指していたのかを理解するために、フランスにおける「コーズ・ローヤリング」の歴史をたどっていく。第一節では、フランス共産党の弁護運動から、ヴェルジェスによるアルジェリア戦争の弁護活動までの歴史について、第二節では、フーコーによる「監獄情報グループ」から、「囚人活動委員会」や「法のブティック」などの運動を経て、「自由弁護運動」が結成されるまでの歴史をたどる。最後の第三節では、フーコーやヴェルジェスがこの運動に何を賭けていたのかを考察する。

1 レジスタンスからアルジェリア戦争終結まで (1920-1962)

(1) 訴訟による抵抗のパイオニアたち： 共産主義の弁護士たち (1920-1940)

1921年に結成されたフランス共産党に加入した弁護士たちは、訴訟を政治化する「政治的弁護 (défense politique)」戦略をとった。中心的な役割を果たしたのはマルセル・ウィラールで、後に自らの弁護方針を「司法は手段、政治が目的」[3]だと記している。ウィラールの弁護方針はレーニンが1905年に書き残した手紙を発展させたものであり、その戦略は以下のようなものであった。

> 第一に、もし弁護が不可能であると判明した場合、つまり政治活動にとって役に立たないときには、明確な抗議によって理由を示したうえで、訴訟をボイコットすることが正当化される。第二に、もし弁護が〔…〕政治的見地から可能であれば、裁判は言語という武器で争う闘技場として活用されなければならない[4]。

ウィラールは1920年代終わりに国際法律協会を設立し、そこで数多くの

　若い弁護士たちを育成した。ウィラールにつづく第二世代の弁護士たちは、ヴィシー政権に対するレジスタンスを擁護し、裁判を反ファシズムの場として利用していった[5]。なかでも、ディミトロフの裁判はよく知られている。1933 年国会議事堂放火の容疑で訴訟にかけられたディミトロフは、ウィラールの助言に従い政治的弁護を展開した。ナチスの検察官や裁判官、ゲーリングやゲッベルスと争いながら、訴訟は放火についてではなく、ナチスと共産主義との政治的主張を争うものに変わっていった。このような変化を前にして、裁判長は次のように述べることになった。「被告人ディミトロフのこれ以上の質問は許されません。かれは質問権を濫用して、共産主義の宣伝をするためだけにその質問を提出しているからです」[6]。

　戦後に活躍する共産党の弁護士たちは、政治的主張の場として訴訟を利用していくことになる[7]。例えば、1950 年のロアンヌ訴訟では、インドシナ戦争に反対したフランス労働総同盟（CGT）のメンバーが、戦地に送られる装甲車を搭載した列車を停止させた事件の弁護を担当することで、訴訟を戦争への抗議の場として活用した[8]。

（2）　アルジェリア民族解放戦線（FLN）と切断に基づく弁護　（1956-62）

　アルジェリア独立戦争がはじまるのは 1954 年のことである。その年の 11 月 1 日にアルジェリア民族解放戦線（以下、FLN と表記）が蜂起し、翌年 4 月に戒厳令が敷かれると起訴件数が急増した。というのも戒厳令によって警察に特別な捜査が認められ、重罪院が軍事裁判所の指揮下に入ることで簡易的で迅速な刑事裁判が可能になったからである。1955 年 12 月には 4000 人以上が係争中にあり、軽罪裁判所では毎月数 100 人が判決を受け、軍事裁判所は毎月数 10 人、時には 100 人を越える判決を下すこともあった[9]。1957 年 1 月から 1958 年 5 月までのあいだに、軽罪裁判所は毎月 800 人から 1000 人に対して判決を下し、軍事裁判所では毎月 500 人以上が判決を受け

ていた。

　こうした状況に対応するため、FLN の弁護士たち、フランス共産党の弁
護士たち、アルジェリア共産党の弁護士たち、アルジェリア国民運動
（MNA）の弁護士たちなどがそれぞれ協力して訴訟を受け持っていた。し
かしながら、しだいに FLN や FLN の弁護士たちと、他の弁護士との溝が
深まっていく。そこで 1956 年終わりから FLN は、メンバーの弁護を FLN
に所属する弁護士グループのみで争うことにした。このグループにはフラン
スやベルギーからの弁護士たちが参加しており、そこにジャック・ヴェル
ジェスが含まれていた。

　ヴェルジェスによればこのような方向転換は弁護方針の変化をもたらした。
1957 年 1 月 24 日のルモンド紙はその新しい弁護方針について次のような記
事が残されている。

> 　アルジェリアの軽罪裁判所において、FLN への資金調達や、パン
> フレットの配布や所持などの軽罪で起訴された数人の被告人たち
> が、フランス司法権の権限を認めないと宣言した。被告人がそのよ
> うなスタンスをとるのはこれがはじめてのことだ。しかし同じよう
> な主張が再び行われるであろうということは考えなければならな
> い[10]。

すなわち FLN の集団的弁護の方針は、裁判所の正統性を認めないことで
あった。フランスの名においてなされる裁判には正統性がなく、その権限も
ないと主張し、裁判において対話を拒否することを徹底した。次のようなや
りとりはその典型例である。

> 　冒頭尋問から闘いが始まる。「国籍は」裁判長が尋ねる。「アルジェ
> リア人」と被告人が答える。「いいえ、フランス人です」と裁判長

　　が答える。そして次のように続いていく。

　　裁判長：あなたがこの訴訟に出廷しているのは、犯されたテロリズ
　　ム行為によるものです。

　　被告人：わたしはテロリストではなくレジスタンスだ。

　　裁判長：殺人による起訴です。

　　被告人：私は命令にしたがったことに満足している。

　　裁判長：その命令は違法です。

　　被告人：わたしが受けた命令は正当である [11]。

　ヴェルジェスはFLNの一員として最初に22歳の女性メンバー、ジャミラ・ブヒレドの弁護を担当した。ブヒレドは、1956 年 11 月と、1957 年 1 月の爆破事件の関与が疑われ、1957 年 4 月に逮捕された。尋問によって、13 個の爆弾と、33 丁のピストルが発見されていた [12]。

　ヴェルジェス自身が後に語っているところによれば、ブヒレドの弁護方針は極めてシンプルな 3 点によっていた。第一にテロへの関与には証拠がない、第二に証拠を作りだすために、偽の証言をつくり、卑劣な拷問をおこなっている、第三に被告人は愛国者であり、彼女はアルジェリアの独立を望んでいるため、裁判所には彼女を裁く権限はなく、むしろアルジェリア人たちにフランスを裁く権限があることである [13]。

　ジャミラ・ブヒレドには死刑が宣告されたが、ヴェルジェスはミニュイ社から『ジャミラ・ブヒレドのために』を出版し、ジャミラが過酷な拷問を受けたこと、それによって不当に死刑を宣告されたことを告発した。この告発によって、ジャミラの名は世界中に知れ渡ることになり、「アルジェリアのジャンヌ・ダルク」として、独立運動のアイコンとなった [14]。1958 年にはエジプトで映画『ジャミラ』が作成され、その中では彼女がフランス兵に電気器具で拷問され、裁判では不当に扱われ、死刑判決を受けて微笑み返す場面が描かれていた。世界中からジャミラの無罪を叫ぶ声が寄せられた。例え

ばイギリス労働党の議員 65 人はフランス政府に対して請願書を送った[16]。数多くの声に押されて、大統領ルネ・コティは 1958 年 3 月、ジャミラ・ブヒレドをはじめとする FLN の女性メンバーたちの死刑判決を減刑した。しかしジャミラはこの申し出を拒否した。ヴェルジェスによれば、それは彼女がフランスの権威から恩赦をかけられる義理はなく、またそのようなことを求めてもいないからだった[16]。彼女は戦争終結まで拘束され、アルジェリア独立後に釈放された。

　パリの出版社『ミニュイ』は、アルジェリアで行われる拷問の真実を次々と告発していった。1958 年には『アルジェ・レピュブリカン』紙の元編集長アンリ・アレッグが自ら体験した拷問の記録を生生しく綴った『尋問』が出版された[17]。1959 年には『壊疽』と題されたドキュメントが出版され、パリに住むアルジェリア人たちもまた拷問の被害にあったことを伝えた[18]。1960 年にはジャミラ・ブーパシャへの拷問と性的暴行が報道され、ボーヴォワールによる抗議が公表された[19]。フランス兵の不服従を呼びかける「121 人宣言」が出され、サルトルが植民地解放を呼びかけると、1962 年 3 月エヴィアン協定が結ばれ、7 月の国民投票によってアルジェリアの独立が認められた。

（3） ヴェルジェスの『司法戦略』（1968 年）

　独立を勝ち取ったヴェルジェスはアルジェリアにとどまり、ジャミラ・ブヒレドと結婚、二人の子どもをもうけた。そして 1968 年に、アルジェリア戦争の弁護活動でつちかわれた戦略をまとめた著書『司法戦略』を出版した。

　この本でヴェルジェスは、アルジェリアで用いた戦略を「切断による裁判」と呼んで、通常の裁判（ヴェルジェスの言葉では「共謀による裁判」）から区別している。この区別は被告人が裁判所の正統性を拒否するかどうかによって定められるという。

　ヴェルジェスによれば通常の裁判が有効なのは、被告人と裁判官が同じ価値観をもつ場合である。逆に、被告人と裁判官が同じ価値観を共有していないとき、とくに裁判で植民地における本国の優先事項が問題になる場合には、通常の裁判をしても破滅的な失敗にしかならないであろうと述べている。そのような場合に有効な戦略が「切断による裁判」であるとヴェルジェスはいう。「切断による裁判」は裁判所の正統性を認めることはないから、裁判は既成秩序への抗議の舞台として機能することになる。

　ヴェルジェスによれば切断による裁判は歴史的に何度も繰り返されてきた。ソクラテス、キリスト、ルイ 16 世、ディミトロフ。どの裁判もみな被告人と裁判所のあいだの正統性の衝突が問題にされてきた。ヴェルジェスはルイ 16 世の訴訟に関するサン・ジュストの次のような発言を例にあげている。「私にとって中間はない。この男は統治するか死ぬかしかない」。「ルイは王であり、共和国は建設された」。「ルイは死ぬべきだ。なぜならば、祖国が生きねばならぬからだ」[20]。この場合二つのあいだの差異は共存することが不可能な差異であり、切断とはある正統性が別の正統性を否定する行為のことである[21]。FLN は植民地からの独立という正統性の名において、フランス司法の正統性を否定した。それは有罪か無罪かという次元とは異なる訴訟の争い方である。ヴェルジェスは次のように述べている。

　　　　被告は鎖につながれていてもなお、自らを別の秩序の別の世界の名において提示する[22]

ブヒレドが死刑判決を受けながらも、国際的な支援を受け、独立運動を推し進めたように、植民地支配下での訴訟のように不利な状況では、「切断による裁判」の方が有利に働くことがある。というのも裁判に負けたとしても国際的な世論に訴えることができるからであり、そのことは植民地の独立へ一歩前進するのみならず、死刑判決を受けた被告人が実際に死刑執行されるこ

214

とを困難にするからであると、ヴェルジェスは次のように述べている。

　　　アルジェリア戦争で、私は 300 の事件を扱い、100 の死刑判決を受
　　けた。しかし私のクライアントは誰も死刑が執行されなかった。
　　〔…〕国家の指導者は、非難や面倒を回避するために、訴訟が模範
　　的で、国際的な反響を引き起こさないような者に刑を執行すること
　　をつねに選ぶだろう。というのも彼にとってそれが最も経済的な解
　　決策だからだ[23]。

　アルジェリア戦争における「切断による裁判」とは、起訴と対話をせず、
裁判所が用いる法的な論理に対抗して、植民地制や奴隷制を拒否するという
最も純粋で強い論理を対立させることであった。こうした方法をとれば、死
刑判決が下されることになる。しかし「切断による裁判」は判決では終わら
せずに、議論を国際化することによって、力関係を変化させた。すなわち、
拷問の存在を暴露し、テロを独立運動へと国際的な認知を変化させたのであ
る。これがアルジェリアの独立を可能にした一方で、死刑宣告を受けたメン
バーの命を救うことにもなったのである[24]。

（4）『司法戦略』の後で

　『司法戦略』出版のあとで、「切断による裁判」は、68 年以降の政治運動
に使われることになった。しかしそれは、ヴェルジェスの意図とはまるで違
う、単なるばか騒ぎのようだった、と 1981 年出版の『司法戦略』第二版の
序文を書いたフーコーは次のように記している。

　　　彼が実際にいったことをあたかも厄介払いするかのように、人々は
　　それらすべてを法廷での幾つかの行動規範に縮小してしまった。ばか
　　騒ぎ、けんか腰、大仰な演説、大声でしゃべりまくることは、同

じ一つの大義の周りに幾人かの弁護士が結集した＜集団的弁護＞との「切断」を表わしていた[25]。

しかしフーコーは、こうしたばか騒ぎのあとで、『司法戦略』は次第にその意図が受容されるようになっていったと述べている。それは 1976 年以降、「囚人活動委員会」と「法のブティック」の活動家たちがヴェルジェスを正当に評価するようになっていったからだという。彼ら活動家とフーコー、そしてヴェルジェスが出会うことで「自由弁護運動」が生まれるわけであるが、それはどのようなものであったのだろうか。

2　監獄情報グループから自由弁護運動まで

（1）　監獄情報グループ、囚人活動委員会、監獄司法行動委員会（1970-）

　フーコーは 1970 年以降、突如として「法」への関心を高めるのだが、その理由は、フーコーが刑務所問題に関心を寄せるようになったためである[26]。実際、1970 年は刑務所が一つの政治問題として浮上した年であった。なかでも 1970 年 9 月および 1971 年 1 月に受刑者たちが断食による大規模なプロテストを起こしたことは、フランス中に大きな驚きをもって伝えられた。

　刑務所内部の情報が何も知られていないことを問題視したフーコーは、雑誌『エスプリ』の編集長であったジャン＝マリー・ドムナックと歴史家ピエール・ヴィダル＝ナケとともに、1971 年に「監獄情報グループ（以下 GIP）」を創設した。GIP の活動は、刑務所の情報を集め公表することを目的としていた。受刑者の待遇や、刑務所内部で頻繁に起こる自殺などについて受刑者へのアンケートを行い、『耐え難さ（Intolérable)』と名付けた雑誌のなかで彼らの言葉を掲載した。フーコーと友好関係にあったジル・ドゥルーズもまた、第四巻で刑務所内部の自殺について調査した。

　GIP の活動はフーコーとドゥルーズの関係の悪化などもあり自然消滅す

る。しかし、GIP に影響を受けたセルジュ・リヴロゼは 1972 年 11 月「囚人活動委員会（Comité d'Action des Prisonniers、以下 CAP）」を設立し、GIP の活動を引き継いだ。CAP の目的は、刑務所内部の情報を公表しながら、待遇の改善、人権の尊重を主張することであり、雑誌『le CAP』は、1980 年までに 67 冊が発行された。GIP とは異なり CAP は、監獄廃止運動へと向かっていった。

（2） 法のブティック（1974-）

GIP から CAP へとつながる運動とは別に「自由弁護運動」の源流には「法のブティック（Boutique de droit）」がある[27]。Neighborhood Justice Center の影響を受けたクリスティアン・ルヴォンは、1974 年にパリ、ストラスブール、アンジェ、ボルドーに「法のブティック」を創設した。それは書店の奥に設けられた法律事務所で、無料または少額で法的な援助を提供していた。医学におけるフリークリニックのように、法における新たな可能性を提示することが目的のひとつだった。

法のブティックには 4 つの目的があった。第一に、マイノリティーや貧困層に法的な援助を与え、「法を知るもの」と「法を知らぬもの」のあいだにつくられる支配関係を回避することであった。第二に、問題解決のために最適なものを、法的手段以外の方法を含めて考察することであり、第三に、同じような問題に直面する人々のあいだに、発言する集団を組織することであり、第四に、法の範囲外の問題とされている、監獄や、病院、学校、行政などを法的問題にすることであった。

このような目的を達成するために、「法のブティック」でのアドバイスは、当事者を含めた数名で大きなテーブルを囲んで、誰が法の専門家か分からないように行われていた。このテーブルでは、機械的に答えることや、専門的な指摘は禁止されていた。そうすることで、自然な会話のなかで問題の本質を捉え、最も良い解決方法を、法に縛られずに創造すること、そしてその方

法を同じ問題に悩まされている人々にも広げていくことが目指されていた。

（3）　自由弁護運動（1980-）

このように 1970 年代には、フランスの司法に対する正統性の問いが提出されており、その文脈の中でヴェルジェスの『司法戦略』が再評価されていた。1970 年代終わりに、フーコーは、ヴェルジェスと「囚人活動委員会」と「法のブティック」のメンバーたちを引き合わせて、フーコーの自宅において準備的な会合をもった。そして 1980 年 5 月 23 日から 26 日にかけて、ラ・サント＝ボームで総会を開き、「自由弁護ネットワーク」を創設した。その綱領はフーコーの手によって作成され、翌年にはヴェルジェスの『司法戦略』第二版がフーコーによる序文を添えて出版された。

「自由弁護運動」は、弁護士任せではなく、被告人が自らの手で自由に弁護すること、いわゆる本人訴訟を普及させようとしていた。このことの意味について、フーコーは綱領の中で次のように述べている。

> 弁護する（Se défendre）という表現のなかで、最も重要なのは再帰代名詞〔＝ se〕である。すなわち法実践のなかに、個人の生命、生存、主体性を書き込むことが問題なのである。弁護することが意味するのは、自動的な弁護ではない [28]。

自由弁護運動は自分で自分を弁護することを重視していた。その理由の一つとして、弁護士が機械的に紛争を処理することへの批判があった。例えばヴェルジェスは次のように述べている。

> 確かに完全に出来合いとなった考え方を私は憎んでいます。いかに類型的な表現が食人的であるかを実感するには、予審の最後に行われる総括的尋問に立ち会ったことがなければなりません。その際、

　　裁判官は、法廷の人々に対して予審を理解可能なもの（すなわち、
　　威嚇的なもの）とするため、あたかもラッシュを前にした映画編集
　　者のように、パズルに秩序を与え、紋切り型の文言の上に起訴を築
　　き上げていくのです[29]。

何らかの主張や問題やあるいは痛みが、法的な言語に書き換えると、法的な
論理化や類型化というプロセスをたどり、本人は紛争から置き去りにされて
しまう。自由弁護運動は法の暴力性を批判し、法律の専門家たちから言葉を
取り戻すことを目指していた。「法のブティック」のクリスティアン・ルヴォ
ンは次のように述べている。

　　弁護を自由にすること、それはまず言葉を再び与えることである。
　　そしてみなが知っているが口にしない単純な物事を言わせるのだ[30]。

言葉を取り戻し法的言語に変換させないこと、それは訴訟で使われる言語を
単純であるが本質的な日常言語に変化させることで、単なる勝敗にとどまら
ない、社会的で倫理的な問題提起へと繋げようとしていたのである。フー
コーは、ヴェルジェスの「切断による裁判」にこうした実践の源流があった
として、次のように述べている。

　　こうした弁護活動〔＝切断による裁判〕の特徴とはなにか。まず、
　　すべては被告人の態度をもとに決定されるということだ。弁護士や
　　司法官がたとえ左翼系であっても、彼らに切断による弁護を期待す
　　るべきではない。任せるに足るような攻撃的な弁護士や司法官は存
　　在しない。次に、あらゆる訴訟には政治的な対立が隠されており、
　　司法は常に既成秩序を防衛するために武装しているということだ。
　　最後に、個人の道徳、司法の力、一人の人間の有罪あるいは無罪、

　　　正当な権利は、社会のことしか問題にしない司法上の争いとは、希
　　　薄な関係しか持っていないということだ。地雷の敷設された土地で
　　　自らを弁護すること、別のモラル、別の法に依拠すること、任せき
　　　りにしないこと、退かないこと、ヴェルジェスが一貫してわれわれ
　　　に言ってきたのはこのことだ[31]。

したがって、自由弁護運動はフランス司法の正統性に対する異議を唱えるた
めに、切断による裁判を行わなければならないと考えていたのである。法の
言葉ではなく自らの言葉を法廷で語らなければならない、したがって弁護士
に弁護されてはならない、こう主張することは、円滑な訴訟手続きからの切
断であり、それは裁判所を政治闘争の舞台に変えることである。しかし、な
ぜそのような正統性への問いを裁判所に突きつけなければならないと考えて
いたのだろうか。残念ながら、自由弁護運動についての資料はほとんど残さ
れていない。そこで、ヴェルジェスやフーコーの思考を整理しながら、その
理由を考察することにしよう。

3　ヴェルジェスとフーコーが自由弁護運動に 賭けたもの

（1）　フーコーの新しい権利

　フーコーが「自由弁護運動」を組織した理由には、二つの理由があると思
われる。一つは、フーコーがフランス司法に対して抱いていた危機感であ
る。この危機感は 1970 年代後半に書かれたいくつかの論考のなかで何度も
表明されている[32]。フーコーが危機感を抱いていたのは、法が秩序維持を重
視するようになり、秩序維持にとって望ましくない人々の排除を行う一方
で、傷つきやすい人々の保護を重視するようになっていたからである。フー
コーによれば、フランス司法は法や良俗への尊重ではなく、危険を排除し安

全を守ることを軸とする司法へと変わりつつあった。1980 年に採択された治安・自由法はその傾向を後押しする内容で、自由弁護運動が問題視する法の一つであった。

　二つ目の理由は、この頃に起きたさまざまな事件や出来事を通じて、フーコーが権利や人権について独自の考えを作り上げていたことがある [33]。その発端となるのは、1977 年、ドイツ赤軍に協力した弁護士クラウス・クロワッサンのドイツへの強制送還の事件である。強制送還に反対したフーコーは、クロワッサンには「統治される者の権利」があると述べている [34]。

　フーコーによればこの「統治される者の権利」は、過激派だけではなくわれわれ全員に関わる権利であるという。というのも問題とされる人々というのは、みずからが生きているシステムに対して全面的に意見が異なり、用いることができる手段で不賛成を表明し、そのために起訴されている人々だからである。彼らに必要なのは生きることへの権利、自由になることへの権利、出発することへの権利、迫害されない権利だが、この権利は憲法や人権宣言のような何かによって付与されるものではない。ではそのような権利は存在しないのだろうか。フーコーは権利というものは闘争のなかで生じるものであるとして、次のように述べている。

　　　　自由にしても保護にしても、いわば付与されることなど決してない。しかし、熾烈な闘争によって勝利の朝を勝ち取るようなものでもない。しばしば巡り合わせ、不意打ち、もしくは、迂路を経て立ち現れるものなのだ。そういう時こそ自由や保護をつかみ取り、万人のために運用しなくてはならない [35]。

　このフーコーの権利観は、その後も発展していく。イラン革命について、フーコーは次のように主張している [36]。ある運動において、一個の人間あるいは民衆全体が「私はもう服従しない」と口にし、不正だと思う権力を前に

して自分の生を危険にさらす時、その運動は歴史に還元してしまうことのできない。権力関係に耐えがたさを感じたとき、立ち上がる人間はつまるところ、わけもなしに立ち上がる。それは蜂起を生きる生き方そのものである、と。そしてフーコーは、この蜂起こそが、自由と権利に命を与えると述べている。すべて自由や権利は、現実に服従することよりも、死の危険を選ぶことに「最後の係留点をもつ」。社会がもちこたえているのは、絞首台と機関銃を前にして人々が立ち上がる瞬間の可能性があるためなのだ、と。つまり権利や自由はすべて、耐えがたくなり立ち上がるこの生き方につながりをもっているのである。

　こうして、フーコーの権利と自由がつくられていくのだが、それはわれわれが知る権利とは違っている。自由とは憲法によって保障されるものではなく、何らかの抑圧的なものからの解放という消極的な意味でもなく、積極的に自由を実践していくことであり、そのことによって自らの生きる様態や社会をつくることである。

　したがって、このような自由を実践する主体は法の主体ではありえないと『快楽の活用』のなかでフーコーは述べている[37]。法の主体とは、服従しなければ、罰を受ける存在であり、法という外部の規範を尊守することが道徳であるとされる者のことである。しかし問題なのは法のような外部の規範ではなく、自己が自己をある種の存在様式へと導くことを目的とすることである。それは倫理的主体であり、そのような主体にとって自由であるとは、自己が自己の奴隷でないことを意味している。自らが自らを導く時、指針となる真理は法のような普遍的なものではない。真理は求めるものではなく、自らつくりあげるものである。

　このようなフーコーの思考は「自由弁護運動」にも見いだされる。「自由弁護運動」創設の綱領のなかで、フーコーは次のように述べている。

　　　　　法があるから、権利を持っているから、私には自己を弁護する資格

があるわけではない。自己を弁護するという手段のなかにこそ、わたしの権利は存在し、法は私を尊重するのである。したがって最初に弁護のダイナミクスがあり、法や権利はそれによって、かけがえのない価値を与えられる。法はそれを仕掛ける弁護のうちに生命をもたなければ何ものでもない。そして弁護だけが、法に力を与えるのだ[38]。

ここでもまた憲法によって弁護権が与えられているから自己を弁護できるわけではない、とフーコーは述べている。自らが自らを弁護するという行為を行うとき、私の権利と自由がそこに生じる、したがってまず何よりも弁護という行為が最初になされなければならない、とフーコーは述べている。したがって、フーコーにとって自由弁護運動が重要なのは、法廷において自ら語りはじめるときに、はじめてその人は倫理的主体になるのだと考えていたからであろう。

（2） ヴェルジェスの「反道徳」

　ではヴェルジェスは自由弁護運動に何を賭けていたのだろうか。ヴェルジェスは「悪魔の弁護士（devil's advocate）」と呼ばれることが多い。「悪魔の弁護士」とは、あえて多数派を批判する側にたち、議論する役割のことを指す。実際、彼は弁護士としてつねに少数者の側にたち、社会の敵と非難される人々の弁護を進んで引き受けた。『司法戦略』第二版の序文において、ヴェルジェスは次のように述べている。

　　　私の法とは、さまざまな法律に反対することです。それらの法律は歴史を停止させようとするからです。私の道徳とは、さまざまな道徳に反対することです。それらの道徳は生を固定させようとするからです[39]。

　ヴェルジェスが徹底して「悪魔の弁護人」を生きた理由は、道徳や法が「このようなもの」とされて、その実質を失っていくことへの抵抗があったということだ。ヴェルジェスが「政治犯」と呼ばずに、わざわざ「切断による裁判」と名付けたのも、まさにそのことが理由にあったと、次のように述べている。

　　　　一般法の犯罪と政治的犯罪の区別は、私が常に警戒してきた区別です、というのも、そうした区別は訴訟の展開を何も明らかにはしないからです。区別することで、一般法の犯罪に含まれうる政治的、社会的、道徳的重要性が過小評価されます、また何らかの重要性をもつ政治的犯罪の瀆聖的側面が隠蔽されます。いったん流血が起きるや、政治的犯罪はその政治的性格を喪失し、一般法の抑圧の管理下におかれるのです[40]。

例えばデモに参加しショーウィンドウを破壊し逮捕されたならば、それは政治犯ではない軽犯罪法違反であるということになり、その人の政治的主張が争われることはなくなる。ヴェルジェスはそうした機械的処理を嫌い、むしろ日常の軽犯罪のなかに政治的重要性があると述べている。すなわち、何らかの主張があるにも関わらず、それに触れずに判決を下すことのなかにある司法の暴力性を、ヴェルジェスは批判的に見ていたのである。
　ヴェルジェスがこのように法や道徳を相対化して見ていた背景には生い立ちが関係している。ヴェルジェスはフランス人の父とタイ人の母のあいだに生まれ、タイで育った後に、父の故郷であるフランスの植民地レユニオン島で青年期を過ごした。ヴェルジェスは自己の出生について次のように述べている。

224

　私が植民地で産まれたことは、正義への盲目の信頼から私を治療してくれた[41]。

　1984 年にフーコーが亡くなった後も、ヴェルジェスは「悪魔の弁護人」としての活動を止めることはなかった。1987 年には、元ナチスでリヨンの屠殺者と言われたクラウス・バルビーの弁護を引き受けた[42]。ヴェルジェスはこう言ってバルビーを弁護している。バルビーがリヨンで行っていた虐殺は、フランスもアルジェリアで行っており、人道に対する罪としては同じである。ところで、アルジェリアにいた将校たちは、1962 年にド・ゴールの特赦によって罪を問わないとされており、その一方でバルビーだけを罪に問うことは許されない。もちろんバルビーに罪がないわけではない。しかしベトナム人民を爆撃したアメリカの将校、アフガンのロシア人将校、アルジェにいたフランス人将校が罪に問われないのに対して、バルビーだけが罪に問われるのはなぜだろうか。
　このヴェルジェスの戦略は「Tu quoque」戦略と呼ばれている。「Tu quoque」とは「お前もそうではないか」ということであり、バルビーを裁こうとするフランス人に対してあなたも同罪ではないかと問い返すことである。この問いかけは、バルビーを弁護するだけではなく、バルビーに怒り狂う多数派のフランス人たちに、本質的な問いを突きつけることになる。バルビーの裁判を受けて、リヨン弁護士会長のポール・ブシェはリベラシオン紙にこう答えている。

　　ヴェルジェス氏の容赦ない主張は、アウシュビッツが世界の中心なのではなく、西洋のへそに過ぎないということだった。この主張は暴力的なショックを与えたが、バランスのとれた有益なものだった。この「やっかいな」問題は必要なのだ。彼が提言していたのは、ニュルンベルク以来閉じ込められてきた「薄っぺらい」エスノ

　　　セントリズムから、法システムを解放することだった[43]。

　ヴェルジェスがバルビーを弁護することで突きつけるのは道徳的問題である。なぜアウシュビッツのジェノサイドだけが裁かれるのか。なぜアルジェリアのジェノサイドは恩赦が与えられたのか。アルジェリアのジェノサイドに加担したフランス人たちは、自らを無罪としながら、バルビーを裁くことが可能なのか、それは正しいことなのか。

　ヴェルジェスにとって「自由弁護運動」が重要なのは、法や道徳や司法が固定されず、つねに本質的な問いにさらされるからであろう。日常的な争いも、司法や国家の正統性や暴力性を批判する機会になりえるということ、それはつねに「一体裁いているあなたはどうなのか」と問うことであり、西洋中心の価値観を無意識に押し付けている司法を相対化する試みになりえると考えたからであろう。

おわりに

　ここまで、20 世紀のフランスがたどってきた「コーズ・ローヤリング」の歴史を見ながら、「自由弁護運動」がどのように位置づけられるのかを考察してきた。フランスの「コーズ・ローヤリング」は、共産党の弁護士たちに端を発し、第二次世界大戦下のナチスと「政治的弁護」という戦略を用いて闘ったのちに、反植民地運動へとつながっていった。ヴェルジェスはそこで独自の「切断による裁判」という闘い方を考案し、1970 年代後半には、フーコー、リヴロゼ、ルヴォンたちが、フランス司法へ挑戦するために、この弁護方法に着目し、あらたな「自由弁護」という戦略をつくりだしたということになる。

　この歴史的な運動の共通点をあげるとすれば、抑圧下にある人々が不利な裁判を強いられたとき、その時々の判決の正当性（justness）の次元ではな

く、司法権や刑事手続の正統性（legitimacy）の次元で闘ってきたということである。すなわち、ナチス占領下からフランス占領下へ受け継がれたこの戦略は、不利な状況下においては、裁判での勝ち負けを争うよりも、「あなたに裁くことができるのか」という本質的な問いを突きつけることがより有効であるというものであった。

　では1970年代後半のフランスで、フーコーたちはなぜその戦略を使って、司法の正統性を問題にしなければならなかったのだろうか。本稿では、刑務所という機構そのものが問題視されるようになったこと、フランス司法のなかに「危険」という概念が導入され、危険と安全の尺度によって判決が下されるようになったこと、この時代のフーコーが独自の権利論をつくりだしていたことなどをその一要因として挙げたが、残念ながらまだ考察が不十分なものにとどまっている。この時期のフランスが死刑廃止へと向かう大きな変化のなかにあったように、フーコーやヴェルジェスの運動を、当時フランスで起きつつあった「法」の変化のなかに、より詳細に位置づけながら慎重に検討する必要があるだろう。このことはまた別の機会に考察することとして、ここで稿を閉じることとしたい。

〈注〉

1　Austin Sarat/Stuart, Scheingold, *Cause Lawyering: Political Commitments and Professional Responsibilities*, New York, Oxford: Oxford University Press, 1988.

2　Awol Allo (ed.), *The Courtroom as a Space of Resistance: Reflections on the Legacy of the Rivonia Trial*, Burlington: Ashgate, 2015.

3　Marcel Willard, *La Défense Accuse*, Paris:Les Éditions Sociales, 1955, pp.333-334.

4　Liora Israël, "From Cause Lawyering to Resistance: French Communist Lawyers in the Shadow of History (1929-1945)", in Austin Sarat/Stuart Scheingold (eds.), *The Worlds Cause Lawyers Make*, Stanford, California: Stanford University Press, 2005, pp.147-170

5　第二世代の主要メンバーは、Louise Cahin、Joe Nordmann、Charles Lederman、

Jérôme Ferrucci、Pierre Kaldor など。

6　ディミトロフ、高山洋吉『国会議事堂放火事件』（刀江書院、1972 年）153 頁。

7　第三世代の主要メンバーは、Roland Weyl、Eddy Kenig、Marcel Manville、Pierre Braun、Nicole Dreyfus など。

8　Vanessa Codaccioni, "« Le Juridique, C'est le Moyen; La Politique, C'est la Fin »: Les Avocats Communistes Français dans la « Lutte Contre la Répression » de Guerre Froide", *Le Mouvement Social*, No.240, 2012, pp.20-21.

9　Sylvie Thénault, "Defending Algerian Nationalists in the Fight for Independence: The Issue of the Rupture Strategy", *Le Mouvement Social*, No.240, 2012, p.123.

10　Thénault・前掲注（9）、p.128.

11　Jonathan Widell, *Jacques Vergès, Devil's Advocate*, A Thesis Submitted to McGill University, 2012, p.105.

12　Général Massu, *La Vraie Bataille d'Alger*, Paris: Edition du Rocher, 1997.

13　Jacques Vergès, *Le Salaud Lumineux*, Paris: LGF, 1997.

14　Thénault・前掲注（9）、p.131.

15　Martin Thomas, *Fight or Flight: Britain, France, and Their Roads from Empire*, Oxford University Press, 2014.

16　Vergès・前掲注（13）。

17　アンリ・アレッグ、長谷川四郎『尋問』（みすず書房、1958 年）。

18　*La Gangrène*, Paris: Édition de Minuit, 1959.

19　シモーヌ・ド・ボーヴォワール、手塚伸一『ジャミラよ朝は近い』（集英社、1965 年）。

20　Jacques Vergès, *De la Stratégie Judiciare*, Paris: Minuit, 1968, p.99.

21　Widell・前掲注（11）、p.103.

22　Vergès・前掲注（20）、p.183.

23　Jean Danet, "Sur la Notion de Défense de Rupture: Willard, Vergès, et Après," *Histoire de la Justice*, N.27, 2017, p.188.

24　ヴェルジェスの『司法戦略』について、詳しくは拙論を参照されたい。西迫大祐「ジャック・ヴェルジェスの司法戦略について」明治大学法律研究所『法律論叢』第 90 巻第 6 号（2018 年）213-229 頁。

25　ミシェル・フーコー、大西雅一郎「第二版への序文」蓮實重彦・渡邊守章『ミシェル・フーコー思考集成Ⅷ』（筑摩書房、2001 年）324 頁。

26　以下 GIP の活動について次の著作を参照。Philippe Artières/Laurent Quéro/

Michelle Zancarini-Fournel, *Le Groupe d' Information sur les Prisons: Archive d' une Lutte, 1970-72*, Paris: Imec, 2003.

27 以下法のブティックについて次の著作を参照。Christian Revon (ed.), *Boutiques de Droit*, Paris: Solin, 1979.

28 Michel Foucault, "Se defendre." 資料として公刊されていないが、以下からダウンロードできる。https://getaway.eu.org/IMG/pdf/liasse_01_defense.pdf.

29 フーコー・前掲注（25）326 頁。

30 Christian Revon, "Vous avez la parole," in *Quelques Archieves de la Lutte pour la Défense Libre*, http://infokiosques.net/IMG/pdf/archives_defense_libre_pageparpage.pdf.

31 フーコー・前掲注（25）324-325 頁。

32 フーコーの以下の論考を参照されたい。「危険、要注意」「レモンとミルク」（『ミシェル・フーコー思考集成Ⅶ』に所収）、「良俗の法」「周辺の戦略」（『ミシェル・フーコー思考集成Ⅷ』に所収）。

33 フーコーの権利論について、詳しくは拙論を参照されたい。西迫大祐「フーコーにおける法権利について」京都大学人文科学研究所『人文学報』第112巻（2018年）87-109 頁。

34 ミシェル・フーコー、石田靖夫「クラウス・クロワッサンは送還されるのだろうか」蓮實重彦・渡邊守章『ミシェル・フーコー思考集成Ⅵ』（筑摩書房、2000年）502-506 頁。

35 フーコー・前掲注（34）505 頁。

36 ミシェル・フーコー、高桑和巳「蜂起は無駄なのか？」蓮實重彦・渡邊守章『ミシェル・フーコー思考集成Ⅷ』（筑摩書房、2001年）94-99 頁。

37 ミシェル・フーコー、田村俶『性の歴史Ⅱ：快楽の活用』（新潮社、1986年）。

38 Michel Foucault・前掲注（28）。

39 フーコー・前掲注（25）328 頁。

40 フーコー・前掲注（25）327 頁。

41 Jacques Vergès, *J'ai plus de Souvenirs que si j' avais miile ans*, Paris: La Table Ronde, 1998, p.147.

42 以下ヴェルジェスのバルビーについての発言は次を参照。Jacques Vergès, *Je Défends Barbie*, Paris: Jean Picollec, 1988; Jacques Vergès, Étienne Bloch, *La Face Cachée du Procès Barbie*, Paris: Samuel Tastet, 1983.

43 Emilios Christodoulides, "Strategies of Rupture," *Law and Critique*, Vol.20,

No.1, 2009, p.8.

紛争行動／法使用行動と法文化について[1]

尾 崎 一 郎

1 折衷説？

　博覧強記の民法学者にして比較法学者の五十嵐清教授が、川島武宜、野田良之、ジョン・ヘイリー、マーク・ラムザイヤー、ハラルド・バウム、田中英夫、竹内昭夫、大木雅夫、フランク・アッパーム、ダニエル・フットらの議論をたどりながら、日本における民事訴訟率の（欧米と比較しての）有意な低さの説明として、「文化要因説」ないし「制度要因説」という両極端ではなく、その中間、すなわち「制度」と「文化」のどちらの「要素」も要因として作用しているとする「折衷説」をとるべきであるとし、議論は実際そこに収斂しつつあると整理したことは、よく知られている[2]。元々訴訟率の規定因子として文化と制度を対置するという問題構成は、ヘイリーら米国の日本法学者が川島や野田の議論を批判的に検討する中で醸成されてきたものと見ることができるが、五十嵐は一旦その土俵にのったうえで折衷説なるものを説いたわけである。堅実で目配りの利いた整理は学界に対し影響力を持っているようである。実際、今年（2017 年）の 2 月に送られてきた本研究大会の企画趣旨において、企画者の松本尚子教授は次のように書いておられる。

　　比較法においては、日本における民事訴訟率の低さをめぐる「文化
　　要因説」「制度要因説」を中心とする半世紀以上の議論に大体の論
　　拠が出揃った感がある。<u>今後は「折衷説」の枠組みの中で、「より
　　具体的な比較」すなわち「特定のテーマ（たとえば消費者契約）に
　　ついて、特定の国（たとえばドイツ）とのあいだに、どれだけ訴訟
　　の数が違うかを確かめ、その原因として、どのような文化的・制度
　　的な要因が作用しているかを明らかにすることが必要」</u>（五十嵐清
　　『比較法ハンドブック』2010 年）とする提言がなされ、また草案や
　　交通事故、公害など個別のテーマに対して実際に検証作業が進んで
　　いる。（傍線引用者）

　しかし、五十嵐も、五十嵐が参照している諸学者たちも、文化の概念を吟
味してこれらの議論をしているようには思えない。要するに、人々の共通意
識や価値観、社会関係、あるいは国民性等の、「制度」とは呼び難いような
ものをひっくるめて「文化」と捉えつつ、低訴訟率は制度に起因するのか文
化（すなわち意識や価値観や社会関係）に起因するのかと問うているのであ
り、その意味では、どちらか一方に要因を還元できずそれらが複合的に作用
しているという結論になるのはむしろ当然のことである[3]。
　この点、多様な要素が複合的に作用していることを指摘するだけでは「な
にも解決したことにならない」（『比較法ハンドブック』289 頁）ので、松本
教授も引用するように、問題領域ごとに訴訟率の差を測定してその「文化
的・制度的な要因を」具体的に明らかにしなければならないと、五十嵐は主
張する。しかし、そもそも彼が提示する「制度要因」説と「文化要因」説の
「折衷」説という定式はミスリーディングであり、議論をいたずらに混乱さ
せていると私は考えている。その理由は以下の３つである。第１に、複数の
要因が複合的に作用しているということと、要因の「折衷」であるというこ

とは全く別の事態であり、例えば、「相乗」的、「相補」的、ないし「共依存」的に諸因子が作用しているということも十分あり得る。諸要因が相互に独立していれば「折衷」というのはそれなりに意味のある構成となるが（「和洋折衷」という語を想起すればよい）、相互に相関し作用しあっているのであれば、かえって誤解を招く表現である。そしておそらく真実は後者である。この点の論理がつめられていない。対立する説を前にしてどちらにもとるところがあるとして折衷説を説くというのはいかにも法律学者らしい作法だが、社会科学の語法としては不用意である。第2に、あたかも「制度」と「文化」が同列に対置できる変数であるかのように語ってしまっており[4]、これは「文化」概念の実体視という一種の論理階梯の誤りを犯している。この点はすぐあとで論じる。第3に、このように「文化」なるものを1つの実体ある概念のように提示することで、文化論がしばしば陥りがちな民族の本源的優越性や国民のDNAといった本質主義をかえって排除できなくなる。

　これらの問題を克服するために文化概念を再考する必要があると考える。すなわち、第1に、制度や意識や価値観や社会関係が相互に作用し合いながら社会のある状態を生み出しており、しばしば文化的要素として言及される意識、価値観、社会関係と同様、制度もまた「文化」を構成するということの正確な理解に立脚すること、第2に、＜民族のDNAに刻み込まれた不変の性質＞のような本質主義を厳しく排除した文化概念を提示すること、である。訴訟率の「要因」をめぐる上記の論争においては、議論はそのような水準に達していない。

2　「文化」概念再考

　「文化」をめぐる無数の議論を網羅的に検討することはできない。ここでまず参照するのは、多文化主義の政治理論で知られるウィル・キムリッカの

234

「社会構成的文化」（societal culture）の概念である。

> 「社会構成的文化とは、公的領域と私的領域の双方を包含する人間の活動のすべての範囲－そこには、社会生活、教育、宗教、余暇、経済生活が含まれる－にわたって、諸々の<u>有意味</u>な生き方をその成員に提供する文化である。この文化は、それぞれが一定の地域にまとまって存在する傾向にあり、そして共有された言語に基づく傾向にある。・・・［それは、］共有された<u>記憶や価値</u>だけではなく、諸々の共通の<u>制度</u>と<u>慣行</u>をも含んだものである・・・」（キムリッカ『多文化時代の市民権—マイノリティの権利と自由主義—』（晃洋書房、1995=1998）113頁、傍線引用者）

　これをふまえつつ文化概念を私なりに定義するならば、こうなる。文化とは、社会を成り立たしめている制度・行動・思想（上の引用でいえば、制度・慣行・記憶や価値）の間の整合的で循環的な関係を、社会システムの3つの次元である構造・機能・意味[5]のうち、特に意味の次元に注目しながら、総体として反省化し、理解し記述するために構成された概念である[6]。その意味では「文化論」とは一種の理解社会学的でマクロな社会理論ということになる。社会が＜有意味なコミュニケーション（相互行為）からなる事態＞として成り立っていること自体を指す概念と言ってもよい[7]。
　このような「文化」概念のポイントの第1は、文化は、人々が、ある特定の制度や行為を望ましい、自然、あたりまえ、理解可能なものと考え、それに従って、それを補完し、再生するような形で行為し、制度を作り、運用し、表象するという、循環的関係において、集合的に再生産されていくということである。その意味で、一定の安定性を有している。初期パーソンズ（『社会体系論』（青木書店、1951=1974年））は、「文化とは、・・・個人行為者たちのパーソナリティの内面化された構成要素となり、社会体系の制度化

されたパターンをなしている、いくつかのシンボルのパターン化され、または秩序付けられた体系にほかならない」(326 頁) とし、それらは「伝達」され「学習」され「分有」されるとする。「要するに、文化は一方では人間の社会的相互行為体系の所産であり、他方ではその決定因の 1 つなのである。」(20-21 頁)。そこには、「パターン一貫性 pattern consistency」が見出される (21 頁)。すなわち、再生産による安定性が見出せるのである[8]。

　第 2 に、社会の成り立ちの (構造や機能ではなく) 意味の次元に関わっているということである。「文化」と「意味」とが密接に関係していることは、先の初期パーソンズの議論においても「シンボル」という (意味に関わる) 概念が用いられていることからも読み取れるが、より明確には、1961 年のアンソロジー Theories of Society の Part4 にパーソンズが付した序論 (『文化システム論』(ミネルヴァ書房、1961=1991 年) として訳出されている) における記述に見られる。すなわち、「・・・人間の行為は、人間の経験界における諸客体の意味のパターン化、およびこれら諸客体に対する志向のパターン化を通して、またそれらの条件のもとで編成される」(2 頁) ことが、文化を考える上での「主要な準拠枠」(main frame of reference) になっているとする。つまり、行為者が制度や他者の行為について意味づけ、相互行為する際に介在する恒常的なパターンが、文化を理解する基本枠組である。「文化的意味の構造は、あらゆる行為システムの土台 (ground) をなして」いるのである (3 頁)[9]。

　第 3 に、「文化」は制度・行動・思想の循環的相関を総体として把握し構成されるマクロな概念として捉えるべきであるということである。文化をめぐる議論の混乱は、しばしばこのことが徹底されていないことに起因することが多い。例えば上で引用した 1951 年のパーソンズの議論では、個々の行為者の内面に関わる要素と社会を成立させているマクロなパターン (信念体系・観念体系・シンボル体系) としての要素が両方語られている。1961 年の論考でも、「文化論の多くは、文化を「不変の客体 (eternal object) から

なるシステムとしてとらえ、パターンそれ自体の要素を強調してきた。しかし、もっぱらこのような観点からのみ文化をとらえるならば、・・・文化もまた行為のシステムとしての地位を有していることを看過することになる」として（5頁）、「志向される客体の意味（文化システムの外的側面）と、行為者による志向の意味（内的側面）との区別」を提示している（4頁）。元々社会学的に社会の成り立ちを理論化するにあたってはミクロな構成要素（行為や個々の事象）とマクロな実相（法則性やパターン）をどう架橋するかという根本問題がある。後者は前者の単なる集積ではなくマクロに創発する特性だからである。意味の次元に限っても、個々の行為者の意味了解を社会のマクロな意味の体系とどう接続するかというヴェーバーの理解社会学の基本課題は今もって理論的課題であり続けている[10]。この点、先に見たように、パーソンズが、行為者が相互行為において抱いているミクロな意味付け（「内的側面」）（それは語り、言説、行動態様、等々から推測できる）と、それらや制度の態様、諸々の思想をトータルで秩序付けるマクロな意味体系（「外的側面」）とを、同じ文化概念に包摂していることは彼の独特な理論による。すなわち彼は、ミクロな信念とマクロな価値体系とを「文化システム」という理論構成において共存可能としている。「システム」概念がまさにミクロな要素（に定位する方法論的個人主義的アプローチ）とそれらの結合からなるマクロな成り立ち（に定位する方法論的全体主義的アプローチ）を架橋するために社会学に導入された概念である以上、これは当然のことである。しかし、私見ではやはりこのような構成は文化概念の射程を曖昧にし、議論を混乱させてしまう危険性が高いと考える。「文化」そのものは先に述べたように社会の成立のマクロな側面として捉えた上で、人々が相互「行為」することで成り立つ社会システムの意味を媒介とした統合／安定化に「文化」が関わっていると理解すれば、個々の人間の信念や意味了解とそれらが交錯する相互行為の意味的次元も破綻なく把握可能になると思われる。少なくともパーソンズの議論とは矛盾しない[11]。

　さて、以上のような「文化」概念を前提とすれば、何らかの事象（例えば低訴訟率）の規定「因子」や「要因」としてそれが位置づけられるものではないことは明らかである。制度や行動と並置される概念ではないからである。文化自体は何らかの客体としての実体を持ったものではない。意味の次元に係留させて理解された社会のあり様が文化である。さらに言えば、文化は、制度や行動や思想の様態そのものでもない（「留学先でその国の文化に触れる」のように代理変数的に語られることはある）。訴訟回避傾向（行動）や和の重視・裁判嫌い（思想）や弁護士不足（制度）そのものが文化なのではない。それらの事実の相関に注目し一定の一貫性・秩序・安定的なパターンを読み取ることで総合的に構成された概念であり、その意味では実体を持たない。「それは、社会的行為過程の具体的現象からの一組の抽象概念なのである。」（パーソンズ『社会体系論』327 頁）。「文化」にせよ「社会」にせよ、それが存在すること自体は経験的に検証しようがないことは、概念の成り立ちからして当然のことでもある。重要なのは、我々はそのような概念を用いることでこの世界における我々の生（の意味）をアクチュアルに理解しているということである [12]。

　すなわち、「制度要因説」か「文化要因説」か、はたまた「折衷説」か、というように、低訴訟率の規定因子として文化を制度と同列に置くことはできない。概念の次元が異なるのである。仮に制度と並置するとしたら（集合的な）「意識」や「観念」、つまりは「思想」、と言わねばならない。制度の差やそのもたらす帰結（まさに訴訟率や離婚率、高有罪率など）もまた「文化」差に包摂できる。その意味では文化の差とは社会の差という以上の意味はなく、社会のトータルでマクロな特性を「文化」と呼んでいるだけである。「日本は訴訟嫌いの法文化である」とは、要するに日本は訴訟回避傾向（低訴訟率）という傾向が見いだせる社会である、ということを言っているだけであり、それ以上でも以下でもない。「文化」があるというのは「社会」があるということとほとんど同義である。「文化が異なる」というのは異な

る社会である（とみなされている、みなそうそしている）ということでもある[13]。

　もちろん、文化＝社会を国民国家のそれに限定してとらえる必要はない。むしろある集団とある集団とは別の社会をなすという認知（つまり自他の識別による identification）においてそれぞれがひとまとまりの文化をなしていると観念しているだけであり、その意味ではある文化を共有する社会の範囲はコンテクストに依存して決まる。日米の法文化の差という比較は（さすがに現代では粗雑にすぎるとはいえ）コンテクストによっては問題ではない。北海道と大阪の法文化が異なるとか、山の手と下町の法文化が異なるという言い方もただちに不適切ないし誤謬ということにはならない。「日本人」に単一の文化が存在するというような言説は無論多様性や個別性を抑圧する権力性を免れないが、日本人（日本国籍者）内部の多様性における標準偏差よりも大きな偏差が「日本人」と「アメリカ人」の間にあるという主張自体は（検証が必要ではあるとはいえ）ただちに無意味で不適切ということにはならないだろう[14]。

　このように、文化それ自体は実体のない概念であるが、その構成要素である、制度・行動・思想はいずれも観察可能であり実証的に把握できる。と同時に、それらは相互にそれぞれの規定因子であり被規定因子となっている。すなわち、相互に循環している。例えば、弁護士数の少なさ（制度）と低訴訟率（行動）と普遍的格率に勝る個別的人間関係の重視（思想）とが、循環的に接続している。すべてがお互い同士原因であり結果である。つまり、強いていうならば、折衷説ではなくて循環説というべきなのである[15]。

　ここで注意しなければならないことが２つある。第１に、社会の構成員自身が、自集団と他集団を識別し、自集団の制度・思想・行動を（自集団自身に、あるいは、他集団に対して）説明したり正当化したり自己批判したりする際に文化の概念を用いることは確かにある。すなわち、何らかの価値や規範や行動の正当化にあたって「文化」概念を持ち出すことは、実際にしばし

ばなされ、日常生活では一定の説得力を持つ[16]。しかし、学術的な記述としては当然問題が多い。学術的に文化を論じる際にはそうした語用は極力排除されるべきであるとは言える[17]。

　第 2 に、本質主義（essentialism）も排除されるべきである。特に文化を「自然」な傾向に還元するものは間違っている。結局のところ文化は社会的に構築されたものであるし、生物学的本質でも永遠不変のものでもない。いわゆる文化要因説批判（制度説）は多くの場合文化論にまとわりつく本質主義のニュアンスを批判することが（隠れた）動機となっていたのではないかと私は推測している。しかしながら、制度要因説と文化要因説の「折衷説」という構成では文化本質主義に対する立場があいまいであり、むしろ実体あるものとして「文化」を位置づけるという陥穽にはまっているため、かえって本質主義的言説の侵入に対して脆弱なままである[18]。

3　最新の実証研究を読み直す

　以上示した「文化」概念によって、近時日米で提示されている紛争行動・訴訟行動に関する魅力ある法社会学的研究の知見も、適切に理解できることを示したい。

（1）　馬場健一「訴訟率の地域差とその規定要因について」
（『法社会学』83 号所収（2017））

　訴訟率という問題に、司法統計のデータを主として用いながら取り組み続けておられる法社会学者である馬場健一教授の最近の論文を見てみたい。これはしばしば十把一絡げにされがちな「日本」の訴訟率が地域によって有意に差があることを分析した非常に興味深い研究である。すなわち、そこでは、まず、同じ司法制度のもとにある日本の地域間で「本人訴訟率」に差があること、そして、そうした差の多くは、「地域の豊かさ」ないし「伝統的

紐帯の弱化と個人の主体性・自主性の確立」によって説明がつくことを示す。前者による説明を「経済説」、後者による説明を「近代化説」と名付ける。

　ところが、経済的条件や近代化の程度についてほぼ差がないと思われる九州・中国地方（西日本）と東北地方との間の本人訴訟率の差（特に西日本の特異性）を説明するためには、これら２つの条件以外の要因が必要となる。そこで馬場教授は、網野善彦・宮本常一らの業績に示唆を承けつつ、文化的差異、すなわち中世以来の「社会構造」の基本的差異（垂直的人間関係による結合を基調とする東日本と水平的・契約的関係の色彩が濃い西日本）が、訴訟率の差の説明において一定の説得力を持つことを明らかにする。そして、結局、本人訴訟率の地域差は「経済説的要因」、「近代化説的要因」、「文化説的要因」の複合によって説明がつく（「複合要因説」）とするのである。かつて、経験的な検証可能性のない文化なるものよりも検証可能な制度等で訴訟回避傾向の説明がつくのであればそのほうが明快かつ優れているとして「文化的説明へのレクイエム」を唱いながらも（馬場「訴訟回避論再考—「文化的説明」へのレクイエム—」和田仁孝他編『法社会学の可能性』（法律文化社、2004 年）、法文化概念に存在理由がないわけではないともしていた馬場教授による実証的研究の新展開として、注目に値する[19]。

　以上の知見は興味深く説得力を持っているが、馬場教授もまた「文化要因説」対「制度要因説」という問題構成に不必要に捕われてしまっているようにも思える。すなわち、馬場教授は、「「近代化説的要因」が伝統的共同体的人間関係が存続しているか、それらが解体して都市的人間関係が成立しているか（ゲマインシャフトかゲゼルシャフトか）という変数であるとすると、この「文化説的要因」は、伝統的共同体集団の組織態様自体のあり方の差異に関わる変数であるといえよう。」として、相互に独立の変数であるかのように解しておられるが、中身を見ればいずれの説も要するに「社会構造」の差によって本人訴訟率に差が出ると言っているのであり、それが「近代化」という通時的変化か、長期にわたって存続している地域差か、というのは、

変数の論理的位置を考える上では副次的な要素にすぎないはずである。問題はむしろ、伝統的紐帯か「個人」間の結合かとか、垂直的（家父長的）結合か水平的（契約的）結合かといった、（いずれにしても）「社会構造」の差がどのようにして人々の行動（この場合は訴訟を提起するか否か、するとして本人訴訟を行うか否か）を規定しているかということの方にあって、それは、社会の構成員がその社会構造に適合的な制度・思想・行動をどのようなものとして認知し評価し構築し実践しているかということとして、それこそ実証的に把握していくしかない。その上でトータルにみてそこに「文化」（つまりは有意味な形で統合されている社会）がある、と言っても全く差し支えないであろう。東北地方と九州地方は確かに異なる文化であった（社会構造や紛争行動や、おそらくそれらについて住民が語り合う言説には有意な差がある社会同士であった）ということになる。逆に言えばそれ以上でもそれ以下でもなく、文化があると言ったからといって、どちらが正しいとか、未来永劫変わらず混じりもしないといったことを示唆するわけではない。重要なのは、そのような地域差が歴然と存在してきたことを確認できたという実証的知見であろう。それを馬場教授は示したのである。

（2）　David Engel, *The Myth of the Litigious Society: Why We Don't Sue*, The University of Chicago Press, 2016.

　続いて、2006 年の日本の大規模紛争行動調査との国際比較にも参加している、世界的に著名な法社会学者である Engel 教授の近著について見てみたい[20]。

　この本において、Engel 教授は、本来（法律家の眼から見れば）不法行為訴訟を提起し権利主張をしてしかるべき無数の人々がそれをしていない、その意味で過剰に訴訟社会であるというアメリカ人自身が広く共有しているイメージと現実の米国社会は正反対であることを指摘し、その原因に関して次のように議論を展開する。

　近時の人間科学（認知科学、行動経済学、社会心理学など）の知見が示すように、人間の mind は body と独立には作動していない（mind は body に埋め込まれている）ため、実際に危害を被った被害者は、その身体だけでなく心・パーソナリティ・人間関係にも変調が生じやすく、状況を冷静に認識して［他人の責任を追及するか訴訟を提起するかといった問題について］理性的、合理的に判断するということができなくなりがちである。そもそも人間の意思決定は、意識的・自覚的判断と同じかそれ以上に無意識の判断の影響を受けている。人間の心は、社会的ないし物理的な環境との有機的な相互作用において判断を形成するため、多様な認知バイアス（フレイミング効果や現状維持バイアスなど）の影響も受けやすい。

　具体的には、まず、経験した事態がなぜ起きたか、すなわち物事の因果関係の判断について、人は主観的なレンズ（subjective lens）で眺めるのであり、その際には、そもそも科学的知識が欠落していることもさることながら、その時々に社会で支配的な道徳的判断や世界観（cosmology, traditional worldview）の影響を受ける。例えば、事故にあったのも自業自得と捉えたり、神罰と捉えたりし、他罰的に他者の法的責任を追及するというように判断しないことがある。危害や事故に関わる物理的環境についても、人々は一定の意味付けをしている。例えば階段を踏み外して生じたケガ、椅子による腰痛、自動車の運転による事故等々について、しばしばそれらの器物の態様を自然な所与のものとして捉え（naturalize）、苦痛や危害をもたらした原因は他者（例えば設計者）の意識的な選択だったかもしれないというふうに考えない。また、帰属する社会の支配的な考え方（local knowledge）に影響されて、そもそも何らかの危害を被っているという認識すらないこともある（中国における纏足やユダヤ教の男子割礼が例に挙げられている）。「文化的イメージやイデオロギーによって、苦痛に満ちた経験のうちどのようなものが［他者による］危害と定義されるようになるかどうかが決まるのである。」（8章）。もちろん、仮に危害と認知しても、簡単に加害者に帰責し非難、訴

追、補償要求してはならないという「文化的規範」（cultural norms）の影響を受けることもしばしばある。しばしば自罰的・自責的になるのである。さらに、人間は自分にとって重要な他者（significant other）の影響を受けて判断する。その人々との関係のほうが、法的権原などより重要だからである。そうした重要な人間関係、ネットワーク、相互行為（interaction）の中で、法が想定するのとは異なるリアリティが共有され（shared reality）、行動に影響する。そして往々にしてそこでは、lumping（泣き寝入り）が推奨され選好されている。これもまた、「一般的に共有されている文化的規範と観念」が、集合的な過程（collective process）において具現化されているということである。

　さて、以上のような多角的な分析を展開した上で、Engel 教授は、これらの理由により人々が不法行為の請求を十分にしていないことは望ましくない事態であるとして、司法アクセスや規制改革などの制度的工夫と並んで、人々の認知、価値観、観念の変革を促すような、strategy of culture change が必要であるという主張をしている。近年のいわゆる tort reform が、社会に蔓延する過剰な litigiousness を抑制し訴訟提起を discourage するような「制度」改革と宣伝活動とを推し進めてきている米国において、それが根本から誤った認識に基づくものであり、＜なぜ訴えすぎるのか＞ではなく＜なぜ訴えないのか＞こそがクリティカルな問いであることに気づくべきであるとする Engel 教授の議論には、やはり、主として意識や観念や価値判断に関わる部分を culture という概念で捉えようとしている節がなくはない。また、何らかの危害を被った当事者個人の認知にさしあたり定位して、lumping it（泣き寝入り）が選好される（あるいは無意識のうちにそれを選択している）理由を探究している点では、日本のかつての「法意識論」とも近似しており、「制度」への関心を前面に出してきた米国の「日本法学者」たちと比較するのも面白いかもしれない。しかしここで重要なのは、そこで指摘される当事者の状況認識と行動選択というものが、被害者本人を取り巻

く周囲の人々、物理的環境、社会的環境（そこにはどのような制度が用意され支配的に作動しているかも、どのようなイデオロギーが支配的な地位を占めメディア等を通じて人口に膾炙しているかも、無論含まれるであろう）との相互作用において（時として揺らぎ、行ったり来たりしながら）形成されることを繰り返し指摘していることである。このことは第1に、米国人が本質不変の属性として泣き寝入り選好の意識（裁判回避傾向）を有していると言っているのではないことを示しており（本質主義的文化決定論の排除）、第2に、本報告の立場に引きつけて理解するならば、具体的な社会の過程（collective process）において人々の思想、不法行為制度、人々の行動選択が循環的な相互作用をおこして一定のマクロな状態（つまりは、法律家から見れば訴えを起こしてしかるべき大量の人々が、そもそも訴えを起こすという選択肢に気づかなかったり、気づいても拒絶したりしているという状態）を生み出しているということである。これを、人々がより積極的に訴訟提起や権利追及できるような状態に変えることを cultuer change と Engel 教授は呼んでいるわけである。

　つまり、本報告が提示した文化概念、すなわち、有意味なコミュニケーションによって統合された社会の行動・制度・思想の循環からなる関係を理解しマクロに把握するために構成される実体なき概念、と Engel 教授の所論とは矛盾なく接続可能であり、おそらくはより明快なパースペクティブを与える、と私は考えている。

　以上2つの最新の研究を私なりに読み直してみた。もはや「文化要因説」「制度要因説」「折衷説」という問題構成に頼る必要がないことは示せたのではないかと考える。文化なるものを実体視し過大評価して警戒する必要も、逆に空疎で無意味な概念として経験的分析から排除する必要もないのである。いや、排除したとしてもなお意味のある概念なのである。

〈注〉

1　本稿は、2017 年 11 月 11 日に法文化学会で行った報告に、「大会当日の報告・コメント間のやり取りを生きたままのかたちで再現することをめざ」すという編集サイドの要請を承けて、軽微な字句の修正のみを加えたものである。当日コメントの労を執って下さった馬場健一教授にはこの場を借りて御礼申し上げたい。私の報告原稿の送信から間髪を入れず 11 月 8 日に送られてきた馬場教授のコメント原稿に対するリプライも当日用意して大会に臨んだが、馬場教授の指摘・批判に基本的に同意しつつそれとは矛盾しないものとして本報告のポイントを再説したものにとどまるので、本稿では割愛する。

2　五十嵐清『比較法ハンドブック［第 1 版］』（勁草書房、2010 年）269 − 290 頁。

3　複合的な作用については、2006 年の全国規模の民事紛争行動・訴訟行動調査の成果を見れば具体的に把握できる（村山眞維編集代表『現代日本の紛争処理と民事司法』（全 3 巻、東京大学出版会、2010 年））。そこでは、法専門職とのコネクションの有無、法使用経験の有無、経済力、学歴、知識、状況認識、問題分野等と紛争行動、法使用行動との相関が計量的に分析され、例えば弁護士へのコネクションと相談行動の高い正の相関が見出されている。近時では、裁判未経験者について見出された訴訟のコストについての意識と裁判利用意図との間の無相関（有意な相関の不在）について、構造方程式モデリング（共分散構造分析）という手法を用いて、裁判行動を促進する相関（コストに敏感な人は権利利益意識を強く持つ）と阻害する相関（コストが高いと思えば選択を控える）が複合的に作用して打ち消し合っているがゆえの表面的な無相関であったことを示す、というような研究まで現れている（森大輔「裁判にかかる費用や時間についての認識と裁判利用行動意図の関係構造方程式モデリングによる分析」『法社会学』81 号（2015 年）。そこでは、多様な要因が複合的に作用していること自体の指摘の次に問題になるのは、「複数の要因の相対的な強さ、そして複数の要因が具体的にどのように絡み合っているのかということである」と正当に主張されている（202 頁）。これらを総覧すれば、低訴訟率が文化「のみ」で説明がつくとか、制度「のみ」で説明がつくという主張が粗雑に過ぎ、支持できないことは一目瞭然である。詳細は避けるがそもそも川島やヘイリーとてそのような主張をしていたわけではなかった。

4　これは、制度では説明できないものを文化と呼ぶいわゆる「残余説」でも同様である。

5　今田高俊『自己組織性—社会理論の復活—』（創文社、1986 年）第 7 章参照。

6　ルーマンは、近代化において「全体社会が自身の記憶を指し示すために文化という概念を発明した」とする（ニクラス・ルーマン『社会の社会 1』（法政大学出版局、1997=2009）665 頁）。

7　ちなみに、ルーマンが『法社会学』（岩波書店、1972=1977 年）で言うように、「人間は意味的に構成された世界に生きている」（37 頁）。「人間と世界との関係が有意味に構成されている」（35 頁）ことが、社会がどのように存立している（と人間は、あるいは社会自身が了解している）か、という社会学的な問いの基本をなしている。

8　文化の再生産というとブルデューの文化資本やハビトゥスの相続・継承（による階級の再生産）の理論を想起しがちであるが、ここではそのような局面に限定していない。

9　なお、六本佳平『日本の法システム』（放送大学教育振興会、2000 年）は、文化を「一つの集団の生活に独特の意匠（デザイン）をほどこす象徴的意味の体系」と定義し（強調引用者）、それは社会の構造的な要素（思惟構造）として（子供の教育、「社会化」をつうじて）代々継承されていくとする。そして、法文化を、「ある国の文化の一部をなす、法や規範秩序に関わる基本的な考え方で、その国の法制度や法過程に独特の一貫した特徴を生み出すもの」とする（22-23 頁）。

10　周知のように、ヴェーバーはそれを「理念型」の導入によって解決しようとした。

11　なお、『文化システム論』では、「行為のシステム（System of Action）」の下位構成要素（サブシステム）として、「行動有機体、パーソナリティシステム、社会システム」と並び立つ「文化システム」があるとする。そして、文化システムは、後のいわゆる AGIL 図式でいえば L（latent structure maintenance）に相当する機能を果たしているとされる。行為のシステムを成立させる（安定的な意味の）恒常性に関心があったことがうかがえる。

12　近代化のプロセスにおいて「全体社会が自然＝本性によって規定されていることへの信頼の喪失」が生じた結果、「自然への言及は取り壊され、文化と文明の意識がそれに取って代わる」ことになったと、ルーマンは指摘する（『社会の社会 2』1307 - 1308 頁）。彼は、文化システムは行為システムのサブシステムだとするパーソンズの「文化」理解にたつと、「人間が社会を形成し始めて以来、文化は存在してきたはずだということ」になってしまい、「社会的な記憶を文化

として指し示すことによって、さらに何が得られるのか」という問題に答えを出せなくなると批判する（『社会の社会 1』664-665 頁）。

13　いわゆる残余説も「経済」や「制度」で説明できない部分は「文化」だとするという意味で、経済や制度と文化を同列に論じている点で間違っている。また、しばしば「文化」と言ってみてもなにも解明したことにならないといった批判が語られるが、それはこの概念の成り立ちからしてむしろ当然のことである。なにかを（分析的に）解明するための概念ではないのである。

14　法文化について、一般人の法文化（external legal culture of citizens）と専門家の法文化（internal legal culture of professionals）を対比する、というような用法がある（Lawrence Friedman, 'Law, Lawyers, and Popular Culture,' 98 YALE L.J. 1579 (1989); ibid. "The Concept of Legal Culture: A Reply" in D. Nelken ed., *Comparing Legal Cultures*, 1997.）しかしこれは、当該集団に特徴的な思考様式とでも言えばよいことであって、culture 概念の焦点をかえって曖昧にする用法と言える。

15　例えば、アメリカ人は日本人よりも有意に少なくしか魚を食べない（FAO の統計により裏付けられている）。それはなぜか。おそらく、新鮮な状態で魚を輸送し販売する市場の「制度」の整備が遅れ機能不全を起こしているからでもあり、そもそも魚を食べる「意識」や「観念」が人々に十分に存在しないからである。逆にほとんどの人が少なくしか魚を食べないからこそ、市場の整備が遅れ、食材としての魅力に気づかないのである。行動・制度・思想が循環しており、トータルでみればアメリカの食文化は魚を食べない文化である（＝アメリカ社会は魚の消費量の少ない社会である）ということになる。

16　川島の一連の議論がそうした動機を伴っていたとは必ずしも思えないが、彼の論文（とりわけ英語論文）を読む側の日本法研究者たちがそのような意図を勝手に読み込んで川島は「神話」を語っているに過ぎないと反発した可能性はあるかもしれない。「裁判嫌いの神話」の生成と川島理論の関係について、高橋裕「ある「法文化」の生成 －－誰が裁判嫌いの「神話」を生んだのか」岩谷十郎編『再帰する法文化 ［法文化（比較・歴史・情報）叢書⑭］』（国際書院、2016 年）所収参照）。

17　ただし、一定の視点からの理解の社会学である以上、評価や解釈を免れることはできないことも事実である。川島が日本社会を批判し、変わるべき方向を模索する中で、かの「法意識」論を展開していたと解釈できることを私はかつて指摘した（尾崎一郎「日本における法文化の変容と法のクレオール」長谷川晃編著

『法のクレオール序説 —異法融合の秩序学—』（北海道大学出版会、2012 年）所収 37-41 頁）。パーソンズ曰く、「文化現象を分析するタームは、行為現象のその他のあらゆる要素のばあいと同じく、社会科学者が、自らの観察を整序し、自らの問題を系統立てて分析し、そして解釈をすすめるための概念枠組を提供する理論的構成概念である。「あらゆる観察は、概念図式との関連においておこなわれる」という一般的格率は、行為体系のそれ以外のどんな側面ともまったく同じようにわれわれが文化パターンと呼ぶものの観察にもあてはまっている。」（『社会体系論』326-327 頁）。

18　自然とは異なるものとして文化をとらえる用法として、例えば、木庭顕『法存立の歴史的基盤』（東京大学出版会、2009 年）の以下の記述。「法は政治的決定に依存しないが、しかし如何なる意味でも自然的所与ではない。反対に、「自然的」かどうかは別として、社会の中に一般的に広く見られる原理を周到に克服する装置である。この意味で人工の産物であり、主体的能動的営為の所産である。文化に属し、それも、高度な蓄積の上に初めて築きうる」。 また、近代社会の反省的自己記述の概念としての文化が「自然＝本性」とは対照的な概念であることについて、ルーマン『社会の社会2』1307 頁）。他方で、驚くべきことに五十嵐は『比較法ハンドブック』273 頁の注 172 で、野田良之の国民性格論が、「最近の DNA 研究の発展」により再評価される可能性があるかもしれないことに言及している。晩年になお衰えなかった五十嵐の知的好奇心の強さには驚かされるが、やはりナイーブとは言わざるをえないのではないか。

19　ちなみに 2017 年に公表された論文「司法制度利用率の地域研究の示唆するもの —沖縄の経験から法と社会を考える—」（『現代日本の法過程 下巻 —宮澤節生先生古稀記念—』（信山社、2017 年）所収）では、沖縄の訴訟率の特徴を、「制度説・機能不全説」の修正である「法曹ヘゲモニー説」で説明する。ここでも、「利用者や社会一般の意識や文化を持ち出す議論」で安易に説明することの問題を説得的に示し、代案を提示しているわけである。馬場教授が一貫して探求されているのは検証可能な規定因子である。

20　なお、久保秀雄「行為の理論の収斂—解釈法社会学とタルコット・パーソンズ—」西田英一＝山本顯治編『振舞いとしての法—知と臨床の法社会学—』（法律文化社、2016 年）所収）は、①ヴェーバーの理解社会学の系譜を継ぐ米国の「解釈法社会学」の先導者である Engel が、個々の人々の個別具体的語りの背後にある法則性を「解釈」によって明らかにしようとする中で、認知科学や脳神経科

学の知見を吸収しながら「経済的説明と文化的説明の統合」を図ろうとしていること、②これは理解社会学を1つの故郷とし、「原子的個人を前提とした原子論」と「理念主義」が陥りがちな「文化決定論」との「双方を相互補完的に統合することによって双方の問題点をともに克服する理論」であることを目指したパーソンズの主意主義的行為理論（における功利主義と理念主義の統合）と共通の基盤を有していること、を鋭く指摘する。久保も指摘するように、エンゲルは「文化というものを一枚岩では捉えない。システム論的な認識にもとづいて、宗教や法、そしてマス・メディアなど、次元の異なるさまざまな要素によって構成されていると捉える。」（36頁）。理解社会学とシステム理論の系譜に与し、ミクロなアプローチとマクロなアプローチの統合こそが社会学的理論の基本的課題であることに同意しながら、私は、制度と行動と思想の循環という機制に注目して文化概念を捉えることで、エンゲルの（やや雑食性で時に掴みどころのない）所論をより良く理解できると考えている。なお、関連して、エンゲルとヴェーバーの社会学を接続する、久保秀雄「法意識の文化的解釈—「訴訟回避」と「神義論」—」（角田猛之＝石田慎一郎編『グローバル世界の法文化—法学・人類学からのアプローチ—』（福村出版、2009年）所収）参照。

尾崎論文へのコメント

低訴訟率を捉える視点：折衷でも循環でもなく

馬　場　健　一

はじめに

　日本における民事訴訟の低訴訟率の原因について、かつて筆者は次のように書いたことがある[1]。

　　この問題は、「先進国の中で日本ではなぜ訴訟が少ないのか」というきわめて単純な、しかし重要な問いに対する解答を迫る点で、日本の法社会学研究者および法社会学研究に対する試金石（むしろ「踏み絵」というべきか）の位置を占めるとはいえないであろうか。「法意識」あるいは「法使用」をめぐる議論に多大な紙数を費やし、あるいはいくら込み入った解説を展開しようとも、「それで、結局日本で訴訟が少ない理由は何なのか？」というかたちでこの問いは、そこから虚飾をはぎ取り、簡明な説明を求める。すなわちそれは、いわば研究者の真価をはかる試薬である。いかに複雑で知的な議論であっても、この問いに明確な解答あるいは一貫した説明枠組を与えられないのであれば、それは結局のところ有意味な議論とはいえなくなる。また例

えば、「それは複雑かつ困難な問題であり、単純な解答はできない」などと逃避することも許されない。ライト・ミルズが宣言し実際に実行して見せたように、「どんな思想であっても、どんな本であっても、その内容を一つの文章の中に圧縮することもできれば、二十巻にわたって展開することもできる」[2]のであるから。・・・なおこう啖呵を切った以上、筆者の立場を端的に示さないわけにはいかない。本稿の結論はこうである。「日本で訴訟が少ない理由として第一に挙げられるべきは、制度がそのようなものとして設計・維持されてきたためであるということであり、いわゆる『法観念』や『法文化』といった要因は、考慮に入れる必要はない。」[3]

　筆者は、尾崎論文（以下、文献の参照箇所は章番号を括弧内に示す）におけるいわゆる「折衷説」に対する批判、また「文化」概念の実体視や本質主義に対する批判に特に異論はない。他方で、問題の本質はそこにあるのではなく、文化を持ちださずとも低訴訟率の説明はつく点、また文化を持ち出す議論は、いわゆる折衷説を含め、「経験性の後退」「政治決定の不可視化」（これについては後述）「批判的視座の喪失」という社会科学としての難点を持ち込んでしまう点にあると考えている。要は事の本質は日本の司法制度が使いにくく裁判のメリットが少ないことであり、それは「文化」なる概念とは関係ない、権力的政治決定の帰結だ、ということに尽きる。

1　尾崎論文の文化概念について

　「文化」は低訴訟率とは本質的関係はない、とするのが筆者の立場なので、尾崎論文における文化への言及についてはすべてコメントを割愛してもよいのだが、それではコメンテーターの役割の放棄なので、簡単に触れる。

　尾崎論文では「制度もまた『文化』を構成する」（233頁）という視点を

とることが重要だとする。その議論は筆者には難解で理解が及ばない所もあるが、「実体を持たない」（237頁）「規定『因子』や『要因』…ではない」（237頁）「『社会』があるということとほとんど同義」（237頁）などとして文化概念を説明因子として否定するもののようである。「＜民族のＤＮＡに刻み込まれた不変の性質＞のような本質主義を厳しく排除」（233頁）することの必要性・重要性はよくわかる。であるなら文化概念などなしにシンプルに説明したらいいのではないかと思う。筆者にはまた、「制度」が「文化」の構成要因であるという議論の立て方がわかりにくく、社会学の入門テキストなどの扱いとは逆なのではないか。例えばバーガー＝バーガーは「制度」を「規制のパターン、すなわち社会が個人の行動に押し付けるプログラム」と定義し、その最も基本的なものとして「言語」を挙げている[4]。その謂でいけば、「文化」も言語同様、社会的に構築され個人に押し付けられる限りで、「制度」といいうるであろう。また文化の本質主義を否定するその文化理解は、社会の統合よりも対立・抗争に力点を置くコンフリクト理論や批判理論、ポストモダン論に整合的に思えるが、そうであれば、文化は制度であることをこえ、（言語同様）「政治」の問題として捉え、「『文化』も『制度』もまた『政治』である」などという発想もでき、そのほうがこうした理論的立場とも整合的であるようにも思われる。ところが尾崎論文は、パーソンズやルーマンなど社会学においては、しばしばコンフリクト理論などとは対照的なものと評価される統合理論に依拠し、「マクロな社会理論」を志向しているように思われ、それゆえ一方で文化の実体視や本質主義的把握の危険性に自覚的でありながら、他方で「『文化』は制度・行動・思想の循環的相関を総体として把握し構成されるマクロな概念」（235頁）と把握することで、「文化」概念を解体するのでなく、「マクロな概念」として救いだしている。

　他方こうした文化概念の救出は、少なくとも経験的・実証的研究の文脈においてはあまり有用ではないように思える。「実体を持たない」制度の規定要因ではないものでありながら、あえて文化概念を救出する意義は、社会理

論として理論的位置づけを与えること、あるいは社会においてこの言葉が実際に使われていることの意味を批判的に探求すること、などだろうか。少なくともこういう考え方をするならば、従来の訴訟率をめぐる議論において、「文化」が占める位置はなくなるであろうし、そのことは尾崎論文も認めている。すなわち「以上のような『文化』概念を前提とすれば、何らかの事象（例えば低訴訟率）の規定『因子』や『要因』としてそれが位置づけられるものではない」「仮に制度と並置するとしたら（集合的な）『意識』や『観念』、つまりは『思想』といわねばならない。」「文化それ自体は実体のない概念であるが、その構成要素である、制度・行動・思想はいずれも観察可能であり実証的に把握できる」（238 頁）のである。「（法）文化」は規定因子としては否定しつつ「（法）意識」「（法）観念」は規定因子として考えられる、実証的に把握できる、という立場は、文化を法使用の「究極的規定要因」などととらえた法文化説に対する批判であり、法行動に「一番近接した次元で問題を観察し説明することに役だつ」ものとして「法意識」を捉え、「もっとも近接した要因」をこそ第一に明らかにすべきであり、それを「決定する他の要因」については、前者を明らかにして後に初めて論じうる性質のものであるとした川島武宜の『日本人の法意識』への原点回帰であるととらえることもできよう。とすればそれは筆者が採る立場とおそらく大きくは違わない[5]。

2　尾崎論文は「循環説」なのか、とすればその問題点

「制度・行動・思想・・・は相互にそれぞれの規定因子であり被規定因子となっている。すなわち、相互に循環している。例えば、弁護士数の少なさ（制度）と低訴訟率（行動）と普遍的格率に勝る個別的人間関係の重視（思想）とが、循環的に接続している。すべてがお互い同士原因であり結果である。つまり、強いていうならば、折衷説ではなくて循環説というべきので

ある。」（238頁）

　他方、尾崎論文が採る立場が、結局ここでいわれるとおり「循環説」なの
だとしたら、それは筆者の立場とは相容れない。そしてその場合、筆者の以
下の議論（「政治決定の不可視化」）にどう答えるのか。またその立場は、こ
こで批判される従来の「統合・循環論」とどう違うのか。

　　多元論（六本説）が実際にはこのように文化要素を強調するものだ
　とすると、統合・循環論は文化も制度も相互規定的あるいはコインの
　両面であるとし、もしくはどちらが先とも言えず循環論法なので説明
　になりえないと考えるものである。文化を強調する立場も、上述のよ
　うに制度のありようの背後の「基底的因子」として文化を見、他方で
　文化も長期的には制度の変革その他各種要因によって徐々に変動して
　いくことを認めるかぎりで同じ発想を共有しているといってよい。こ
　の論法は、訴訟回避問題を扱う際の常套句というべきほど広くみられ
　る。例えば、「日本人が裁判に訴えて『権利のための闘争』を展開し
　ないのは裁判制度の不備によると指摘できるのと同様に、裁判制度が
　不備であるのは日本人が強い権利意識をもたないからだ、とも考えら
　れる。鶏と卵とどちらが先か、というような話」[6]、「法曹人口が少
　ないことも ⋯⋯ すべて、さらにその背後に日本的な何か（文化・意識）
　があって、その従属変数としてもろもろの『行為状況』が存在すると
　いう関係になっていることを否定しきれない」[7]、「日本社会の弁護
　士の少なさ ⋯⋯ などが交通事故の紛争解決における訴訟利用の少なさ
　を説明するとしても、そのもっと背後に ⋯⋯ 特殊日本的な何ものかが
　そこにあると考えるのは、きわめて合理的な推論であります。その意
　味では、状況規定モデルが独立変数として措定したもの自体が、実は
　本当の意味で独立ではなく、暗黙のうちに当該社会の人々によって選

択されたもの、あるいはその意識にとって違和感をもたれない適合度の高いものとしてふるいにかけられた、そうしたまさに法意識の従属変数であります」[8]、「日本人の法的実践を、もっぱら文化あるいは構造の産物として考えるのではなく、文化と構造の影響が織りなす複雑な網の一部として考えるところから出発しなくてはならない」[9]等々。(中略)

これらは、訴訟回避文化と制度の貧困とのどちらが独立変数でどちらが従属変数であるとは簡単に決められない、あるいは制度のありようは法意識の従属変数ともみうるとする発想に立つ点で共通している。またこれらは、司法制度の改革だけでいわゆる日本人の訴訟回避行動等が改善されるものとはいえないとか、文化的伝統を無視した制度改革は成功しえないとの議論に結びつくこともある[10]。

こうした議論の根本的な問題点は、特定の社会制度の存在保障を、文化的伝統や人々の意識や選択と結びつけているところにある。しかるに社会制度は、必ずしも多数の社会構成員の明示黙示の支持がなければ存続しえない、というものではない。例えばある社会制度の存在が、平穏な社会生活を送りえている限り多くの人にとってとくに意識する必要のないものであれば、それは無関心によって、あるいは漠然と無批判に、存続を保障されうる。またある社会制度が有力な既得権と結びついている場合、それは変革に対して相当の抵抗を示すものであり、とくにそれが一般構成員にもたらしうる不利益が拡散的あるいは不特定的なものである場合、そもそも変革のモメントさえ生じにくい。社会制度の安定的存在がどのよう保障されているかは、探求されるべき問題であり、前提されるべき問題ではない。

日本における「小さな司法」が、社会意識、構成員の支持と相関的或いは従属的関係にあるとする議論は、一見もっともらしいが、子細に見ていくとその前提はきわめて疑わしい。司法制度が「小さい」と

か「使いにくい」とかということは、要は法曹人口が少ない、法律扶助制度が貧困である、司法予算が低い、手続が旧態依然等々といったことがらの総称にすぎない。そうしてこのように個々に分析的に見ていけばいくほど、それは「法意識」や「社会構成員の支持」の問題ではなく、その時々の政策決定者・制度管理者の意思決定の問題であり、具体的・歴史的な政治過程・政策選択の問題であることが了解される。例えば日本に法曹人口が少ないことは、第一次的には司法試験合格者が少なく維持されてきたことの歴史的蓄積の結果であって、それが長期にわたって毎年 500 人に押さえられてきたことは、「法意識」や「社会的支持」に間接的にであれ規定されているといえるかはかなり疑わしい想定、あるいはあまりに雑な想定である。その原因はむしろ、法曹人口を少数の現状のままで維持し、増員に抵抗する法曹界等の既得権の存在にこそ求めるべきである。または法曹人口増加といった拡散的かつ専門的な利益に関わる改革運動が組織されにくいこと、それゆえまた長期にわたり法律家を増やす圧力にさらされず、変化へのインセンティヴをもたなかった政策決定者および政策過程といったものに求めるべきである。あるいはまた、明治期以来の行政国家のありようや、他の先進国では法曹人口増加が目指された 1970 年頃の政治状況・法曹内部の対立状況が日本では増員政策を遠のかせた一要因となったという歴史的事情に求めるべきである。同じことは少額な司法予算、司法手続の使いにくさ、法律扶助の貧困、等々他の問題についていえる。交通事故紛争処理のためなどのＡＤＲの発達にしても、第一義的には「小さな司法」政策を所与とせざるをえない中での適応的な政策選択の結果とみるべきであろう。以上のことは、近年の司法改革が複雑な政治過程の産物であり、単純に法意識・法文化や社会的支持の変化の帰結とはいえないという、あまりにも明白な事態に照らしても明らかである。すなわち制度のありようは、意識・文化の従

属変数であるとは簡単にはいえないのであって、両者の間の相関さえ高いと想定することは必ずしもいえず、また意識・文化以上に決定的な制度の規定要因はいくつも考えられるのである。

それゆえこれら政治状況・歴史状況の規定要因、あるいは政策決定者や法曹の政策決定の背後の規定要因として、「法意識」「社会の支持」をもちだすことは、荒唐無稽とまではいわないとしても、きわめて恣意的な想定なのである。ある政策が維持されるのは、「意識」「文化」の問題であるというよりも、各種の利益衡量や政治的力関係の布置、係争利益の特性や歴史的条件に規定される問題というべきだからである。「文化は制度を規定する」などという主張は、「国民はそれに相応した政府しかもちえない」といった類のアフォリズム程度の意味しか持たない。日本の司法の現実は日本人の法意識・法文化に規定されているといった議論は、日本の政治の現実、経済の現実が日本人の政治文化、経済観念によって規定されているというのと同レベルのレトリックであり、全く意味がないとはいわないにせよ、個々の政治過程、政策決定、歴史的条件の具体的検討に比べて、その理解に資するところが多い議論とはいえない。またそもそもマクロな歴史的視点から見れば、近現代の政治権力が既存の文化的伝統に抗して大きな社会変革や制度構築をなしとげようとし、その結果大きな意識変化・社会変化がもたらされることはむしろ通常の事態というべきである。制度の背後にはその歴史性と政治性とをこそ見るべきであり、「法意識」「社会の支持」を持ち出す議論は、制度が歴史的、政治的存在であることを不可視化してしまい、制度が維持されることが第一義的には政治過程の問題であることを後景に追いやり、それを日本人一般に帰責させることで曖昧化するイデオロギー機能をももちうるように思われる[11]。

　関連して、「アメリカ人は日本人よりも有意に少なくしか魚を食べない」
（247頁）ことと、「日本人がアメリカ人よりも有意に少なくしか訴訟利用を
しない」こととはパラレルな事態か。弁護士が少なく、裁判所組織が小さい
から、日本人が司法をあまり利用しない、だけでなく、日本人が司法をあま
り利用しないから弁護士は少なく、裁判所組織は小さいのか。矢印の向きは
双方向なのか、一方（制度）が他方（利用行動）をより大きく規定している
のではないか。またそれは歴史的・政治的に構築されてきたのではないか。
精緻な文化概念批判にもかかわらず、結局は従来の「統合・循環論」と同じ
議論をしているにすぎないのではないか。

3　制度要因説について

（1）　制度要因説の「動機」

　尾崎論文では、「いわゆる文化要因説批判（制度説）は多くの場合文化論
にまとわりつく本質主義のニュアンスを批判することが（隠れた）動機と
なっていたのではないかと私は推測している」（239頁）とするが、制度要
因説に立つ宮澤節生は、自著の中で、文化概念が政治的に利用されることを
明言している[12]し、コメンテーターも「本質主義」の用語こそ使っていな
いが、上述の通り、文化概念のもつ「制度が維持されることが第一義的には
政治過程の問題であることを後景に追いやり、日本人一般に帰責させること
で曖昧化するイデオロギー機能」を指摘しているので、動機は隠していない
どころか明示しているといえる。

　むしろ問われるべきは、文化要因説を好む立場には、以下の尾崎論文の引
用部分にもみるとおり、法から政治を排そうとする法学者のイデオロギー的
嗜好が反映していることではないか。

　　　「法は政治的決定に依存しないが、しかし如何なる意味でも自然的

　所与ではない。反対に、『自然的』かどうかは別として、社会の中に
　一般的に広く見られる原理を周到に克服する装置である。この意味で
　人工の産物であり、主体的能動的営為の所産である。文化に属し、そ
　れも、高度な蓄積の上に初めて築きうる」（248頁）（下線馬場）。

　そうではなく、法は政治であり、制度も言語も政治である、という観点こ
そ導入されるべきではないか。ポストモダンなどは、そういうことを言って
いたのではなかったろうか。

（2）　制度要因説のスタンス

　「多様な要因が複合的に作用していること自体の指摘の次に問題に
　なるのは、『複数の要因の相対的な強さ、そして複数の要因が具体的
　にどのように絡み合っているのかということである』」（245頁）

　そのとおりと考え、その上で「制度要因」が優位だとするのが「制度要因
説」である。
　制度説は社会構成員のなんらかの「意識」を否定するのではなく、それは
上述のとおり、制度や政治に規定されたもの、既存の社会制度（司法制度）
を前提せざるをえないための適応あるいは司法制度に無縁であるがゆえの単
なる無知・無関心ととらえるのである。循環説や文化要因説が、制度と対等
あるいは独立なものとして「文化」「意識」「行動」を捉える点や、それらが
司法制度を規定する、などと無批判に論じる点を批判するのである。「制度
『のみ』で説明がつくという主張」（245頁）ではない。

4　「3　最新の実証研究を読みなおす」について

　拙稿につき、基本的に積極評価を頂いていることには深謝したい。批判に
対して、簡単にコメントする。

（1）「二分論的捕われ」について

　　　馬場教授もまた「文化要因説」対「制度要因説」という問題構成に
　　不必要に捕われてしまっているようにも思える。すなわち、馬場教授
　　は、「『近代化説的要因』が伝統的共同体的人間関係が存続している
　　か、それらが解体して都市的人間関係が成立しているか（ゲマイン
　　シャフトかゲゼルシャフトか）という変数であるとすると、この『文
　　化説的要因』は、伝統的共同体集団の組織態様自体のあり方の差異に
　　関わる変数であるといえよう。」として、相互に独立の変数であるか
　　のように解しておられるが、中身を見ればいずれの説も要するに「社
　　会構造」の差によって本人訴訟率に差が出ると言っているのであり、
　　それが「近代化」という通時的変化か、長期にわたって存続している
　　地域差か、というのは、変数の論理的位置を考える上では副次的な要
　　素にすぎないはずである。（241頁）

　西日本東日本区分論は、「社会構造の差」であることは完全に同意できる
（拙稿中でも示唆）ので、「文化説」との名称を取り下げるにやぶさかではな
い。「伝統的社会構造説」でもいいと思っている。それでも「『文化要因説』
対『制度要因説』という問題構成に不必要に捕われてしまっている」のだろ
うか。

　他方で、訴訟率の規定要因が、「都市化・近代化」によってもたらされた

ものか、伝統的社会構造の差であるかは、「副次的要素」であって「独立の
変数」でない、というのは納得できない。社会科学的に重要な、区別される
べき「独立の変数」でないのか？それと「文化」対「制度」という捕われと
は別の話ではないのか。

> 問題はむしろ、伝統的紐帯か「個人」間の結合かとか、垂直的（家父
> 長的）結合か水平的（契約的）結合かといった、（いずれにしても）
> 「社会構造」の差がどのようにして人々の行動（この場合は訴訟を提
> 起するか否か、するとして本人訴訟を行うか否か）を規定しているか
> ということの方にあって、それは、社会の構成員がその社会構造に適
> 合的な制度・思想・行動をどのようなものとして認知し評価し構築し
> 実践しているかということとして、それこそ実証的に把握していくし
> かない。（241 頁）

　そうした規定関係を実証的に検証することの重要性・必要性（さらに困難
性）を認めることもやぶさかではないが、それと近代的規定因か伝統的規定
因かが、「副次的要素」であって「独立の変数ではない」かどうか、また
「文化」対「制度」という捕われ、とは別の話ではないのか。
　他方で報告者も触れているとおり、司法制度の利用が国際的に見て日本で
低い理由は、「（修正）制度要因説」であるとコメンテーターは近年でも断言
し続けているわけであり、循環説の立場からは、そこにこそ批判は向けられ
るべきではないのだろうか。

（2）　エンゲルの議論

　アメリカでさえ訴訟は十分に起こされていない、だから「司法アクセスや
規制改革などの制度的工夫と並んで、人々の認知、価値観、観念の変革を促
すような、strategy of culture change が必要である」（243 頁）という主張

からすると、日本ではその何十倍もの必要があることになるのだろう。他方でこうした改革論が、エンゲルの議論またはその尾崎的解釈から必然的に出てくるのかどうかは不明である。むしろ従来の文化説や循環説は、政治的決定の不可視化を通じて、かえって改革指向に冷水をかけるように機能しているのではないか。

結論

　尾崎論文は、「もはや『文化要因説』『制度要因説』『折衷説』という問題構成に頼る必要がない」（244頁）と結論されるが、上述の通りの理由から、循環説である限りで尾崎理論と折衷説との距離はほとんど無いように感じられる。よって文化要因説や循環説の問題性を指摘し、制度要因説の優位が支持できる以上、制度要因説の問題構成はなお有効であると考える。また「文化なるものを実体視し過大評価して警戒する必要も、逆に空疎で無意味な概念として経験的分析から排除する必要もない」（244頁）ともされるが、文化概念のイデオロギー性や法律学における政治嫌いが理論に反映し続ける限りで、文化概念を警戒し続ける必要はあるし、尾崎理論においては、社会理論上の位置づけはともかく、経験的分析においては、文化なるものは空疎で無意味な概念となってしまっているといえるのではなかろうか。

　以上、誤解や無理解も含まれると思われるが、遠慮無くコメントさせていただいた。このような機会を与えていただき、尾崎氏と法文化学会とに深く感謝している。

〈注〉

1　本稿は、2017年11月11日に開催された第20回法文化学会研究大会における尾崎報告に対するコメント原稿に加筆したものである。
2　C．W．ミルズ、鈴木広訳『社会学的想像力』（紀伊國屋書店、1965年）42頁。

3　馬場健一「訴訟回避論再考—『文化的説明』へのレクイエム—」和田仁孝他編
　　『法社会学の可能性』（法律文化社、2004 年）124 頁。

4　Ｐ．Ｌ．バーガー／Ｂ．バーガー、安江孝司・鎌田彰仁・樋口祐子訳『バーガー
　　社会学』（学習研究社、1979 年）81-92 頁。

5　馬場・前掲注（3）135-137 頁。

6　村上淳一『「権利のための闘争」を読む』（岩波書店、1983 年）274 頁。

7　和田安弘『法と紛争の社会学』（世界思想社、1994 年）198 頁。

8　棚瀬孝雄「法意識研究のモデル」『法社会学』36 号（1984 年）19 頁。

9　エリック・Ａ・フェルドマン『日本における権利のかたち』（現代人文社、2003 年）
　　149 頁。

10　六本佳平「日本の法社会学と法文化」日本法社会学会編『法社会学の新地平』
　　（有斐閣、1998 年）9 頁、村上・前掲注（6）285 頁。

11　馬場・前掲注（3）135-138 頁。

12　宮澤節生『法過程のリアリティ－法社会学フィールドノート－』（信山社、
　　1994 年）53-67 頁。

第 9 章

「文化」構成要素の分節化についての一試論[1]

松 本 尚 子

はじめに

　本稿では、2017 年 11 月の法文化学会「法を使う／紛争文化」において、法社会学の立場からなされた尾崎論文および馬場コメントに刺激を受けて筆者が考えたことを、筆者の専門とする西洋法制史そして比較法史の立場から論じてみたい。両論考はどちらも本書に収録されており、どちらの主張も明快なので、要約の必要はないだろう。そこで、本稿の叙述の順序としては、まず、両者の主張から筆者なりに学んだ部分をフォーカスして再構成し、とりわけ「文化本質主義」をキーワードとして検討する（2）。次に、再構成した尾崎論文の立論を実証研究に活かすことができるかについて、西洋近代法制史の視点から考えたことをいくつかの項目にまとめて論じる（3）。最後に、以上の考察を法制史研究に応用する試みの一例として、筆者が目下調査中の 19 世紀半ばドイツの自治体調停[2]記録を検討する（4）。

1 「文化」概念再考への道筋

（1）「文化」と「制度」の関係

　本書第8章の尾崎論文は、日本の低裁判利用度をめぐる今日の議論状況に
対し、理論面から見た建設的批判を提供したものといえる。その立論は、
パーソンズの文化概念はじめいくつかの社会学・政治学理論の検討を含んで
いるが、本稿はその部分には踏み込まず、西洋法制史の研究者として注目し
た部分、すなわち尾崎による「折衷説」批判から「文化」概念再考までの道
筋に絞って考察する。

　まず「折衷説」の大筋を確認しておこう。折衷説は、比較法・民法学者の
五十嵐清に由来する。五十嵐は、本書の「はじめに」で引用した2010年の
著書『比較法ハンドブック』で、日本の低民事訴訟率をめぐる戦後の長い議
論をたどり、これらを「文化要因説」「制度要因説」の二つに大別して整理
した。しかし「日本人の裁判嫌いを説明するための根拠として」はどちらの
説も「それだけでは不十分」という感触をもつに至った五十嵐は、「文化」
「制度」どちらの要素もあるとする最近の研究を紹介しつつ、「これらの折衷
説が妥当」と主張した[3]。

　一方、「折衷説」に対する尾崎論文の批判の中心は、その前提となる「文
化」概念の捉え方にある。すなわち、五十嵐や五十嵐が引用する諸学者が
「文化」と呼んでいるものは、「人々の共通意識や価値観、社会関係、あるい
は国民性等の、『制度』とは呼び難いようなものをひっくるめ」たものに他
ならない。「文化」をこのように捉えたうえで、日本の低訴訟率の原因を
「制度」「文化」の二択で問えば、「どちらか一方に要因を還元できずそれら
が複合的に作用しているという結論になるのはむしろ当然のこと」というの
である。

　折衷説批判は、「折衷」そのものに対してというよりは、もしくはそれよ

りも強く、五十嵐が提示した「『制度要因』説と『文化要因』説の『折衷』」という定式全体に向けられる。この定式がそもそもミスリーディングであり、日本の低民事訴訟率の要因をめぐる議論をいたずらに混乱させる元になっている、というのである。ボタンの掛け違いは、尾崎論文によれば、あたかも「制度」と「文化」が同列に対置できる変数であるかのように扱われていることにある。ここには、本来は制度もまた「文化」を構成するものであるという理解が欠けており、さらには、両者を同列に扱うことで「一種の論理階梯の誤り」が認められるからである。

とすると、折衷説（という用語の選択）の根本的な問題は、この言葉の暗黙の前提となっている、「文化」と「制度」の同次元的扱いということになろう。では、同次元化の何が具体的に問題なのか。尾崎はまず、折衷説が「『文化』なるものを1つの実体ある概念のように提示」することを問題視する。もっといえば、折衷説が「文化」を実体あるものとして位置づけることで、「本質主義的言説の侵入」を許してしまうことを問題視する。従来の文化要因説批判（制度要因説）は、多くの場合「文化論にまとわりつく本質主義のニュアンス」を批判することが（隠れた）動機となっていたと推測されるが、「折衷説」ではその問題意識に「まともに応答しておらず、むしろ実体あるものとして「文化」を位置づけるという陥穽にはまっているため、かえって本質主義的言説の侵入に対して脆弱なままである」というのである。

ではどうするか。ここで尾崎が提唱するのが、（学術的議論における）文化概念の再考であり、とりわけ、「制度もまた「文化」を構成するということの正確な理解に立脚し」、「＜民族のDNAに刻み込まれた不変の性質＞のような本質主義を厳しく排除した」文化概念を提示することである。じっさいに尾崎は―政治哲学者キムリッカの社会構成的文化概念を土台として―独自の文化概念定義を示している[4]。ただ、前述のように、この定義自体を分析することは本稿の目的ではないので、その紹介は割愛する。本稿にとって重要なのは、なぜ「文化概念再考」が低民事訴訟率をめぐる議論にとって重

要なのか、その思考の道筋を確認しておくことである。すなわち、折衷説の考え方が尾崎にとって大問題なのは、折衷説が「『文化』なるものを1つの実体ある概念のように提示」するために、「文化本質主義的言説」に対して無防備になってしまうことであった。さらに、文化が実体のない概念であるのに対して、「その構成要素である、制度・行動・思想はいずれも観察可能であり実証的に把握できる」という尾崎の認識も、併せて特筆しておきたい（この点は 2-2 で後述）。

　以上の折衷説批判を筆者の問題関心から再構成すると、批判の核心は、「文化要因説」と「制度要因説」との二項対立図式にあるように思われる。「文化」それ自体は人々の頭のなかにあるものであり、実証的に把握できないものであるから、学術的議論において「文化」と（実在し実証的に把握できる）「制度」とを同次元で（対置して）語ることはおかしい、という批判である。そしてこの折衷説批判には、特定の本質主義を「厳しく排除した」文化概念定義を打ち立てるという、具体的な提言がなされていることに留意したい。

　一方、同じく法社会学者の馬場健一は、「折衷説」の安易さについては尾崎論文に賛意を示しつつ、ただしその批判の理由は本質的か？と切り返す。すなわち、「低訴訟率の説明枠組として文化を持ち出す議論の本質的問題点は、『経験性の後退』『政治決定の不可視化』『批判的視座の喪失』にある」と考える立場からすれば、「折衷説批判だけでは十分でない」。日本における訴訟回避傾向を戦後法社会学の核心的トピックとして捉え、すでに 2004 年の論考で、訴訟回避論における「文化的説明」へのレクイエム[5]を鮮明に打ち出した馬場は、尾崎の文化概念再考への提言に対しても、それはマクロな理論として成り立つかもしれないが、実証研究にとってそれは役に立つのか？と問うのである。

　馬場コメントが挙げた上記の問題点のうち、本稿にもっとも大きな示唆を与えたのは、「政治決定の不可視化」である。馬場曰く、そもそもマクロな

歴史的視点から見れば、近現代の政治権力が既存の文化的伝統に抗して大きな社会変革や制度構築をなしとげようとし、その結果大きな意識変化・社会変化がもたらされることは、「むしろ通常の事態というべきである。」したがって、「制度の背後にはその歴史性と政治性とをこそ見るべきであり、「法意識」「社会の支持」を持ちだす議論は、制度が歴史的、政治的存在であることを不可視化してしまい、制度が維持されることが第一義的には政治過程の問題であることを後景に追いやり、それを日本人一般に帰責させることで曖昧化するイデオロギー機能をももちうる」（傍点は引用者）というのである。たしかに、歴史学の一部でもある法史学は、こうした警告に自覚的でなければならないだろう。

（2）　文化本質主義とは

　さて、尾崎・馬場の議論において重要な位置を占める言葉がある。「文化本質主義」（的言説）である。両者の議論の枠組みはそれぞれ異なるが、私見によれば、その根本的な共通点は、この「文化本質主義的言説」に対する批判にある。本質主義という言葉を明示して批判的に用いる尾崎論文は言うまでもなく、馬場コメントも、自説において「『本質主義』の用語こそ使っていないが、制度が維持されることが第一義的には政治的過程の問題であることを後景に追いや…るイデオロギー機能」を文化概念がもつことを指摘し、本質主義批判の動機を明示してきたというからである。

　そこで、本節ではこのキーワードが議論に対してもつ意味を考えるため、いったん両者の議論を離れて、「本質主義」という言葉自体に目を向けてみよう。本質主義とは、ある辞書によれば、「ある事柄や実践が、変更不可能な性質を有しているとする立場」を指し、これに対して、ある事柄や実践が社会的に作られたものであり、その性質は変更可能だとみなす立場を構築主義と呼ぶ[6]。シンプルで応用のきく定義であるので、本稿ではこの定義に則り、文化本質主義を「ある文化が変更不可能な性質を有しているとする立

場」と理解しておく。この立場は、意識的にもたれることもあれば、無意識のうちに醸成されている場合もある。

「文化本質主義」は現在、どのような文脈で語られているのだろうか。ここでは、「文化」を主たる研究対象とする文化人類学の議論を参考にしたい。法人類学者を中心に編まれた論文集『法のグローバル化』（2009 年）において、文化人類学者の馬場淳は、そもそも「文化の古典的な定義・概念がひどく論争の余地のあるものになっている」と指摘する。文化は明確に境界付けられた単位をもち、固有で整合的な価値と意味のシステムが内部の成員に満遍なく共有され、歴史を通じて変わることなく存在するといった捉え方は、「近代人類学が「誕生」した 20 世紀前半に確立されたもの」だが、こうした古典的な文化概念は現在では「本質主義的だとして批判され、非現実的だと考えられるようになっている」（傍点引用者）というのである[7]。

では、この「古典的」文化概念への批判は、どこから生まれたのだろうか。馬場（淳）が挙げるのは、20 世紀後半の現実世界で起きた変化と、人類学者のうちに起きた変化である。一方で、戦後の脱植民地化によって、それまで人類学が研究対象としていた「未開社会」は消滅していき、文化の不変性という前提は大いに揺らいだ。他方で、1980 年以降、人類学はポストモダニズムの言語論的展開を受け、「自らの学問的営為に対して厳しい批判と深い内省を向けるようになった」。批判や内省の的になったのは、民族誌に表れた内容の不透明性や政治性、ひいては権力性であった。「対象地域の文化が『西洋』との長い歴史的相互作用の産物であるとすれば、文化の本質主義的な表象は、人類学者の「創造」以外の何ものでもないというべき」（傍点引用者）とまで内省は進んだ。馬場（淳）は、研究者たちの認識をここまで覆した背景には、脱植民地化による従来の権力構造の揺らぎと、現地の人々が英語習得により人類学者の営為や姿勢を批判的に取り上げられるようになったことがある、という。

以上のように、文化人類学においては、「文化」概念自体をめぐってすで

に長い論争が行われているようである。議論の規模や対象からすると、法学
におけるかつての自然法論・法実証主義の論争に比べられるような、この研
究分野にかかわるさいの基本認識や姿勢を問うテーマである。と同時に、こ
の議論の成り立ち方からして、生粋の「本質主義者」は存在しないこともま
た窺える[8]。そもそもこの文脈における「本質主義」は、社会哲学者が1970
年ころから提唱した構築主義／構成主義（上の辞書的定義で言えば、「ある
事柄やその実践は社会的に作られたものであり、その性質は変更可能」とす
る立場）や構造主義が従来の考え方を批判するために作り出した（もしくは
既存の哲学から借用した）造語であり、したがって自らを本質主義者と名乗
る者は当時からすでに存在しないと思われるからである[9]。

　そうすると、本質主義をめぐる議論において——たとえば法思想史におけ
る自然法論と法実証主義のようなかたちで——本質主義者と構築主義者が対
決する議論を探してもそれは砂漠で蜃気楼を探すような話であり、本質主義
者を標榜する人物を探すこと自体が不毛な行為ということになる。むしろ、
我々の内に無自覚にあるかもしれない本質主義的態度に気づく（気づかせ
る）ための有効な手段として、この用語はある（用いられる）のだと考えた
ほうがよいだろう。たとえば、上述の馬場（淳）は、法人類学者の千葉正士
が特定の法文化をモデル化する作業のなかに、「本質主義的な指向性」を指
摘する。一方で、千葉自身が自らを本質主義者と呼んだことはおそらくな
い。また、馬場自身も、こうしたモデル化の作業は「その本質主義的な指向
性をもって即座に否定すべきものではなく、実践的にみると、むしろ重要な
意義を持つことも事実」という。ただ注意すべきなのは、「特定の文脈で、
ある目的や関心に沿って客体化された「法文化」（モデル）が独り歩きし、
部分的真実であったはずのものが全体的真実へといつの間にか横滑りして
いってしまうこと」だと警告するのである[10]。

　尾崎論文における「文化本質主義」への批判は、上記のような文化人類学
上の問題意識に通じるものと思われる。なるほど、尾崎論文自体には文化人

類学への言及はほとんどなく、文化概念再考論においては初期パーソンズの文化概念への吟味がほとんどである。が、折衷説批判の根拠として挙げられる、「文化論がしばしば陥りがちな民族の本源的優越性や国民の DNA といった本質主義」への言及には、文化人類学において 80 年代以降なされてきた文化概念論争につながる考え方が認められる。それは、文化人類学がそのフィールドを「未開社会」から全社会へと広げてきたことにより、社会学との接点が限りなく広がったことの帰結であるのかもしれない。

じっさい、文化本質主義批判の応用は、今日の社会学のさまざまな領域で実践されているようである。たとえば、社会学の一領域を形成するジェンダー論のなかに、「ジェンダー顕在化行為 Doing Gender」という作業概念がある。「男はこうあるべき」「女はこうあるべき」という社会通念は物理的な性差から生まれるものでは必ずしもなく、日々の日常的行動の蓄積から生まれ、常に変化するという考え方である[11]。ここには、「ある事柄やその実践は社会的に作られたものであり、その性質は変更可能」とする構築主義の立場が顕著にみられる。

さらに言えば、こうした方法論上の変化の波は、筆者の専門とする西洋法史学にも及んでいる。ドイツ近代史家のレベッカ・ハーバーマスは、上の Doing Gender や Doing Culture 概念を土台として、法史研究における「Doing Law」の視点を提唱する。「法はいかにしてつくられ、変えられるのか」という難問に対して、思想史や社会史を土台とした説明モデルはすでに説得力を失っているとするハーバーマスは、文化社会人類学の諸研究を踏まえ、法における変化も、他領域におけるのと同様、一つの原因では説明しきれず、諸規範と関連する人々と制度のつねに変化しつづける相互作用からなる事実に帰結するという[12]。

2　文化構成要素を分節化する。

（1）「文化」の実体視をやめることから考えられる効能

　以上のように、尾崎論文の主張は、（構築／構成主義を土台としつつ）文化人類学や社会学・政治学において 1980 年代頃から提唱されてきた「本質主義（的言説）」への問題意識を共有しているように思われる。その「文化」定義への評価は保留するが、折衷説批判から文化概念再考までの立論には大いに学ぶところがあった。文化概念を無自覚に使用していた筆者からすれば、とりわけ「制度も文化の１つ」という考え方は目の覚めるような指摘であった[13]。一方で、馬場コメントにあるように、文化概念の再考はマクロな理論としては有意義であるかもしれないが、実証研究にとってじっさいに役に立つのか。気になるところである。そこで以下では、文化概念の再考が実証研究に何らかの効能をもたらし得るのかを考えてみたい。

　第一に、尾崎論文における文化概念の特徴は、文化本質主義の徹底排除を目指し、「文化」の実体視を明示的・示威的に遮断したことにある。「文化」実体視の遮断（もしくは「文化」のフィクション性の認識）の帰結は、文化要因説それ自体の解体であろう。「文化」は人間の頭の中にしかないものであって、手に取ったり測量したりする対象にはなり得ず、したがって検証可能な規定因子ではありえないという「了解ごと」を徹底すれば、確かに、学術的な議論においては、「○○の（法）文化は低訴訟率の要因である」という言説はカテゴリカルに遮断されることになる。もちろん、学術的議論という狭い営みの外にある広大な日常世界では、文化の実体視を前提とした言説は存続する[14]。しかし、少なくとも、今日では「文化」に多様な定義がなされ、とくに文化人類学においてはもはや文化概念の統一的把握は目指されていない状況である、という認識が実証研究上の共通了解事項として求められていくことは考えられる。

　「本質主義」批判が早い段階から実践されてきたフェミニズムの視点による応用例を考えてみよう。2010 年に公刊された日本の法利用行動調査報告では、女性は個人的相談を多く利用する一方で、領域専門機関・法律専門機関・裁判所関与は少ないという結果がでている。他方で、イギリスの既存研究は逆の結果であるという[15]。この違いを分析するさいに、「文化本質主義を厳しく排除」するという認識の共有は、おそらく有用である。たとえば、この差異を「女性の奥ゆかしさを特徴とする日本文化」のみから説明する言説があるとすれば、それは文化本質主義的言説と呼んでも差し支えないことになろう。逆に、「文化」を説明因子にしないことにより、たとえば女性は家庭を守るべき等のジェンダーバイアス（意識）、育児・介護により家を空けられない女性の割合（行動）、母子家庭のワーキング・プア化等の経済的要素（制度？）のような、検証可能な諸要素の分析を促すという効果が期待される[16]。

　「文化」の実体視排除がもたらし得る第二の効果としては、「文化を構成する要素」のより明確な分節化が考えられる。まず、文化の実体視を排除すれば、「文化要因説」「制度要因説」の二項対立図式が否定されるだけではなく、文化要因説それ自体が解体することは上に述べた。一方で、尾崎は上述のように、「文化それ自体は実体のない概念であるが、その構成要素である、制度・行動・思想はいずれも観察可能であり実証的に把握できる」と述べている。そうすると、文化を構成し「実証的に把握できる」諸要素をそれぞれ別項目として立て、裁判利用度の低さに対する潜在的な説明因子とみなすという考え方があり得よう。それも、「制度」と「意識（思想）」だけでは従来の説明枠組みと実質変わらない。より生産的なのは、文化を構成する諸要素を計測可能な単位に分節化することではないだろうか（具体的試みは次節を参照）[17]。先行研究では、「日本人の裁判嫌い」等の「安易な国民性論」や「抽象的なメンタリティー論」への批判や警告がしばしばなされてきたが[18]、分節化の作業はこれらの主張に応え、具体的な検証方法を模索することを目

指すものである。

「文化構成要素」の分節化は、より緻密な分析を促すことになる。そこで
はたとえば、ブルデューのハビトゥス（人がある社会に属していることで、
無意識のうちに自分の行動様式の中に埋め込まれる性向）論の応用も可能で
ある。それはとりわけ、公共圏との接触が著しく限られた境遇にある人々の
司法利用を調査するさいに有効と思われる。たとえば、最近のジェンダー法
史学においては、ブルデューのこうしたハビトゥス論を応用した考察が展開
されている[19]。今後の実証研究には、家族構造やジェンダー秩序の変化（た
とえば未婚・離婚の増加による単身世帯や母子家庭・父子家庭の増加、独居
老人やひきこもり人口の増加等）が広義の司法利用にどのような影響を及ぼ
すかを数量的にフォローする手法も考えられよう。

（2）　法史研究への応用可能性

文化本質主義的言説への批判は、文化の実体視や不変視に対して向けられ
ている。逆から言えば、「文化」の可変性・流動性を前提として尾崎論文は
成り立っている。一方で尾崎の定義による文化は、それを構成する制度や意
識・行動とはちがって、「観察可能であり実証的に把握できる」わけではな
いから、文化の変化は文化構成要素を測量することにより間接的に推測する
しかない。とすれば、文化本質主義を排除した実証研究が開拓しうる有力な
方向は、上記諸要素の変化をある程度長いスパンで追うことであろう。

たとえば、人々がトラブル発生時にとる行動の傾向をインタビュー等で調
査する手法があり、日本でも法社会学の領域で近年盛んにおこなわれている
が[20]、法意識に関するこうした調査研究は、経年変化がつかめればつかめる
ほど有意義なものとなろう。一方で、より長いスパンでの経年変化を学術的
に観察してきたのは、歴史研究である。西洋史においては、従来は刑事訴
追・刑事裁判研究ばかりが盛んになされてきた感があったが、近年になって、
庶民の陳情や請願に着目する研究や、民事裁判を含めた膨大な手続記録を包

276

括的に分析する研究がなされ[21]、民刑未分化の時代も含め、さまざまな時代の研究が蓄積されてきている。これらの研究を比較分析するための指標が、今後ますます必要とされていくのではないだろうか。

　そこで以下では、試論として、尾崎が文化の構成要素とする「制度」「行動」「思想」を土台として、実証的に把握可能な要素を「法」の分野で分節化してみることにする（表1）。

　表1のなかで説明が必要なのは、「B．行動」6）の「政治的決定にかかわる行動」だろう。この項目は、馬場（健）コメントが指摘した「政治的決定

表1：実証的に把握可能な文化構成要素（試案）

A．制度
1）立法：実体法（紛争原因の明記）；手続法（紛争解決制度の設置と整備）は整備されているか。
2）公的紛争処理制度（裁判・調停／審判・仲裁・相談・斡旋等）：十分な射程（事物管轄：土地管轄）や利便性（経済性[手続利用料；専門職への報酬；雑費；迅速性）、実効性（判決・和解などの強制力）は確保されているか。
3）民営もしくは非公式の紛争処理手段（地域の相談役・宗教機関・職能集団・市民団体等）は機能しているか。
4）専門職（法曹）および隣接職のサービスは利用しやすいか。
5）法曹養成および法（学）教育制度（初等・中等教育における「社会科」の一環として）は普及しているか。
B．行動
6）政治的決定（改革・立法・条約締結。革命・クーデター等）にかかわる行動（行政行為・政党結成・選挙・署名活動・デモ等）
7）個別紛争惹起行動（契約違反・不法行為・犯罪）
8）法利用行動（公的紛争処理制度・非公式の紛争処理手段
9）実力行使（自力もしくは他力[債権回収におけるサラ金や暴力団の利用等]）
10）何もしない（泣き寝入り）
C．思想（意識・観念）
11）思想（儒家・法家等の倫理思想、法解釈学、近代市民法思想等）
12）社会通念（地縁／血縁関係[相互依存性]・宗教上の通念・ジェンダーバイアス等）
13）権利意識（権利主張はするべきという価値観等）や訴訟観（「裁判沙汰」「三百代言」等、裁判や法曹へのイメージ）
14）制度利用者の「達成感」や「満足度」（原告勝訴率・和解締結率）

の不可視化」の問題を回避するために設けたものである。上位項目としての「B 行動」のなかに「政治的変化につながる集団行動」という下位項目を挿入することで、馬場の言う「制度が歴史的、政治的存在であること」を「可視化（見える化）」することをねらった。これらの行動が「A 制度」につながることは、言うまでもない。

　さて、利用者が「紛争処理制度を利用するか否か」の判断を左右する要因として上記の諸項目を考えるならば、上の 3 つのカテゴリー（A 制度 B 行動 C 思想）に収まりきらないと思われる要素が 2 つある。一つは「D 環境」である。戦時か平時か、治安状況が良いか悪いかといった「15）社会秩序」や「16）自然環境（風土）」によって、人々の法使用行動（B）や権利意識（C）が変わることはあろう。また、景気や個々人の「17）経済状況」も、その行動や意識に影響を及ぼすだろう。

　もうひとつは、「E（当事者）関係」である。この項目を設けることで、まず利用者の「18）社会的属性」（社会層・経済力・学歴・職業・性別・年齢・法専門職へのアクセス有無・法使用経験の有無）、次いで「19）当事者の間柄」（主従関係・地主小作関係・労使関係・取引関係・同僚・家族・友人・隣人・親戚・接点なし）が、人々の法利用判断——ひいては意識や行動——に影響を及ぼしているか否かの「見える化」を図る[22]。

3　法史研究への応用例——19 世紀中葉ヴァルデック侯国の自治体調停

　上記の諸項目分節化の有用性を問う一つの試みとして、筆者が目下調査中の 19 世紀ドイツ語圏の調停制度を検討してみよう。最近の比較法史研究により、ヨーロッパでは、封建社会が終焉し近代市民法体系が確立する 19 世紀にこそ、調停制度が重要な紛争解決手段として設置・活用されていったことが明らかにされつつある[23]。本稿では、こうした先行研究の延長線上にあ

る事例として、当時の調停記録が最近大量に発見されたヴァルデック侯国の
自治体調停制度の例をみることにする。

（1）　自治体調停（治安判事）の概要

　ヴァルデック侯国の自治体調停は、1848 年 8 月 29 日の治安裁判所設置法
（以下「設置法」と略）に始まる。同制度は「争いのある法的事件を話し合
いによって処理すること」（設置法 1 条）を目的として設置されたものであ
り、名称こそ「裁判所 Gericht」であるが、実質的には調停であり、そこで
判決が下されることはない [24]。治安裁判所は地域 Ort を単位とし（設置法 2
条）、治安判事 Friedensrichter（直訳は平和裁判官）」1 名と、2 〜 4 名の補
佐人 Gehülfe により構成される（同 3 条）。治安判事・補佐人はともに名誉
職であり、彼らにたいする給与 Gehalt の支給はない（同 5 条）。両者は「当
該地域の独立した男性住民全員により」3 年毎に選挙される（同 6 条）。

　治安判事は、調停の申立て後 3 日以内に当事者への召喚状を発行し、最大
8 〜 14 日以内の期日を設ける（同 19 条）。調停は、治安判事の自宅で行わ
れる（同 22 条）。両当事者が出頭したら、最初に「原告 Kläger」の主張、
次いで「被告 Beklagte」の抗弁が口頭で行われ（同 27 条）、治安判事が両
当事者を「話し合いにより合意させる in Güte vereinigen」ことができた場
合は、その和解内容を記録しなければならない（同 28 条）。無断欠席は 10
グロッシェン銀貨の罰金が科されるが（同 31 条）、調停自体は無料であり
（同 37 条）、調停記録の複製作成にのみ少額の手数料が必要とされる（同 38
条）。「弁護士の同席 Rechtsbeiständе」は認められないが、親戚ないし友人
1 名の同伴は認められる（同 23 条）。

　調停を申立てられる案件としては、隣人間や家族間の争い、境界争訟、水
利権・放牧権などをめぐる争い、扶養請求、主人・僕碑間および親方・職人
間の争い、侮辱（名誉棄損）、25 ターラー未満の支払請求まで、財産法・家
族法・刑法の領域にわたる 13 項目が列挙され、これらすべてに調停前置が課

される（同法 20 条）。広範かつ具体的な事物管轄は、ヴァルデック自治体調停制度のもっとも際立った特徴であるといってよいであろう。とりわけ、この点におけるプロイセンの自治体調停（勧解人）との差異は顕著である[25]。

（2）　利用状況——申立件数と紛争内容、和解率

　ヴァルデックの自治体調停申立率は、導入後 30 年間にわたって高水準を保った。同国で 1848 〜 1879 年の申立件数が追跡できる 15 の管轄区をみると、年間の千人当たり申立件数平均は、1850 年代（35.3 件）、1860 年代（41.8 件）、1870 年代（46.8 件）と微増している[26]。この数値の高さは、1879 年以降プロイセン州全土で実施された自治体調停（勧解人制度）の千人当たり申立件数 10.3 件（1883 年）と比べてみると如実になる。同時期プロイセンの裁判利用率と比べてみても、区裁判所の民事通常訴訟率（千人当たり新受件数）25.7 件（1883 年）を 10 ポイント超上回り、同・督促申立率 47.3 件に迫る規模の値であることが分かる[27]。なお、詳細は別稿に譲るが、19 世紀中葉のドイツ語圏における調停利用件数の多さは、ヴァルデック侯国のみの特徴ではない。

　同制度運用のミクロレベルでの特徴（紛争内容・当事者の特徴）を、侯国最大の都市の一つで人口約 3 千人を擁するニーダー・ヴィルドゥンゲンの治安判事記録帳に収録された調停記録から見てみよう。同市において 1850 年の調停申立は 203 件であったが、その多数を占める紛争項目は、全体の約 7 割を占める「請求 Forderung」（131 件）である。「請求」事件の典型的な請求内容は、小作料や薬代・飲食代の支払いである。小作料・薬代・飲食代の請求においては、多くのケースで 4 〜 8 人程度が一時に呼び出され、新たな履行期日や分割払いを約束して和解に至るケースが多い。一方、調停により和解が成立したのは 1850 年の全申立て中の約 70％であり、事件種類別に見ると、「請求」事件の和解成立率が高いことが分かった。この「請求」事件の和解成立率は 77％と極めて高い（申立件数を母数とした場合。被申立人

の総数を母数とすれば値はさらに高くなる）。

　これら「請求」事件のほとんどは、法律的には債務不履行（契約違反）に対する履行（金銭支払い）請求である。不法行為に対する損害賠償請求ではない。利用者にとっての両者の違いは、これが通常訴訟であったならば原告が負うはずの因果関係証明の負担である。契約に基づく支払い請求は契約の存在さえ明らかにすればよく、それは地主や薬局・飲食店の所有者にとっては雑作もないことであったろう。そこには紛争といえるほどの対立はなく、ツケ払い延納の確認にすぎないともいえる。これに対して、紛争項目のなかで「支払い請求」の次に多い「侮辱」事件（13 件）での和解成立率は 54％で、支払い請求よりも 20 ポイント以上低い。さらにいえば、設置法に詳しく列挙されている家族間紛争や労使間紛争については、申立て件数そのものが極端に少ない（給与支払い請求 4 件、分割相続 3 件、扶養請求 1 件等）。労使間紛争のうち、奉公人が元主人を相手どり未払い給与支払い請求を申立てたケースでは、「申立人たる奉公人が盗みを働いたので解雇した、よって給与支払いの義務はない」とする主人の主張が記録帳に残されている。このケースの結果は不調、すなわち申立人の支払い請求は認められていない[28]。もう 1 件も、「被告」の元雇主が、盗みの嫌疑を理由に請求額の半分しか支払おうとせず、その言い値のまま和解に至っている[29]。結局、労使間紛争ケースのうち請求全額の支払いを雇用主側が認めたのはただの 1 件であった。

　当事者の社会的属性は、記録帳に記された当事者の職業と紛争内容から追跡できるが、申立人の多くが社会的地位のある者であったことが伺える。上に見たように、申立ての 7 割を占める「支払い請求」については、地主と薬局と飲食店の主人が典型的な申立人であったからである。1850 年には 3 回以上調停申立てを行った「常連」が 15 人存在し、そのほとんどが薬局・飲食店の所有者や「親方」といった有産者もしくは社会的地位のある人々であった。逆に、低資産者の姿を申立人の中に見つけることは珍しい。上記のような、奉公人が元主人を相手取って未払報酬の支払いを請求した事件など

は、とりわけ珍しいケースである。

（3）　検討――法文化との関係

　以下では、本稿 2-2 の表１で分節化を試みた法文化構成要素（「制度」「行動」「思想」）と法利用判断のその他の規定因子（「環境」「関係」）の諸項目を基準に、1850 年のヴァルデックにおける自治体調停を分析する。具体的には、同制度の利用頻度（調停申立率）の高さと、同制度で扱われた紛争内容傾向の２つをとりあげて検討する。

　まず、申立率の高さについては、主に２つの制度的要素が申立人の行動に影響を及ぼしていると思われる。一つは、ヴァルデック侯国の治安判事が調停前置主義のもとに設計されていたことである（「Ａ 制度：２）公的紛争処理制度」）。設置法が調停前置主義の範囲を広範に設定したため、住民は多くのトラブルにおいてまず治安判事に申立てを行い、そこでの調停が不調となってはじめて通常訴訟に進むことができたからである。２つ目は、同制度が原則無料で利用可能であったことである（「Ａ 制度：２）公的紛争処理制度」）。調停申立の時点では手数料は発生せず、調停記録の複製作成においてのみ、少額の手数料が徴収された。設置法が専門法律職の関与を排除したため、弁護士料も発生しない。そのため利用者は経済的負担を気にすることなく、同制度を利用することができた。しかも基本、村単位で治安裁判所が設置されており、利用者は自分の住む町村に調停を申し立て、遅くとも２週間後には出頭・和解締結へと進むことが期待できたのである。一般に調停のメリットとされる迅速性・低コストが、ここでは満たされていたといえる。

　これらの制度的特徴を生み出したのは、三月革命であった。ヴァルデック侯国は 1848 年の三月革命を機に立憲主義を導入し、男性普通秘密選挙が明記された選挙法を制定した[30]。1850 年には民事訴訟法制定、領主裁判権の無償廃止、そして裁判所構成法成立により、すべての審級で司法の行政からの独立が実現した[31]。治安判事制度は、これらの抜本的な司法改革の前哨戦

のようなかたちで導入されていたのである（「B 行動：6」政治的決定にかかわる行動）。

　さて、「3-2 利用状況」でみたように、1850 年のヴァルデックの自治体調停制度は、1883 年プロイセンの自治体調停や民事裁判よりはるかに高い頻度で利用されている。同じ自治体調停でも利用率に大きな開きが見られるわけだが、このことも制度的要素からある程度は説明できる。1879 年プロイセン勧解人令が、民事事件の調停前置主義を排除しているからである。ヴァルデックの自治体調停利用率は、おそらく広範な調停前置主義という制度面の特徴故に、ドイツ語圏の同種の調停制度の中でも飛びぬけて高いのである[32]。

　しかしヴァルデックのサンプル結果には、これに加えて、その抜きんでて高い利用率の根拠となりそうなデータがある。和解成立率の高さである。プロイセンの勧解人における 1880 年代の和解率は刑事事件で 40％程度、民事事件でも概ね 50％台である[33]。対するヴァルデックのサンプル結果にみられる和解率は全体で約 70％であり、和解率の低い「侮辱事件」でも、平均して 54％であった。高い和解率と高い申立率からは、「あそこに行けば何とかしてくれる」「結果を出してくれる」という期待が潜在的利用者の間に生まれ、培われていったことが推測される。調停申立人の「成功体験」が、ヴァルデックの自治体調停に対するある種の「信頼」へとつながっていき、その「信頼」が自治体調停の存在価値を高め、調停を頻繁に利用するという行動パターンをも生んだ、という仮説が考えられる。こうして培われた行動パターンや価値観（意識）は、「文化」構成要素（2-2. 表 1 の「B 行動：8 法利用行動」と「C 思想：14 制度利用者の達成感」）として捉えられる。

　次に、サンプル結果に見られる紛争内容から分かることは、債務支払い請求の圧倒的な多さである。ヴァルデックの調停を利用した申立人の多くは地主や薬局・居酒屋の所有者といった地域の有資産者であり、相手方の多くは小作人や職人であった（「E 関係：18 社会的属性」）。つまり多くのケースに

おいて、当事者たちのあいだには地主小作関係等の経済的従属関係があり、彼らの保有財産や社会的地位には格差があった（「E 関係：19 当事者の間柄」）。また、ヴァルデックの治安判事制度は、被用者フレンドリーな紛争処理機関とは言えなかった。サンプル自治体における 1850 年の労働紛争事件は 203 件中 4 件しかなく、うち請求額の全額支払いに終わったのはたったの 1 件であった[34]。

　後者の状況が全国規模で変わったのは、1890 年のドイツ営業裁判所令により、全国の自治体で労働関係紛争専門の公設裁判所（営業裁判所）が設置されはじめたときである。この裁判所の設置は当初各自治体の判断に任されていたが、年を追うごとに同裁判所を設置する自治体の数が増え、20 世紀初頭には 500 所を超えるまでになった。また、設置数の増加と共に利用者も増加し、設置地域における千人当たりの申立件数は 4.3 件（1896 年現在）に達した[35]。この状況は、現在でも基本的に同じである。現在ドイツ連邦共和国において労働関係訴訟の排他的管轄権を持つ労働裁判所は 110 か所。同国の地方裁判所 115 か所と同規模の設置数（ともに 2017 年 5 月現在）であり、また他の 3 分野の専門裁判所に比べて段違いに多い。年間受理件数も 30 万件台を超えており、千人当たり 4 件台の水準を示している[36]。つまり 19 世紀末の労働訴訟申立件数の規模を維持しているのである。

おわりに

　本稿は、日本の低民事訴訟率をめぐる議論状況——とりわけ「文化要因説」と「制度要因説」の「折衷」という定式——に対する法社会学者の尾崎一郎と馬場健一の問題提起に学びつつ、両者の立論を法史学の実証研究に応用しようと試みた。具体的には、「文化」「制度」の二項対立図式の理論的誤謬を指摘する尾崎の立論にまずは依拠し、実証研究にとって生産的な、新しい説明枠組の構築を模索してみた。手順としては、尾崎が「文化を構成す

る」諸要素として挙げる「制度」「行動」「思想」を上位項目に設定し、各項目の下位に具体的な項目を設ける。加えて、馬場が問題視した「政治的決定の不可視化」を回避するために、上位項目としての「行動」のなかに「政治的変化につながる集団行動」という下位項目を挿入した。さらに、上記の3つの上位項目に収まりきらない要素として、「環境」と「（当事者）関係」を新たに設けた。結果、文化を構成する諸要素を5つの上位項目と19の下位項目に区分し、これらの項目のうちのどれかが必ず、人々の法使用行動の規定因子となっている、という枠組を作ってみた。

この枠組はじっさい役に立つのか、つまり歴史上のさまざまな紛争社会や紛争解決制度の分析や比較に資するところがあるのか、それとも——比較法学者がしばしば用いる表現を借りれば——「それでは何も言ったことにならない」のか。本稿ではこれを、19世紀中葉のドイツにおける自治体調停（ヴァルデック侯国の治安判事制度）の利用実態という具体例をもちいて検討してみた。1850年以降30年間のヴァルデックでは、当時の標準的な民事通常訴訟よりもはるかに高い頻度で自治体調停が利用されていたが[37]、この状況を上記説明枠組みから考えてみるとどのようなことが言えるか。

まず決定的要因として考えられるのが、調停前置主義と利用者原則無料という2つの制度的要素（A2）である。これらの規定は、1848年の三月革命をきっかけとした抜本的司法改革によってはじめてもたらされたので、政治的決定につながる行動（B6）がさらなる規定要因として挙げられる。加えてヴァルデックでは和解成立率が著しく高く、これが当事者の「達成感」（C14）やよい評判（C13）、そして次の調停利用（B8）につながっていったことが推測される。さらには、調停に持ち込まれた紛争内容から、当事者間には資産や社会的地位の格差が読み取れる場合が多いこと（E19）、とりわけ個別労働紛争はほとんど自治体調停に申し立てられず、被用者に重宝されたとは言い難いことが分かった（E18）。この状況が40年後の1890年ドイツ営業裁判所法により根本的に変わったことは、ドイツにおける個別労働紛

争解決に政治的決定（B6）が大きな影響を与えたことを物語っている。

　上の例において５項目枠組みにメリットを見出すとすれば、それは５つの指標（上位項目）と 19 の具体的チェック項目（下位項目）に個別調査の結果をあてはめ、どの項目については検証可能な数値が算出でき、どの項目ではできないかを凡そつかめることであろう。本来きわめて生々しい紛争対応事例の数々を無味乾燥な分類に押し込めてしまう嫌いはあるが、それでも他の研究との比較分析ツールの一端になるならば意義はある。もう一つのメリットは、それぞれの項目が別の項目に影響を及ぼすその流れの「見える化」である。本稿の考察で筆者が５項目枠組みのメリットをとりわけ感じたのは、ヴァルデック自治体調停の和解成立率の高さをどのような方向から評価すればよいのかと考えたときであった。和解自体は当事者と調停者の努力の所産（行動）であり、伝統的な「制度的要因」にはカテゴライズできないからである[38]。

　今回試みた分節化の試みは非常に粗いものではあるが、今後より緻密な方法を模索することにより、文化を構成する諸要素間の複雑な循環を読み解く（解釈する）一助になることを願う。いずれにしろ、さらに緻密な実情把握と比較のために、何らかの体系的なチェック表があってもよいのではないかと考える。本稿の試論が、平和的紛争解決比較史の方法を考えるひとつのきっかけになれば望外の喜びである。

※　本稿は、日本学術振興会科学研究費助成事業研究（課題番号 17K03323　基盤研究Ｃ「19 世紀末ドイツ勧解人記録帳の分析——裁判外紛争解決史の実証研究」）による成果の一部である。

〈注〉

1　本稿は、2017 年 12 月 9 日に慶應義塾大学で開催された法制史学会東京部会での報告原稿を基に作成したものである。報告の機会を与えて下さった部会幹事の

藪本将典氏と松園潤一朗氏および貴重な質問を寄せて下さった参加者の方々に御礼申し上げたい。

2　筆者はかって、19 世紀プロイセンで運用されていた「勧解人 Schiedsmann」という調停制度を「地域調停」という名前で呼ぶことがあった。しかし本書の上田論文がオーストリアにおける類似の制度を「自治体調停」と呼んでいることに学び、今後はこの言葉を用いることにしたい。

3　五十嵐清『比較法ハンドブック』（勁草書房、2010 年）269 〜 290 頁参照。引用は 289 頁。

4　本書 234 頁参照。「文化とは、社会を成り立たしめている制度・行動・思想（…）の間の整合的で循環的な関係を、社会システムの３つの次元である構造・機能・意味のうち、特に意味の次元に注目しながら、総体として反省化し、理解し記述するために構成された概念である。」筆者の素朴な印象では、この定義は文化の機能的側面に圧倒的比重をおいているようにみえる。

5　馬場健一「訴訟回避論再考──「文化的説明」へのレクイエム──」和田仁孝他編『法社会学の可能性』（法律文化社、2004 年）、とりわけ 124 頁。

6　相澤伸依「本質主義／構築主義」『イミダス 2013』2013 年（電子媒体）https://imidas.jp/genre/detail/L-101-0096.html 「たとえば「人種」が生物学的に決定されているとする立場は本質主義、社会的または文化的に構築されたものだとする立場は構築主義にあたり、両者は対立関係にある。また、「性差」も両者が対立する重要なトピックである。一般には、生物学的に決定された性差を「セックス」、社会的、文化的、歴史的に形成された性差を「ジェンダー」と呼んで区別する。（…）」。

7　馬場淳「法文化の発明とポジショナリティ」、角田猛之・石田慎一郎編著『グローバル世界の法文化──法学・人類学からのアプローチ』（福村出版、2009 年）109 〜 129 頁。次段落の叙述も含め、ここでは 109 〜 110 頁を参照。

8　長谷川典子「文化本質主義」をめぐる一考察」『北星学園大学文学部北星論集』第 54 巻第 2 号（2017 年）1 〜 10 頁を参照。

9　本質主義を「対象のなかに時間を超越し不変な要素があらかじめ存在すると措定する考え方」（太田好信「本質主義」）と定義する『現代社会学事典』（弘文堂 2012 年）においても、「本質主義は理論的後進性と同一視され、批判の対象にはなっても、自らを本質主義者と主張する論者はいない」と指摘されている。

10　馬場・前掲論文（注 7）126 頁。

11　Doing Gender に関して参照、石井クンツ昌子「現代アメリカのジェンダーと家

族研究——結婚、家事労働、母親と父親の役割についての考察——』『社会関係研究』第 3 巻 1 号（1997 年）105 頁。また、「欧米のポスト構造主義のインパクト」として「ジェンダー顕在化行為 doing gender」を紹介する中西祐子・堀健志「『ジェンダーと教育』研究の動向と課題——教育社会学・ジェンダー・フェミニズム——」『教育社会学研究』第 61 集（1997 年）も参照。

12　Rebekka Habermas, *Thieves in Court. The Making of the German Legal System in the Nineteenth Century*, translated by Kathleen Mitchell Dell'Orto, Cambridge University Press; 2016, p. 8（原著は 2008 年公刊）。ドイツでは同時期に台頭した「文化史」も、文化を「集団的な『意味の構造』」として社会人類学的に把握する。「（新しい）文化史」の代表的研究者であるバーバラ・シュトルベルク＝リリンガーが提唱する「文化史」としての国制史について参照、西川洋一「『パフォーマティブ・ターン』の中の中世国制史」『国家学会雑誌』131 巻 1・2 号（2018 年）2 ～ 3 頁。

13　ただし、五十嵐清が「折衷説」を採る研究者として名指したダニエル・フットやジョン・ヘイリーの実証研究の価値は、こうした知見によっても何ら損なわれていないと考える。もともと五十嵐の論考の趣旨は、「1990 年代に入り、とくに顕著に見られるようになった」「西欧法学者の日本法への関心の高まり」に注目し、彼らの「日本法研究の成果を明らかにする」ことであった（五十嵐・前掲論文 [注 3] 270 頁）。「折衷説」を唱える「だけではなにも解決したことにはならない」という五十嵐が期待したのは、フットのような「より具体的な比較」研究の積み重ねによって、「はじめて全体が明らかになる」ことであった。なお、「文化要因説」「制度要因説」の二項対立図式自体は五十嵐の発想ではなく、尾崎論文にもあるように、すでに 70 年代からヘイリーら米国の学者が川島や野田の議論を批判的に検討する中で形成されていったものである。この図式自体はその後、比較法学や法社会学で広範に用いられてきたので、尾崎の折衷説批判の中心部分は、五十嵐というよりはヘイリー以降の議論の構図そのものであったと理解するべきであろう。

14　さらにいえば、学術的にも「文化」を実体視する（と思われる）実証研究が数多く存在するなか、それらの研究との意思疎通はどのようにするのか。この点、ヒントになりそうなのが、高橋裕が紹介するデイヴィッド・ネルケンの「法文化」概念論である。高橋によると、ネルケンの関心は「いかにすれば法文化の概念を用いた法社会学研究が循環論法に陥ることを避けられるか」にあり、これを回避するためのポイントの一つとして、「法文化という概念が説明因子であるの

か被説明因子であるのかを明確にすること」を提唱する。高橋裕「法文化 legal culture の概念と法社会学研究におけるその位置——英国法社会学の議論を中心に——」『法社会学』71 号（2009 年）171 〜 187 頁。引用は 178 頁。

15　鹿又伸夫「トラブル出来事と相談・法使用行動」、樫村志郎・武士俣敦編『トラブル経験と相談行動』（村山眞維ほか編著『現代日本の紛争処理と民事司法』第 2 巻）（東京大学出版会、2010 年）99 〜 118 頁。

16　紛争解決制度のうち訴訟に関しては、神長百合子「民事訴訟と女性（1）——訴訟当事者女性」、和田安弘「民事訴訟と女性（2）——一般人の訴訟イメージから見えてくるもの」（どちらもダニエル フット・太田勝造編『裁判経験と訴訟行動』［東京大学出版、2010 年 45 〜 67 頁；69 〜 89 頁］）が参考になる。

17　じっさい、さまざまに分節化された要素ごとの分析調査は増えている。たとえば、河合幹雄「日本の訴訟当事者の特性——2004 年民事訴訟行動調査報告から」、フット・太田・前掲書（注 16）3 〜 19 頁；森大輔「裁判にかかる費用や時間についての認識と裁判利用行動意図の関係構造方程式モデリングによる分析」『法社会学』81 号（2015 年）189-206 頁；村山眞維「日本人の紛争行動——問題処理行動を規定する要因——」『法律論叢』第 89 巻第 4・5 合併号（2017 年）275-310 頁など。

18　森征一編『法文化としての租税（法文化叢書③）』（国際書院、2005 年）序文17 頁。日独の税務訴訟件数を比較した三木義一は、両者に毎年二桁の差があることの説明をメンタリティ論で片づけることに警鐘を鳴らす。「そのようなメンタリティを生み出し、それを補強する法制度を明確にしなくては、いつまでも抽象的なメンタリティ論に終止してしまう」（同編著『世界の税金裁判』清文社2001 年 12 頁）。

19　吉田克己「近代市民法とジェンダー秩序」、三成美保編『ジェンダーの比較法史学』（大阪大学出版会、2006 年）105 〜 133 頁。

20　とりわけ、村山・前掲論文（注 16）や鹿又・前掲論文（注 17）などを含む、叢書「現代日本の紛争処理と民事司法」全三巻。

21　たとえば小林繁子『近世ドイツの魔女裁判』（ミネルヴァ書房、2015 年）；中谷惣『訴える人びと——イタリア中世都市の司法と政治』（名古屋大学出版会、2016 年）など。

22　とりわけ当事者の関係性に着目した法社会学研究として参考になるのは、Josef Falke, Das Schiedsmannsinstitut - historische und rechtssoziologische Aspekt, in: *Schiedsmannszeitung* 48（1977）, S. 74-92.

23　川口由彦編著『調停の近代』（勁草書房、2011 年）参照。とりわけフランスの
　　調停利用頻度は抜きんでている。「小勧解調停」と呼ばれた略式調停は、ピーク
　　期の 1860 年代には年間 400 万件近くの利用件数があった（石井三記「フランス
　　における治安判事の誕生と勧解調停制度」、同書所収 80 ～ 81 頁）。これを人口比
　　で算出すると、千人当たり年間約 111 件となる。最近の調停史研究については、
　　本書の林真貴子コメントを参照されたい。

24　Gesetz, die Errichtung von Friedensgerichten betreffend, vom 29. August
　　1848. In: *Fürstlich Waldeckisches Regierungsblatt von 1848*（Nr. 16, 29. August
　　1848）, S. 81-92.

25　プロイセン勧解人制度の事物管轄については、松本尚子「交渉の場としての調
　　停――19 世紀プロイセンの勧解人 Schiedsmann 制度を題材に」、林康史編『ネ
　　ゴシエイション――交渉の法文化（法文化叢書⑥）』（国際書院、2009 年）177 ～
　　220 頁参照。

26　15 の管轄区の総人口数と総申立件数から割り出した数値。調停申立件
　　数はヘッセン州立マールブルク公文書館所蔵の各自治体治安裁判所記録帳
　　（HStAM, Prot III 1897 等）より、各自治体の人口数は Landesgeschichtliches
　　Informationssystem Hessen（LAGIS）内の Historisches Ortslexikon による（そ
　　れぞれ 1852, 1864, 1871 年時点での各自治体ごとの人口が同サイト https://www.
　　lagis-hessen.de/de/subjects/index/sn/ol から閲覧可）。

27　松本尚子「ドイツ・プロイセン勧解人制度とフェッヒェルデの運用例」、川口・
　　前掲書（注 22）93 ～ 148 頁。

28　HStAM, III 1897. S. 240.

29　HStAM, III 1897. S. 275.

30　Die Verfassung（Staatsgrundgesetz）vom 23. 5. 1849. Vgl. O. Speyer, Das
　　Fürstenthum Waldeck-Pyrmont und seine sociale und politische Entwicklung
　　seit 1848, in: *Unsere Zeit. Jahrbuch zum Conversations-Lexikon*, Bd. 6, Leipzig : F.
　　A. Brockhaus, 1862, S. 657-699.

31　Civilprozessgesetz, in: *Fürstl. Waldeckischen Regierungsblatt*（WRBl.）,
　　1850, S. 130 ff. Gesetz zur Aufhebung der Patrimonialgerichtsbarkeit vom 4.
　　6. 1850, WRBl 1850. S. 127 f. Zur Gerichtsverfassung: Gesetz vom 4. 6. 1850,
　　RBl. S. 114. Vgl. Wilhelm Gleisner, *Die Civilprozeßgesetze für die Fürstentümer
　　Waldeck und Pyrmont*, Mengeringhausen 1859. Vgl. auch Helmut Nicolai, *Staat,
　　Behörden und Beamte in Waldeck 1814-1868*, 1956, S. 43.

32 本書の上田論文が明らかにしたライタ以西オーストリアの自治体調停との比較分析は、今後の課題としたい。

33 Andreas Koch, *Die historische Entwicklung des Schiedsmannswesens in Preußen von 1808 bis 1900*, Berlin 2003, S. 259 f.

34 HStAM, III 1897. S. 329.

35 松本・前掲論文（注27）108頁。

36 連邦統計庁（Statistisches Bundesamt）Fachberichte 10, Reihe 2.8. 2002 〜 2016年のデータより。

https://www.destatis.de/DE/Publikationen/Thematisch/Rechtspflege/GerichtePersonal/Arbeitsgerichte2100280167004.pdf? ただし、2003年に63万件台でピークを迎えた労働訴訟はその後減少し続け、2016年には36万件台に落ちこんでいる。ドイツの人口は、同じく連邦統計庁の下記サイトより取得した。

https://www.destatis.de/DE/ZahlenFakten/GesellschaftStaat/Bevoelkerung/Bevoelkerungsstand/Tabellen_/lrbev03.html

37 もっとも、こうした状況は、近世史の研究者にとっては決して新しいものではないようだ。請願 Suplikation 研究や Rügegericht 研究、村落裁判所 Dorfgericht 研究の担い手たちは、地域単位の紛争が多分に判決以外の手続きで処理されてきたことを示してきた。Vgl. Karl Härter, Strafrechts- und Kriminalitätsgeschichte der Frühen Neuzeit, Oldenbourg 2018, S. 102-136. またマルティン・ディンゲスが「司法利用」を提唱したときのひとつのポイントは、住民が利用したのは裁判のみではなかったことである。訴訟は、紛争解決のために有効ないくつもの手段のうちの一つにすぎなかった。

38 翻って、日本における裁判利用を考えるさいにも、勝訴率・和解率をもっと考慮に入れてもよいかもしれない。たとえば、すでに木佐茂雄の行政裁判研究が、日本の行政訴訟提訴率の極端な低さを指摘し、その原因の一つとして、認容率（原告勝訴率）の低さ（そして「却下」の多さ）を挙げている。（木佐茂雄『司法改革と行政裁判』［日本評論社、2016年］51頁。）確かに、行政訴訟では勝てないということが分かっていれば、潜在的原告のモチベーションは自然と下がるであろう。

［編者・執筆者紹介　＊は編者］

松本尚子（まつもと・なおこ）　＊

1966 年生まれ。一橋大学大学院法学研究科博士後期課程単位取得退学。法学博士（フランクフルト大学）。上智大学法学部教授（西洋法制史）。

主な業績：『ホイマン「ドイツ・ポリツァイ法事始」と近世末期ドイツの諸国家学』（有斐閣、2016 年）、『戦時体制と法学者 1931 ～ 1952』（小野博司・出口雄一との共編著：国際書院、2016 年）、「利用者からみた紛争解決比較への一考察」矢島基美・小林真紀編『滝澤正先生古稀記念論文集：いのち、裁判と法』（三省堂、2017 年）。

現在の関心：紛争対処の比較法史、19 世紀ドイツの調停利用、ナチス政権下の司法など。

川島　翔（かわしま・しょう）

1988 年生まれ。一橋大学大学院法学研究科博士後期課程修了。博士（法学）。広島修道大学法学部助教（西洋法制史）。

主な業績：「中世カノン法の欠席手続――『グラティアヌス教令集』C.3 q.9 を素材として」『一橋法学』16 巻 3 号（2017 年）、「アゾ『質疑録』第 12 質疑――中世学識法における仲裁法史の一断面」『一橋法学』15 巻 3 号（2016 年）、「中世学識法訴訟手続における litis contestatio――訴訟成立要件としての当事者の意思」『一橋法学』15 巻 1 号（2016 年）。

現在の関心：教会裁判所実務、司教代理判事（officialis）の活動。

神野　潔（じんの・きよし）

1976 年生まれ。慶應義塾大学大学院法学研究科公法学専攻後期博士課程単位取得退学。東京理科大学理学部第一部教養学科准教授（日本中世法史）。

主な業績：共編『概説日本法制史』（弘文堂、2018 年）、『穂積陳重と婚姻法―その理論と背景』（『渋沢研究』第 29 号、2017 年）など。

現在の関心：鎌倉幕府の法と権力、日本近代における法制史学史。

鈴木道也（すずき・みちや）

1969 年生まれ。東北大学大学院文学研究科博士後期課程西洋史学専攻単位取得退学。

博士（文学）［東北大学］。東洋大学文学部史学科教授（西洋中世史）。

主な業績：「中世の政治文化をめぐって：中世フランス政治史研究の現状」『東洋大学文学部紀要 史学科篇』43 号（2017 年）、「フランス史の時空間」『新しく学ぶフランス史』（ミネルヴァ書房、2019 年）など。

現在の関心：中世ヨーロッパの歴史叙述、中世における百科全書的作品の成立過程など。

小林繁子（こばやし・しげこ）

1978 年生まれ。東京大学大学院総合文化研究科博士課程修了。博士（学術）［東京大学］。新潟大学教育学部准教授（ドイツ近世史）。

主な業績：『近世ドイツの魔女裁判―民衆世界と支配権力』（ミネルヴァ書房、2015 年）、「魔女研究の新動向―ドイツ近世史を中心に」『法制史研究』65 号（2016 年）、「＜魔女＞は例外犯罪か―近世ドイツにおける犯罪と拷問」『思想』1125 号（2017 年）など。

現在の関心：魔女裁判における法学識者の役割、近世ポリツァイと請願の相関など。

岡崎まゆみ（おかざき・まゆみ）

1985 年生まれ。明治大学大学院法学研究科博士後期課程修了、博士（法学）。立正大学法学部准教授（日本／東アジア近代法史）。

主な業績：「「帝国」としての民法学へ」松田利彦編『植民地帝国日本における知と権力』（思文閣出版、2019 年）、松田利彦・岡崎まゆみ編『植民地裁判資料の活用：韓国法院記録保存所所蔵・日本統治期朝鮮の民事判決文資料を用いて』（国際日本文化研究センター、2015 年）、「植民地期朝鮮民事法における戸主権の機能：明治民法の「家」制度との比較を中心に」『法学研究論集』39 号（2013 年）。

現在の関心：帝国日本における法の伝播と還流、東アジア植民地法史。

上田理恵子（うえだ・りえこ）

1965 年生まれ。一橋大学法学研究科博士後期課程単位取得退学、法学博士（ウィーン大学）。熊本大学人文社会科学研究部・教授（西洋法制史）。

主な業績：「在野法曹と非弁護士の間―オーストリア司法省文書にみる公的代理業」三阪佳弘編『「前段の司法」とその担い手をめぐる比較法史研究』（大阪大学出版会、2019 年）、「ライタ川以西における『非弁護士』試論―オーストリア司法省文書を手がかりとして」『法制史研究』67 号（2018 年）、"Austrian and Hungarian Civil Procedure Codes from the Perspective of Japanese Lawyers: A Focus on Taisho Period Revisions of the Civil Procedure Code (1926)". In Mitoma, T. & Szmodis, J., eds. Legal Values in Japan and Hungary, Design Egg, 2018.

現在の関心：中・東欧地域における司法制度の近代化過程、法専門職の歴史など。

林真貴子（はやし・まきこ）

1968 年生まれ。大阪大学大学院法学研究科博士後期課程単位取得退学。PhD（ロンドン大学）。近畿大学法学部教授（日本法制史）。

主な業績：「無資格者による法廷代理とその終焉」三阪佳弘編『「前段の司法」とその担い手をめぐる比較法史研究』（大阪大学出版会、2019 年）、「借地借家調停法の成立と施行地区限定の意味」『近畿大学法学』65 巻 3 = 4 号（2018 年）など。

現在の関心：1930 年代・40 年代の法実務と法律家の役割の国際比較。

水野浩二（みずの・こうじ）

1973 年生まれ。東京大学大学院法学政治学研究科博士課程修了。博士（法学）。
北海道大学大学院法学研究科教授（西洋法制史）。

主な業績：Das officium iudicis und die Parteien im römisch-kanonischen Prozess des Mittelalters（ZRG KA 97 [2011]）,「葛藤する法廷（1 〜 3・完）『法律新聞』の描いた裁判官・民事訴訟・そして近代日本」『北大法学論集』67 巻 4 〜 6 号（2016 〜 2017 年）。

現在の関心：民事訴訟法史、私法における学説と実務の関係など。

西迫大祐（にしさこ・だいすけ）

1980 年生まれ。明治大学大学院法学研究科博士後期課程修了。博士（法学）。沖縄国際大学法学部准教授（法哲学・法制史）。

主な業績：『感染症と法の社会史』（新曜社、2018 年）など。

現在の関心：19 世紀イギリスの感染症予防にみられる自由思想および公衆衛生思想の関係について。

尾崎一郎（おざき・いちろう）

1966 年生まれ。東京大学大学院法学政治学研究科修士課程修了。北海道大学法学研究科教授（法社会学）。

主な業績：「法と正義：その親和性と懸隔」『法社会学』78 号（2013 年）、「司法への
市民参加と文化ギャップ－ベルギーと台湾の調査からの問い－」広渡清吾先生古稀記
念論文集『民主主義法学と研究者の使命』（日本評論社、2016 年）、「「ネットワーク社
会」における「都市コモンズ」について」吉田克己＝角松生史編『都市空間のガバナ
ンスと法』（信山社、2016 年）、「所有権概念の社会的機能」『法律時報』（2019 年 2 月
号）、「ヘイト・スピーチの規制と無効化―言語行為論からの示唆―」（堀田秀吾・郭薇・
李楊との共著）ダニエル・H・フット＝濱野亮＝太田勝造編『法の経験的社会科学の
確立に向けて―村山眞維先生古稀記念―』（信山社、2019 年）など。
現在の関心：現代社会における相互監視と分散的制裁。

馬場健一（ばば・けんいち）

1962 年生まれ。京都大学法学研究科博士後期課程単位取得退学。神戸大学大学院法学
研究科教授（法社会学）。
主な業績：「訴訟率の地域差とその規定要因について―特に本人訴訟率における多元
的説明の試み―」『法社会学』83 号（2017 年）、「司法制度利用率の地域研究の示唆す
るもの―沖縄の経験から法と社会を考える―」上石圭一・大塚浩・武藤勝宏・平山真
理編『現代日本の法過程（下巻）』（信山社、2017 年）、「行政は司法判断に従うか？―
情報公開からみる日本の法治行政の実情―」『法社会学』85 号（2019 年）他。
現在の関心：法治行政の法社会学的研究、訴訟率の規定要因、司法制度改革など。

索　引

法を使う／紛争文化

法文化（歴史・比較・情報）叢書 ⑰

編者　松本尚子

2019 年 11 月 20 日初版第 1 刷発行

・発行者──石井　彰

モリモト印刷（株）

© 2019 by Society for the Study of
Legal Culture
（定価＝本体価格 3,600 円＋税）
ISBN978-4-87791-300-7 C3032 Printed in Japan

・発行所

KOKUSAI SHOIN Co., Ltd.
3-32-6, HONGO, BUNKYO-KU, TOKYO, JAPAN.

株式会社 **国際書院**
〒113-0033 東京都文京区本郷 3-32-6-1001
TEL 03-5684-5803　　FAX 03-5684-2610
E メール：kokusai@aa.bcom. ne.jp
http://www.kokusai-shoin.co.jp

後藤　昭編

東アジアにおける市民の
刑事司法参加

87791-215-4　C3032　　　　A5判　271頁　4,200円

日・中・韓における「市民の刑事司法参加」を論じた本書は、①制度の生成、②機能、③政治哲学、④法文化としての刑事司法、といった側面から光を当て、各国の違いと共通項を見出し、制度の今後の充実を促す。
(2011.2.)

高橋滋／只野雅人編

東アジアにおける公法の過去、
現在、そして未来

87791-226-0　C3032　　　　A5判　357頁　3,400円

グローバル化の世界的潮流のなかで、東アジア諸国における法制度の改革、整備作業の急速な進展を受けて、①西洋法の継受の過程、②戦後の経済発展のなかでの制度整備、③将来の公法学のあり方を模索する。
(2012.3.)

王　雲海

賄賂はなぜ中国で死罪なのか

87791-241-3　C1032　¥2000E　　　A5判　157頁　2,000円

賄賂に関する「罪と罰」を科す中国、日本、アメリカの対応を通して、それぞれの国家・社会の本質を追究する筆致は迫力がある。それは「権力社会」であり、「文化社会」あるいは、「法律社会」と筆者は規定する。
(2013.1)

加藤哲実

宗教的心性と法
―イングランド中世の農村と歳市

87791-242-0　C3032　¥5600E　　　A5判　357頁　5,600円

法の発生史をたどるとき、法規範の発生そのものに宗教的心性がかかわっていた可能性を思い描きながら、イングランド中世の農村および市場町の慣習と法を通しての共同体および宗教的心性を探る。
(2013.2)

菊池肇哉

英米法「約因論」と大陸法
―「カウサ理論」の歴史的交錯

87791-244-4　C3032　¥5200E　　　A5判　261頁　5,200円

17世紀初頭に成立した英米法の「約因論」と17世紀以降成立した大陸法の「カウサ理論」における「歴史的比較法」の試みを通して、両者が深い部分で複雑に絡み合っている姿を学問的な「見通し」をもって追完した。
(2013.3)

小野博司・出口雄一・松本尚子編

戦時体制と法学者
1931〜1952

87791-272-7　C3032　¥5600E　　　A5判　415頁　5,600円

公法・私法・刑法・経済法・社会法、それぞれの学問分野を可能な限り取り上げ、戦時日本における「法治主義の解体」の実相に迫り、21世紀の法および法学研究の羅針盤の発見を見通す作業の書である。
(2016.3)

出雲　孝

ボワソナードと近世自然法論における所有権論：
所有者が二重売りをした場合に関するグロチウス、プーフェンドルフ、トマジウスおよびヴォルフの学説史

87791-277-2　C3032　¥6400E　　　A5判　頁　6,400円

国際法の側面、立法の基礎理論の提供、かつ「世界道徳」を内在させる自然法に関し、啓蒙期自然法論とボワソナードの法思想が異なるという通説を近世自然法論における二重売りの問題を通して検証する。
(2016.9)

東　史彦

イタリア憲法の基本権保障に
対するEU法の影響

87791-278-9　C3032　¥4600E　　　A5判　323頁　4,600円

古代ローマから現代に至る長く豊かな法文化の伝統を持っているイタリアにおける憲法とEU法、国際条約、欧州人権条約との関係をそれぞれ時系列に沿って追い基本権保障の視点から総合的に考察した。
(2016.11)

小野田昌彦

法の条件
―法学新講

906319-43-2　C1032　　　　A5判　319頁　3,107円

近代市民法の思想的背景から説き起こし、20世紀における法の実態を鮮明にしながら、我が国の現行法制度の構造を浮き彫りにする。法現象の理論的淵源を論理的に追究する思考訓練の方法も示され、各種の国家試験にも有益である。
(1993.12)

山川一陽・堀野裕子

民法のはなし

87791-297-0　C1032　¥3200E　　　A5判　291頁　3,200円

民法という法律を知りたいと希望する人たちにこの法律の基本的知識を提供する。初めて民法を学ぶ人たちのための入門書。民法が日常生活においてどのように運用され、機能しているのか事例を示して解説する。　　　　　　　　　　　　（2019.3）

山川一陽編著

法学入門

906319-49-1　C1032　　　A5判　361頁　3,689円

法の歴史を述べ、日本法の「法の十字路」としての性格を明らかにする。各種の基本法の必須事項を示した上で、実際の裁判がどのように行われるかを解説する。保健関係法を扱った「社会法」、国際私法についても説明が行われる。　　　（1994.5）

稲田俊信

商法総制・商行為法講義

906319-61-0　C3032　　　A5判　195頁　2,200円

基本的事項を分かり易く説明し、どのような法的考え方が現代社会にとって有効か、また将来への先導制を有するものであるか、過去はどうであったかを考える。本書は「制度の維持」より「利用者の権利」を中心に叙述されている。　（1995.5）

山村忠平

監査役制度の生成と発展

906319-73-4　C3032　　　四六判　185頁　2,600円

監査役制度の制度的展開の基礎事情を説明する。監査役制度を商法の枠組みから論述し、背景の社会的要請をも検討し、併せてその延長線上に展望される監査役制度の発展の方向を示唆する。今日見直される監査役制度の新しい理論書。（1997.3）

山内　進編

混沌のなかの所有

87791-101-4　C3032　　　A5判　283頁　3,800円

[法文化（歴史・比較・情報）叢書①] 地域や集団の歴史的過去や文化構造を含む概念としての法文化における対立と交流を総合的に考察する。本書は「自己所有権」に基づく近代所有権思想に21世紀的問い掛けをする。　　　　　（2000.10）

加藤哲実編

市場の法文化

87791-117-0　C3032　　　A5判　281頁　3,800円

[法文化（歴史・比較・情報）叢書②] 市場あるいは交換や取引の背後にある法文化的背景、法文化的意味を探る本書は、地理的・歴史的な角度から、市場経済、市場社会などの概念が持つ深層の意味理解に向けて果敢な挑戦を試みた。　（2002.2）

森　征一編

法文化としての租税

87791-143-×　C3032　　　A5判　229頁　3,200円

[法文化（歴史・比較・情報）叢書③] 租税を法文化として捉え直し、租税の歴史の深層に入り込むことによって問題の根源を浮上させ、21世紀の租税の姿を描くべく法学としての租税の新しい地平を開拓する。　　　　　　　　　（2005.3）

森田成満編

法と身体

87791-149-9　C3032　　　A5判　223頁　3,600円

[法文化（歴史・比較・情報）叢書④] 生物進化と法、イスラム法での身体と内面、自己・所有・身体、王の身体・法の身体、犯罪人類学と人種、身体刑と生命刑の連続性と非連続性、清代の医療提供の仕組みなどを論ず。　　　　　（2005.9）

津野義堂

コンセンサスの法理

87791-149-2　C3032　　　A5判　239頁　3,600円

[法文化（歴史・比較・情報）叢書⑤] 本書は、キケロー・古典期ローマ法・イギリス契約法・無名契約・引渡しの正当原因・典雅法学・ヘーゲルの契約論・婚姻・所有権におけるコンセンサスの意味を明らかにする。　　　　　　　（2007.5）

林　康史編

ネゴシエイション
―交渉の法文化

87791-190-4　C3032　　　　　　A5 判　247 頁　3,600 円

［法文化（歴史・比較・情報）叢書⑥］法の実効性を支える法意識・コンセンサスをネゴシエイション・交渉の法文化の視点から捉え直す作業は、法意識・コンセンサスが情報の影響を受けやすいことから情報化時代における意義は大きい。

(2009.6)

佐々木有司編

法の担い手たち

87791-192-8　C3032　　　　　　A5 判　313 頁　3,800 円

［法文化（歴史・比較・情報）叢書⑦］法の形成・運用に携わり、これを担う人たちを法文化現象として捉える本書では、地域的・時代的に種々の法文化における多彩な「法の担い手たち」を取り上げ、論じている。

(2009.5)

王雲海編

名誉の原理
―歴史的国際的視点から

87791-207-9　C3032　　　　　　A5 判　269 頁　3,600 円

［法文化（歴史・比較・情報）叢書⑧］「名誉と不名誉の法的原理」の追究を通して、その裏に潜在している「文化的原理」および世界各地の「精神」を明らかにし、よりよく共存する世界の方途を思想する。

(2010.5)

眞田芳憲編

生と死の法文化

87791-208-6　C3032　　　　　　A5 判　255 頁　3,400 円

［法文化（歴史・比較・情報）叢書⑨］「いのちの尊厳」をめぐり法文化論的探求をおこなう。いのちをめぐる、歴史の中の、医療技術・いのちの尊厳、家族崩壊の中での、それぞれの「生と死の法文化」を追究する。

(2010.6)

屋敷二郎編

夫婦

87791-234-5　C3032　　　　　　A5 判　333 頁　3,600 円

［法文化（歴史・比較・情報）叢書⑩］変容する社会、国家を背景に見据えつつ、「夫婦」の法文化を法哲学・法制史学・比較法学・法実務などの多元的な学際的アプローチによって意欲的に探究する。

(2012.8)

堅田　剛編

加害／被害

87791-247-5　C3032　¥3600E　　A5 判　215 頁　3,600 円

［法文化（歴史・比較・情報）叢書⑪］テーマの「加害／被害」の関係がなぜスラッシュなのか。公害事件など関係の逆転現象さえあるように見える事態がある。いま法的な責任の所在について足場を固める必要性を説く

(2013.5)

小柳春一郎編

災害と法

87791-262-8　C3032　　　　　　A5 判　223 頁　3,600 円

［法文化（歴史・比較・情報）叢書⑫］災害対応に当たって公的制度のみならず、歴史における災害、災害と民事法、災害と司法制度、国際的文脈での災害などさまざまな角度からの法的研究である。

(2014.11)

林　康史編

貨幣と通貨の法文化

87791-275-8　C3032　　　　　　A5 判　　頁　3,600 円

［法文化（歴史・比較・情報）叢書⑬］現代における貨幣制度は経済におけるグローバル化がすすみ、国家とコミュニティーの関係が貨幣制度を介して再考される。本書では貨幣と通貨の構造を理論面、制度面から解明しようとする。

(2016.9)

岩谷十郎編

再帰する法文化

87791-279-6　C3032　　　　　　A5 判　215 頁　3,600 円

［法文化（歴史・比較・情報）叢書⑭］古来より地域・国境を超えてきた普遍としての法、国家・社会の固有としての法。双方の対立・親和を通して紡いできた法のアイデンティティの今日的「再帰性」を追究した。

(2016.12)